感谢国家自然科学基金重点项目（71532006）、国家杰出青年科学基金项目（71325005）、教育部人文社会科学重点研究基地重大项目（16JJD630006）、中国社会科学院青年科研启动项目、中国社会科学院国情调研重大项目（GQZD2020003）对本书研究的资助。

# 数字化转型

## 数字人才与中国数字经济发展

陈煜波　马晔风　著

DIGITAL TRANSFORMATION

DIGITAL TALENT AND THE DEVELOPMENT
OF CHINA'S DIGITAL ECONOMY

中国社会科学出版社

图书在版编目（CIP）数据

数字化转型：数字人才与中国数字经济发展／陈煜波，马晔风著 . —北京：中国社会科学出版社，2020.12（2024.5重印）
ISBN 978 – 7 – 5203 – 7249 – 7

Ⅰ.①数… Ⅱ.①陈…②马… Ⅲ.①信息经济—研究—中国 Ⅳ.①F492

中国版本图书馆 CIP 数据核字（2020）第 175647 号

| 出 版 人 | 赵剑英 |
|---|---|
| 责任编辑 | 黄　晗 |
| 责任校对 | 王玉静 |
| 责任印制 | 王　超 |

| 出　　版 | 中国社会科学出版社 |
|---|---|
| 社　　址 | 北京鼓楼西大街甲 158 号 |
| 邮　　编 | 100720 |
| 网　　址 | http：//www.csspw.cn |
| 发 行 部 | 010 – 84083685 |
| 门 市 部 | 010 – 84029450 |
| 经　　销 | 新华书店及其他书店 |
| 印　　刷 | 北京明恒达印务有限公司 |
| 装　　订 | 廊坊市广阳区广增装订厂 |
| 版　　次 | 2020 年 12 月第 1 版 |
| 印　　次 | 2024 年 5 月第 5 次印刷 |
| 开　　本 | 710×1000　1/16 |
| 印　　张 | 17.75 |
| 插　　页 | 2 |
| 字　　数 | 213 千字 |
| 定　　价 | 96.00 元 |

凡购买中国社会科学出版社图书，如有质量问题请与本社营销中心联系调换
电话：010 – 84083683
版权所有　侵权必究

# 序 言

## 用好数据资源　培养数字人才 发展数字经济[①]

数字经济是人类社会发展出的一种新经济形态,如今日益成为全球经济发展的新动能,在全球经济发展中占据着重要位置。不少国家和企业积极发展数字经济,全力抢占经济增长新高地。不同于农业经济、工业经济以土地、劳动力和资本作为关键生产要素,数字经济最鲜明的特点就是以数据作为关键生产要素,以有效运用网络信息技术作为提升全要素生产率和优化经济结构的核心驱动力。

近年来,我国数字经济获得了高速蓬勃发展。统计显示,2017年,我国数字经济规模达27.2万亿元,占GDP比重达32.9%,数字经济规模已跃居世界第二。随着大数据、云计算、物联网等新一代信息技术取得重大进展,新的人工智能应用场景不断被开发和挖掘。数字经济与传统产业深度融合,成为引领我国经济发展的强劲动力。

与西方发达国家不同,我国数字经济发展有自身特点,就是我国在还没有完成工业化、城镇化和农业现代化之时,就迎来了信息化。"四化同步"成为我国数字经济发展的时代背景。这既给我国

---

① 序言原文为:陈煜波:《用好数据资源培养数字人才　抓住历史机遇发展数字经济》,《人民日报》2018年6月4日16版。

### 数字化转型:数字人才与中国数字经济发展

发展数字经济带来巨大挑战,也带来了空前机遇。信息化使我国有可能用二三十年走完西方发达国家两三百年走完的工业化、城镇化和农业现代化历程,数字经济在其中成为关键推动力。以零售业为例,美国经历了上百年工业化的高度整合后才产生了以沃尔玛为代表的高效的现代零售业。而我国则借助网络化信息化,在过去10多年里就形成了全球最大的电子商务市场,产生了阿里巴巴、京东等巨型网络零售企业。

以信息化驱动现代化,加快建设数字中国,是贯彻落实习近平同志关于网络强国重要论述的重大举措。把握好数字经济发展机遇,需要我们充分利用我国得天独厚的数据资源,发挥好数据这个关键生产要素的作用,推动供给侧结构性改革不断深化。与农业经济、工业经济时代生产端的规模效应不同,数字经济在需求端具有很强的规模效应,用户越多,产生的数据量越大越丰富,数据的潜在价值就越高。目前,我国互联网普及率超过全球平均水平,拥有世界上最大数量的网民,产生了海量的消费端和企业端用户数据。我国已成为世界上最大的互联网市场和数据资源国家,这为我国数字经济继续深入发展提供了便利。当前,需要加快推动数字产业化,依靠信息技术创新驱动,不断催生新产业新业态新模式,用新动能推动新发展。

今天,我国经济已由高速增长阶段转向高质量发展阶段,数据这个关键生产要素可以发挥更大作用。以往,不少行业尤其是制造业主要是生产导向,聚焦企业生产的过程、规模与效率。如今,我们要充分利用数据资源,发挥数据这个关键生产要素的作用,从海量用户数据中洞察用户潜在的需求,引导企业从生产导向向市场导向转变,从经营产品向经营用户转变。这就要推动产业数字化,利用互联网新技术新应用对传统产业进行全方位、全角度、全链条的改造，提高全要素生产率，释放数字经济对经济发展的放大、叠加、倍增作用。

发展数字经济的一个关键环节是大力培养数字人才，夯实创新型国家的人力资源基础。现在，腾讯、阿里巴巴、百度、京东等互联网企业从消费、社交、出行、通信、支付等多个维度积累了海量用户数据，并开发出各种核心产品来推动互联网、大数据和人工智能在日常消费、生活服务等领域的应用。需求端的数字化转型在行业内已经具备良好基础，正逐步实现跨行业、跨地区的发展融合。但供给端的数字化转型还处于起步阶段。特别是制造业、医疗等传统行业的数字化转型仍有很大发展空间。如果说需求端的数字化转型主要依靠海量用户带来的数据红利，那么，供给端的数字化转型更加依赖人才驱动。培养具有数字化素养的数字人才是推进我国经济数字化转型、建设创新型国家的战略基础。

数字人才不仅包括传统意义上的信息技术专业技能人才，还涵盖能够与信息技术专业技能互补协同、具有数字化素养的跨界人才。当前，大多数数字人才分布在传统的产品研发和运营领域，数字战略管理、深度分析、先进制造、数字营销等领域的数字人才总量还比较少。大力培养数字人才，需要创新人才培养模式，推进产学研深入跨界合作，构建以企业为主体、以市场为导向、产学研深度融合的技术创新体系。完善科技创新、成果转化和人才发展的体制机制，为创新人才的培育和发展营造良好氛围，让各类创新主体迸发出强劲活力。

陈煜波

2020 年 10 月 19 日

# 目　录

## 第一部分　数字化转型：从工业经济到数字经济

### 第一章　什么是数字经济……………………………………（3）
第一节　数字经济的概念与内涵………………………………（3）
第二节　数字经济带来的影响与变革…………………………（8）
第三节　数字经济的测算………………………………………（11）

### 第二章　中国数字经济的发展现状……………………………（16）
第一节　数字经济的战略布局…………………………………（16）
第二节　数字经济的发展现状…………………………………（19）
第三节　数字经济的发展特征…………………………………（24）

### 第三章　中国经济的数字化转型………………………………（27）
第一节　中国经济数字化转型的主要阶段……………………（27）
第二节　人工智能驱动的经济数字化转型研究………………（28）
第三节　人工智能的社会认知现状和发展趋势………………（34）
第四节　人工智能的应用需求现状和发展趋势………………（38）
第五节　新阶段数字化转型的优势与挑战……………………（42）

## 第二部分 数字化转型：从人口红利到人才红利

### 第四章 数字经济需要什么样的人才 (49)
第一节 大数据人工智能时代的"数字人才" (49)
第二节 数字人才的区域分布 (51)
第三节 数字人才的整体就业情况 (53)
第四节 人才视角下的数字经济发展态势 (57)

### 第五章 数字人才与中国经济的数字化转型 (59)
第一节 数字经济"引领型"城市的转型趋势 (59)
第二节 数字经济"快速成长型"城市的转型趋势 (67)
第三节 数字人才与产业数字化转型 (73)

### 第六章 数字人才的需求与流动 (75)
第一节 数字人才需求分析 (75)
第二节 数字人才的关系网络与流动分析 (80)
第三节 数字化转型背景下的人才战略 (84)

## 第三部分 数字化转型：从区域竞争到区域协同

### 第七章 区域经济的数字化转型基础 (89)
第一节 人工智能社会认知的区域特征 (89)
第二节 人工智能应用需求的区域特征 (92)

### 第八章 长三角地区数字经济的发展 (97)
第一节 长三角地区数字经济的战略规划 (97)

第二节　长三角地区数字经济的发展现状……………（102）
　　第三节　长三角地区的就业情况…………………………（104）

**第九章　人才视角下的长三角地区数字化转型**……………（110）
　　第一节　数据基础…………………………………………（110）
　　第二节　高水平人才和数字人才的行业分布……………（111）
　　第三节　高水平人才和数字人才的教育背景……………（113）
　　第四节　高水平人才和数字人才的技能特点和
　　　　　　职位等级……………………………………………（117）
　　第五节　长三角地区的职位和人才技能需求情况………（121）

**第十章　长三角地区重点城市的高水平人才和
　　　　数字人才现状**………………………………………（124）
　　第一节　上海市的高水平人才和数字人才现状…………（124）
　　第二节　浙江省三大城市的高水平人才和数字
　　　　　　人才现状……………………………………………（134）
　　第三节　江苏省四大城市的高水平人才和数字人才
　　　　　　现状…………………………………………………（144）
　　第四节　安徽省合肥市的高水平人才和数字人才现状……（155）

**第十一章　长三角地区高水平人才和数字人才的流动
　　　　　情况**…………………………………………………（165）
　　第一节　国际及港澳台流动情况分析……………………（165）
　　第二节　国内流动情况分析………………………………（167）
　　第三节　长三角地区内流动情况分析……………………（172）
　　第四节　高水平人才流动群体的职位等级分析…………（178）

## 第十二章　粤港澳大湾区数字经济的发展……………………（182）
  第一节　粤港澳大湾区数字经济的战略规划……………（182）
  第二节　粤港澳大湾区数字经济发展现状…………………（186）
  第三节　粤港澳大湾区的就业情况…………………………（189）

## 第十三章　人才视角下的粤港澳大湾区数字化转型……（196）
  第一节　高水平人才和数字人才的区域分布……………（197）
  第二节　高水平人才和数字人才的行业分布……………（198）
  第三节　高水平人才和数字人才的教育背景……………（200）
  第四节　高水平人才和数字人才的技能特点和
           职位等级………………………………………………（204）
  第五节　粤港澳大湾区的高水平人才和数字人才
           需求……………………………………………………（207）

## 第十四章　粤港澳大湾区的人才流动情况………………（214）
  第一节　人才流动的整体情况………………………………（214）
  第二节　国际人才流动情况分析……………………………（215）
  第三节　国内人才流动情况分析……………………………（218）
  第四节　粤港澳大湾区内人才流动情况分析……………（221）

# 第四部分　数字化转型：从数字产业化到产业数字化

## 第十五章　数字人才驱动下的行业数字化转型…………（231）
  第一节　研究背景与数据基础………………………………（231）
  第二节　数字人才的行业分布特征…………………………（234）
  第三节　数字人才的行业吸引力……………………………（239）

目 录

**第十六章 数字人才的行业流动研究**……………………（243）
　第一节　重点行业数字人才的行业流动情况…………（243）
　第二节　重点行业数字人才的区域流动情况…………（249）
　第三节　数字人才行业流动的特征与政策启示………（262）

**参考文献**……………………………………………………（264）

**后　记**………………………………………………………（268）

# 第一部分

## 数字化转型:从工业经济到数字经济

# 第一章

# 什么是数字经济

## 第一节 数字经济的概念与内涵

近年来，以大数据、云计算、物联网、人工智能为代表的新一代信息通信技术（ICT）发展迅猛，给经济、社会各领域带来了颠覆性的影响与变革。计算机、智能手机、互联网几乎无处不在，各种各样的智能产品和数字服务进入我们的工作和生活，用手机购物、支付、订餐、叫车已经变成很多人日常生活的一部分，这在十年前是无法想象的。国际电信联盟（ITU）公布的数据显示，[①] 截至 2018 年年底，全球互联网用户达到 39 亿人，首次超过全球总人口的一半，高达 51.2%，这一比例在 2008 年约为 21%。除了个人层面的影响，ICT 技术也已经渗透到商业活动的方方面面，各行各业都在积极探索数字化转型，数字经济在全球范围内蓬勃发展，规模日益壮大。

数字经济概念的提出与 ICT 技术的发展与商业化密切相关，从 20 世纪 90 年代开始，以计算机和互联网为代表的 ICT 技术开启了

---

[①] International Telecommunication Union, *Measuring the Information Society Report*, International Telecommunication Union, December, 2018.

**数字化转型:数字人才与中国数字经济发展**

快速的商业化进程,对经济和社会发展产生深远影响,引发了诸多来自政界、学界和业界关于互联网如何影响商业活动和经济行为的讨论。1995 年,加拿大商业分析师 Don Tapscott 出版了一本名为《数字经济:网络智能时代的希望和危险》(*The Digital Economy: Promise and Peril in the Age of Networked Intelligence*) 的著作,成为最早提出数字经济一词的人。1998 年,美国商务部在其年度报告中用"数字经济"来描述一种"增长速度远远快于以往社会,且由 ICT 创新驱动的经济",并提到除了土地、资本和劳动力三大生产要素外,数字经济的一个重要特征是将知识和信息纳入主要生产要素。[①]最初,数字经济的定义与电子商务的发展密切相关,主要包含了经济活动中支持信息化基础设施建设、电子化商业流程实现和电子商务交易相关的内容,[②] 之后这三部分内容被不断补充和完善。从 2008 年开始,数字经济的概念被更加广泛地提及,具体内容也延伸到 ICT 技术(硬件、软件、应用、通信等技术)在整个经济活动中的应用,包括在商业、政府事务和非政府事务中的应用。[③]

发展至今,数字经济并没有一个确定的定义,与"数字经济"概念在同期出现的还有"网络经济""知识经济""信息经济"等概念,实质上都是为了描述以计算机和互联网为代表的新技术给经济带来的影响和变革,这些概念和内涵随着数字技术的发展不断延伸、扩展,有学者梳理了不同阶段数字经济的定义和内涵,[④] 如表

---

[①] National Telecommunications and Information Administration, *Falling Through the Net: Defining the Digital Divide*, Washington, DC: National Telecommunications and Information Administration, 1999.

[②] Erik Brynjolfsson and Brian Kahin, eds., *Understanding the Digital Economy: Data, Tools, and Research*, Cambridge, MA: MIT press, 2002.

[③] Edward J. Malecki and Bruno Moriset, *The Digital Economy: Business Organization, Production Processes and Regional Developments*, New York, NJ: Routledge, 2007.

[④] Rumana Bukht and Richard Heeks, Defining, *Conceptualising and Measuring the Digital Economy*, Development Informatics working paper, August 3, 2017.

# 第一章 什么是数字经济

1.1 所示。总体来看，狭义的数字经济主要指 ICT 产业本身，包括通信、互联网、IT 服务、硬件和软件等相关产业，而广义的数字经济则涵盖了 ICT 产业以及 ICT 与传统产业融合的部分，有学者和机构形象地称之为"数字产业化"和"产业数字化"。

表1.1　　　　　　　　数字经济的概念与内涵

| 来源 | 定义 |
| --- | --- |
| Tapscott, 1996, *The Digital Economy: Promise and Peril in the Age of Networked Intelligence* | 没有直接的定义，但称数字经济为"网络智能时代"，"不仅仅是关于技术的网络化、机器的智能化，而是通过技术实现人的连接"，即"将智力、知识和创造力结合起来，在创造财富和社会发展方面取得突破" |
| Lane 1999, *Advancing the Digital Economy into the 21st Century* | 互联网上的计算能力和通信技术的融合，由此带来的信息和技术流动促进了电子商务的全面发展和组织结构的巨大变化 |
| Margherio et al., 1999, *The Emerging Digital Economy* (United States Department of Commerce) | 没有明确的定义，但确定了四个驱动因素：互联网、电子商务、通过数字化的方式提供商品和服务、有形商品的销售 |
| Brynjolfsson & Kahin, 2000b, *Understanding the Digital Economy: Data, Tools, and Research* | 计算机驱动下的所有经济部门的数字化转型 |
| Kling & Lamb, 2000, in Brynjolfsson & Kahin 2000a | 在开发、生产、销售和供给等环节严重依赖数字技术的商品或服务 |
| Mesenbourg, 2001, *Measuring the Digital Economy* (U.S. Census Bureau) | 将数字经济定义为"三个主要组成部分"：1) 电子商务基础设施，即经济基础设施中用于支持电子业务 (Electronic Business) 和电子商务 (Electronic Commerce) 的部分；2) 电子业务，指商业组织通过计算机网络进行的任何业务；3) 电子商务，指通过计算机网络销售的商品和服务的价值 |

# 数字化转型:数字人才与中国数字经济发展

续表

| 来源 | 定义 |
| --- | --- |
| Economist Intelligence Unit, 2010, *Digital Economy Rankings 2010* | 没有明确的定义,但提到数字经济是基于"信息通信技术基础设施的质量,及其消费者、企业和政府利用信息通信技术获得利益的能力" |
| OECD, 2013, *The Digital Economy* | 数字经济通过互联网和电子商务实现商品和服务的交易 |
| Department of Broadband Communications and the Digital Economy (DBCDE), Australia, 2013, *Advancing Australia as a Digital Economy: An Update to the National Digital Economy Strategy* | 基于数字技术(如互联网和移动互联网)的全球经济网络和社会活动网络 |
| European Commission, 2013, *Expert Group on Taxation of the Digital Economy* | 以数字技术为基础的经济(有时称为互联网经济) |
| British Computer Society, 2014, *The Digital Economy* | 尽管越来越多的人认为数字经济是通过互联网和万维网开展市场业务的经济模式,数字经济其实是指基于数字技术的经济 |
| European Parliament, 2015, *Challenges for Competition Policy in a Digitalised Economy* | 由多个级别/层组成的复杂结构,由几乎无穷无尽且数量不断增长的节点相互连接;平台之间相互堆叠,允许多个路径到达终端用户,使得平台内部难以排除某些参与者,比如竞争对手 |
| House of Commons, 2016, *The Digital Economy* | 数字经济既指商品和服务的数字接入,也指商业中数字技术的使用 |
| G20 DETF, 2016, *G20 Digital Economy Development and Cooperation Initiative* | 数字经济是指以使用数字化的知识和信息作为关键生产要素、以现代信息网络作为重要载体、以信息通信技术的有效使用作为效率提升和经济结构优化的重要推动力的一系列经济活动 |
| Elmasry et al., 2016, *Digital Middle East: Transforming the Region into a Leading Digital Economy (Digital McKinsey)* | 数字经济没有明确的定义:"与其说是一个概念,不如说是一种做事的方式",它包含三个属性:在商业世界的新领域创造价值,在提升客户体验方面实现执行过程的最优化,以及建立支持整个商业架构的基本性能 |

# 第一章　什么是数字经济

续表

| 来源 | 定义 |
|---|---|
| Bahl, 2016, *The Work Ahead: The Future of Businesses and Jobs in Asia Pacific's Digital Economy* (Cognizant) | 没有明确的定义，但是需要区分"使用数字技术"和"数字化" |
| Knickrehm et al., 2016, *Digital Disruption* (Accenture) | 数字经济是一系列广泛的"数字"投入所产生的经济产出，数字投入包括数字技能、数字设备（硬件、软件和通信设备）以及生产中使用的中间数字产品和服务，这些设施代表了数字经济的基础 |
| Rouse, 2016, *Digital Economy* | 数字经济是由信息和通信技术（ICT）支持的全球性经济活动网络，它也可以简单地被定义为基于数字技术的经济 |
| Dahlman et al., 2016, *Harnessing the Digital Economy for Developing Countries* (OECD) | 数字经济是几种通用技术（GPT）和人们通过互联网和相关技术开展的经济和社会活动范围的融合，它包括数字技术所基于的物理基础设施（宽带线路、路由器）、用于访问的设备（计算机、智能手机）、它们所支持的应用程序（Google，Salesforce）及其提供的服务功能（物联网、数据分析、云计算） |
| OUP, 2017, *Digital Economy* | 数字经济是主要通过数字技术，特别是利用互联网进行的电子交易的经济 |
| Deloitte N. D., *What is Digital Economy?* | 数字经济是通过人员、企业、设备、数据和流程之间的数十亿日常在线连接而产生的经济活动，数字经济的支柱是超连通性，这意味着人员、组织和机器的互联性通过互联网、移动技术和物联网（IoT）日益增强 |
| 中国信息通信研究院，2017，《中国数字经济发展白皮书（2017年）》 | 数字经济是以数字化的知识和信息为关键生产要素，以数字技术创新为核心驱动力，以现代信息网络为重要载体，通过数字技术与实体经济深度融合，不断提高传统产业数字化、智能化水平，加速重构经济发展与政府治理模式的新型经济形态 |

资料来源：笔者根据相关文献整理。

近几年，世界主要国家都认识到 ICT 技术对推动经济增长的重要作用，积极制定国家层面的数字经济发展规划和战略政策，如美国的《数字经济议程》、欧盟的《产业数字化规划》、英国的《英国数字战略》等。这些战略规划都对数字经济的概念和内涵进行了定义，大多都使用了广义的概念。中国在 2016 年 9 月 20 日举办的 G20 峰会上第一次对数字经济给出了官方定义："数字经济是指以使用数字化的知识和信息作为关键生产要素、以现代信息网络作为重要载体、以信息通信技术的有效使用作为效率提升和经济结构优化的重要推动力的一系列经济活动"。[1] 中国对数字经济的定义强调了数字化的知识和信息也就是数据作为关键生产要素的地位，以及 ICT 技术对经济数字化转型的推动作用。习近平总书记在 2017 年 12 月 8 日主持中共中央政治局集体学习时特别指出"要构建以数据为关键要素的数字经济"。党的十九届四中全会审议通过的《中共中央关于坚持和完善中国特色社会主义制度、推进国家治理体系和治理能力现代化若干重大问题的决定》首次增列数据作为生产要素，刘鹤副总理特别指出这"反映了随着经济活动数字化转型加快，数据对提高生产效率的乘数作用凸现，成为最具时代特征新生产要素的重要变化。"[2]

## 第二节　数字经济带来的影响与变革

数字经济在全球经济增长中扮演着越来越重要的角色，ICT 技术与传统产业的深度融合释放出巨大能量，成为引领经济发展的强

---

[1] 网络安全和信息化委员会办公室:《二十国集团数字经济发展与合作倡议》, http://www.cac.gov.cn/2016-09/29/c_1119648520.htm。

[2] 刘鹤:《坚持和完善社会主义基本经济制度》,《人民日报》2019 年 11 月 22 日第 6 版。

第一章　什么是数字经济

劲动力。埃森哲一份研究报告显示，2015年全球数字经济规模约为19.2万亿美元，占全球GDP的22.5%，预测将在2020年增长到24.6万亿美元，GDP占比将升至25%。[①] 与传统经济相比，数字经济在生产要素、增长动力、产业结构等诸多方面带来了创新与变革。

## 一　数字经济引发生产要素的变革

数字经济的一个重要特征是将数据纳入主要生产要素。ICT技术的发展以及信息系统在各行业、各领域的普及引发了数据量的爆发式增长，数据所蕴含的价值受到越来越多的关注。在当前经济环境下，数据逐渐被看成像农业时代土地一样的"基本生产资料"，成为经济组织之间生产、加工、交易的主要对象之一。随着数据的获取、存储、分析等相关技术不断提高，大数据在诸多领域走上了产业化发展道路，对全球生产、流通、分配、消费活动以及经济运行机制产生了重要的影响。数据与传统土地、资本、劳动力等关键要素的关系也成为数字经济发展中需要探讨的重要问题。

## 二　数字经济成为经济增长的新动能

数字经济成为引领经济增长的新动能，这已经是不争的事实。ICT产业在过去二十年经历了飞速的发展，成为创新最活跃的领域之一，由ICT产业所带动的经济似乎比以传统工业为基础的经济增长快得多，有学者将数字经济所呈现的高速增长趋势归功于ICT产业的"规模报酬递增（Increasing returns to scale, IRS）"现象（随着要素投入的增加，单位要素投入对应的产出越大），而传统工业

---

[①] Mark Knickrehm, Bruno Berthon and Paul Daugherty, *Digital disruption: The growth multiplier*, Accenture, 2016.

经济在增长中表现出明显的规模报酬递减性质。①

数字经济不仅在生产函数上表现出规模报酬递增的特点，其技术进步的速度也比工业经济下的技术进步快得多，因此在经济增长上也有更好的表现。除了 ICT 技术本身的发展，ICT 与传统产业现有技术的融合也极大地促进了这些产业的技术进步，进而提高了传统产业的附加值和生产效率，例如汽车制造、机械电子等传统制造行业，都在积极尝试将最先进的 ICT 技术运用于生产、销售等各个环节。随着数字化转型在各行各业的深入推进，数字经济在推动全球经济增长上将释放出更大的潜力。

### 三　数字经济突破原有的产业结构和边界

当前数字经济发展的一个显著特点是数字化进程从需求端逐渐向供给端渗透，在这个过程中原有的产业结构正在发生变化，产业边界变得模糊，产业融合成为主要趋势。过去二十年，电子商务的蓬勃发展极大地促进了需求端的数字化转型，涌现出 O2O 服务、互联网金融、共享经济等一大批新模式、新业态。随着需求端数字化转型的深入，第三产业的比重不断提升，服务业的数字化已经形成良好的扩展复制基础，正逐步实现跨行业、跨地区的发展融合。与此同时，需求端的数字化转型也在推动供给端的数字化转型和升级，农业、制造行业等传统行业在发展理念和模式上发生了巨大的变化，从注重产品转向产品、服务并重，从生产/技术驱动转向客户需求驱动，从独立式发展转向融合型发展，从分散的资源配置到高度融合的资源协同，等等。随着传统行业数字化进程的推进，原有的产业边界将更加模糊，产业结构将不断优化。

---

① Tai‐Yoo Kim and Almas Heshmati, *Economic Growth：The New Perspectives for Theory and Policy*，Berlin：Springer，2014.

第一章　什么是数字经济

#### 四　数字经济重塑经济组织方式与生产管理体系

数字化进程中的经济组织方式与传统工业化进程中的经济组织方式相比发生了重大变革，其中最突出的表现是，以互联网为基础的高新科技发展使企业间的信息流通和交易过程更具效率，交易成本显著下降，通过网络实现经济活动的再组织过程显得比任何时候都要方便、快速且成本低廉，企业间的关系通过互联网平台形成新的分工和结构，生产管理体系趋于平台化和生态化。

工业经济时代的生产管理体系注重建立"科学的管理方式"，福特公司的汽车生产流水线就是一个典型代表。而数字经济时代则更加注重"生态"的建设，平台管理方、硬件生产商、软件开发商、用户，等等，都是这个生态中不可或缺的一方。苹果公司生产的 Iphone 就是一个很好的例子，Iphone 所依赖的 IOS 系统形成了一个庞大的移动应用（APP）生态，用户通过下载和安装自己喜欢的 APP，就可以实现定制化的需求，正是因为做到了"千人千面"，Iphone 才能够取得如此巨大的成功。

总体来看，数字经济最鲜明的特点就是以数据作为关键生产要素，以有效运用网络信息技术作为提升全要素生产率和优化经济结构的核心驱动力。作为一种新的经济形态，数字经济对传统经济下的增长模式、产业结构、组织模式、政府管理等产生了深刻的影响。如何发挥好数据这个关键生产要素的作用，需要我们对数字经济及其发展趋势建立更加全面的认识和了解。

## 第三节　数字经济的测算

自 20 世纪 80 年代开始，学界、政界和业界针对数字经济的测

**数字化转型:数字人才与中国数字经济发展**

算做了大量工作,从基础设施、技术发展、经济增长、社会影响等诸多方面构建了一系列指标,对数字经济进行分析和测算。这些工作既有对数字经济发展程度的全方位考量,也有对具体领域的深入测算,其中最具代表性的是经济合作与发展组织(OECD)的测算。OECD 于 1976 年成立了一个专门的工作小组致力于分析和预测信息通信行业的发展及其对经济的影响,在信息经济测算和指标构建方面做了大量开创性的工作。从 2002 年开始,OECD 每隔两年都会发布《OECD 信息经济展望》(*OECD Information Economy Outlook*),分享其在信息经济测算方面的方法、指标和研究成果。在 2011 年发布的报告中,OECD 提出一个测算框架,将信息社会分为 ICT 供给、ICT 需求、ICT 基础设施、ICT 产品和内容,并针对每块内容建立了更为详细的测算指标。[1] 2015 年,OECD 整合了信息经济和通信行业方面的相关研究,推出《OECD 数字经济展望 2015》报告,代替了之前每两年发布的《OECD 信息经济展望》。在测算中,OECD 认为数字经济测算范畴不只局限于商业和市场,而是包括从个人层面、组织层面到整个社会层面的数字化变革,[2] 这一理念被许多国家的学者、研究人员和业界从业者认可和传播。类似的工作还有国际电信联盟(ITU)自 2009 年起每年发布的《信息社会测算报告》(*Measuring the Information Society Report*),对全球互联网基础设施、接入量、用户数的统计和测算;[3] 欧盟委员会提出的"数字经济与社会指数(Digital Economy and Society Index,

---

[1] Organisation for Economic Co-operation and Development, *OECD Guide to Measuring the Information Society* 2011, OECD Publishing, 2011.

[2] OECD, *OECD Digital Economy Outlook* 2015, OECD Publishing, 2015.

[3] International Telecommunication Union(ITU), *Measuring the Information Society Report* 2018, ITU, 2018.

DESI)";① 世界经济论坛推出的"网络就绪指数（Networked Readiness Index，NRI）",② 等等。

经济学角度的数字经济测算主要是对数字经济的增加值规模和增长贡献度进行测算。美国相关学者和机构在数字经济增加值规模测算方面做了大量开创性工作，美国商务部经济分析局（Bureau of Economic Analysis，BEA）和普查局（Bureau of Census）从2000年前后就开始研究和测算数字技术对经济的影响，当时的数字经济测算主要集中在电子商务领域，③ 之后不断将新的数字经济内容和特征纳入测算框架。2018年3月BEA发布了一份新的报告，将数字经济定义为三部分内容：（1）支持计算机网络运行的数字基础设施，（2）在基础设施上进行的数字交易（电子商务），（3）数字经济用户创建和访问的内容（数字媒体）。④ 基于这个定义，BEA的初步估计显示，2016年美国数字经济占GDP的比重约为6.5%（12092亿美元），从2006年至2016年，数字经济的年均增长率为5.6%，而整体经济的增长率为1.5%。

国际货币基金组织、麦肯锡、波士顿咨询、埃森哲等机构和公司也围绕数字经济的增加值规模测算做了很多工作，测算思路和BEA相似，首先明确数字经济的范畴，再运用传统的统计核算方法进行测算。数字经济概念和范围的界定不同，所测算出的数字经济

---

① European Commission, *International Digital Economy and Society Index* 2018, European Commission, November, 2018.
② Soumitra Dutta, Thierry Geiger and Bruno Lanvin, *The Global Information Technology Report* 2015, World Economic Forum, April, 2015.
③ Thomas L. Mesenbourg, *Measuring the Digital Economy*, US Bureau of the Census, 2001.
④ Kevin Barefoot, Dave Curtis, William Jolliff, Jessica R. Nicholson and Robert Omohundro, *Defining and Measuring the Digital Economy*, US Department of Commerce Bureau of Economic Analysis, March, 2018.

**数字化转型:数字人才与中国数字经济发展**

规模可能会有巨大的差异。[①] 以中国的数字经济测算为例,如果只考虑 ICT 产业本身（即数字产业化部分）,OECD 测算的结果显示中国数字经济占 GDP 的比重大约为 6%;[②] 而中国信息通信研究院将 ICT 产业以及 ICT 与其他产业融合的部分都纳入计算范畴,测算出 2016 年数字经济占 GDP 的比重达到 30%。[③]

总体来看,当前不论是国际还是国内,关于数字经济的测算尚未形成一套通用的方法和体系,主要有五个方面的原因。第一,数字经济的概念和范畴难以准确界定。虽然关于 ICT 行业（即数字产业化部分）所包含的内容已经形成广泛的共识,但是对于 ICT 行业和传统行业融合的部分如何界定还存在很多争议,二者的边界并不清晰,在一些产业中很难将数字化的部分剥离出来单独计算。第二,数字经济的测算面临来自数据的限制。部分领域的数据收集难度大,标准化程度低,数据质量不能保证,从而增加了测算的难度。第三,数字产品的价格变动对测算结果有重要影响。一方面,很多数字产品或数字服务是免费的;另一方面,得益于技术的快速发展,数字设备和产品的价格会在短时期内快速下降,如何在数字经济测算中有效地处理价格问题是一大难点。第四,数字经济的贡献不能完全从产出中反映出来,例如数字经济发展所带来的商业模式和组织模式变革,通过间接的方式提高了生产效率,但这很难反映在产出增加值上。第五,新模式、新业态的定义和测算存在很大难度,以共享经济、工业互联网为代表的新业态正在快速发展,数

---

[①] Marshall Reinsdorf and Gabriel Quirós, *Measuring the Digital Economy*, IMF Staff Report, February, 2018.

[②] Garcia Herrero, Alicia and Jianwei Xu, *How Big is China's Digital Economy?*, Bruegel Working Paper, No. 2018/04, 2018.

[③] 中国信息通信研究院:《中国数字经济发展白皮书 (2017)》,http://www.cac.gov.cn/2017-07/13/c_1121534346.htm。

第一章　什么是数字经济

字经济的测算难以跟上技术创新和商业创新的步伐。

　　尽管面临种种限制，数字经济的测算仍然取得了很大的突破和进展，不同的指标和分析方法帮助我们从更多的角度认识数字经济的发展特征和趋势。对于数字经济测算来说，形成一套通用的方法体系需要不同国家、不同领域在多个层面达成共识，在这个过程中任何角度的探索都是有意义的，只有通过充分的交流和沟通，现有的测算框架和方法才能获得不断的补充和完善。

# 第二章

# 中国数字经济的发展现状

## 第一节 数字经济的战略布局

随着数字技术的发展和影响力的凸显，数字经济已经成为各国政策加码的新领地，美国、英国、德国、法国等许多国家和地区已经将发展数字经济作为优先事项，出台了一系列数字经济发展战略和议程推动本国和区域数字经济的发展。中国也积极拥抱数字经济浪潮，将大力发展数字经济以及数字经济相关产业上升到国家战略。2018年国务院政府工作报告提出，做大做强新兴产业集群，实施大数据发展行动，加强新一代人工智能研发应用，在医疗、养老、教育、文化、体育等多领域推进"互联网+"。

围绕着数字经济核心技术与发展方向，国家相继出台了一系列顶层设计文件以及相配套的行业性文件。2015年以来，国务院陆续出台了制造领域、"互联网+"领域、大数据领域以及人工智能领域的战略规划文件（见表2.1）。这些文件在战略目标、重点任务以及相关举措方面均体现了大力发展数字经济核心技术与相关产业的战略布局。

## 第二章 中国数字经济的发展现状

### 一 战略目标

在战略目标上，提出了要推进工业化和信息化融合迈上新台阶。到 2025 年，网络化、智能化、服务化、协同化的"互联网+"产业生态体系基本完善，推动大数据与云计算、物联网、移动互联网等新一代信息技术融合发展。在人工智能领域，提出了不同阶段的发展规模目标，到 2030 年，人工智能核心产业规模超过 1 万亿元，带动相关产业规模超过 10 万亿元。

表2.1　　　　　　　　国家层面相关顶层设计文件

| 文件 | 重点战略目标 | 相关重点任务 |
| --- | --- | --- |
| 《国务院关于印发〈中国制造2025〉的通知》（国发〔2015〕28号） | 到2025年，两化融合迈上新台阶；新中国成立一百年时，制造行业主要领域具有创新引领能力和明显竞争优势，建成全球领先的技术体系和产业体系 | 推进信息化与工业化深度融合；研究制定智能制造发展战略；深化互联网在制造领域的应用，加强互联网基础设施建设 |
| 《国务院关于积极推进"互联网+"行动的指导意见》（国发〔2015〕40号） | 到2025年，网络化、智能化、服务化、协同化的"互联网+"产业生态体系基本完善，"互联网+"新经济形态初步形成，"互联网+"成为经济社会创新发展的重要驱动力量 | "互联网+"创业创新/+协同制造/+现代农业/+智慧能源/+普惠金融/+益民服务/+高效物流/+电子商务/+便捷交通/+绿色生态/+人工智能 |
| 《国务院关于印发促进大数据发展行动纲要的通知》（国发〔2015〕50号） | 推动大数据与云计算、物联网、移动互联网等新一代信息技术融合发展，探索大数据与传统产业协同发展的新业态、新模式，促进传统产业转型升级和新兴产业发展，培育新的经济增长点 | 发展工业大数据；发展新兴产业大数据，大力培育互联网金融、数据服务、数据探矿、数据化学、数据材料、数据制药等新业态，推进基础研究和核心技术攻关 |

续表

| 文件 | 重点战略目标 | 相关重点任务 |
|---|---|---|
| 《国务院关于印发新一代人工智能发展规划的通知》(国发〔2017〕35号) | 到2025年，人工智能核心产业规模超过4000亿元，带动相关产业规模超过5万亿元；到2030年，人工智能核心产业规模超过1万亿元，带动相关产业规模超过10万亿元 | 建立新一代人工智能关键共性技术体系，统筹布局人工智能创新平台；培育高端高效的智能经济，大力发展人工智能新兴产业；建设安全便捷的智能社会 |

资料来源：国务院公开文件。

## 二 重点任务

在重点任务上，瞄准新一代信息技术、高端装备等战略重点，引导社会各类资源集聚，推动优势和战略产业快速发展。围绕"互联网+"创业创新、协同制造、现代农业、绿色生态等领域，推进产业发展。大力培育互联网金融、数据服务、数据探矿、数据化学、数据材料、数据制药等新业态，推进基础研究和核心技术攻关，完善大数据产业链，构建开放协同的人工智能科技创新体系。

## 三 人才支撑

在人才支撑方面，围绕数字经济人才领域，在国家战略部署中提出建立多层次人才培养体系。加强制造行业人才发展统筹规划和分类指导，完善从研发、转化、生产到管理的人才培养体系。利用全球智力资源，引进和培养一批"互联网+"领域高端人才。坚持培养和引进相结合，完善人工智能教育体系，加快培养聚集人工智能高端人才。

## 四 产业发展

围绕着当前重点发展的行业，从推进产业之间互动融合的角度，出台了许多重要领域的数字经济产业发展意见。例如，围绕健康领域，出台了健康医疗大数据、"互联网+医疗健康"等意见；围绕制造行业能级提升，出台了"互联网+先进制造行业""制造行业与互联网融合发展"等文件；围绕流通环节，出台了"互联网+流通"行动计划。围绕智能制造领域，工业和信息化部、财政部专门编制印发了《智能制造发展规划（2016—2020年）》，见表2.2。重点行业的文件是指导细分行业发展的重要依据，也是各省区市围绕各自主导产业，制定产业发展规划的重要参考依据。

表2.2　　　　　国家层面数字经济相关领域主要文件

| 文件名 | 发文字号 | 发布日期 |
| --- | --- | --- |
| 《国务院办公厅关于促进和规范健康医疗大数据应用发展的指导意见》 | 国办发〔2016〕47号 | 2016年6月24日 |
| 《国务院办公厅关于促进"互联网+医疗健康"发展的意见》 | 国办发〔2018〕26号 | 2018年4月28日 |
| 《国务院关于深化"互联网+先进制造行业"发展工业互联网的指导意见》 | —— | 2017年11月27日 |
| 《国务院关于深化制造行业与互联网融合发展的指导意见》 | 国发〔2016〕28号 | 2016年5月20日 |
| 《国务院办公厅关于深入实施"互联网+流通"行动计划的意见》 | 国办发〔2016〕24号 | 2016年4月21日 |
| 《工业和信息化部 财政部关于印发智能制造发展规划（2016—2020年）的通知》 | 工信部联规〔2016〕349号 | 2016年12月8日 |

注："——"表示无发文字号。

资料来源：国务院、工业和信息化部、财政部公开文件。

## 第二节　数字经济的发展现状

2008年以来，中国的数字经济取得了飞速发展，根据中国信息

**数字化转型:数字人才与中国数字经济发展**

化百人会课题组的测算,数字经济规模从2008年的6900亿美元增长到2016年的3.8万亿美元(如图2.1所示),[①] 近五年的平均增长率保持在10%以上,对GDP的贡献不断攀升,中国信息化百人会和腾讯研究院的最新测算显示,[②] 2016年数字经济对中国GDP的贡献高达30%。

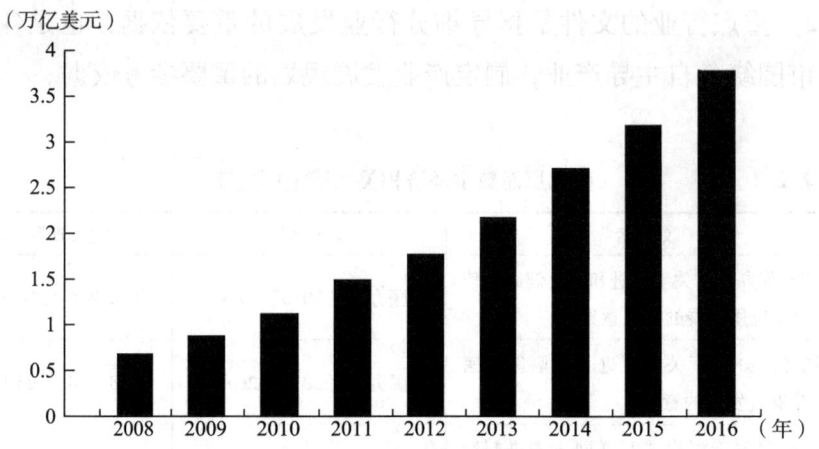

**图2.1 2008—2016年中国数字经济的规模**

资料来源:中国信息化百人会课题组:《信息经济:"物联网+"时代产业转型路径、模式与趋势》,电子工业出版社2017年版。

从发展路径来看,中国数字经济是从需求端发展起来的,互联网在消费、社交、出行、通信、支付等领域快速渗透,形成了强大的规模效应。当前需求端的数字化转型已经具备良好的基础,正逐步实现跨行业、跨地区的发展融合。与需求端相比,供给端的数字

---

① 中国信息化百人会课题组:《信息经济:"物联网+"时代产业转型路径、模式与趋势》,电子工业出版社2017年版。
② 腾讯研究院:《中国"互联网+"数字经济指数(2017)》,https://www.sohu.com/a/135268676_470089。

## 第二章 中国数字经济的发展现状

化转型还处于起步阶段,特别是工业、制造行业、医疗等传统行业的数字化转型仍有很大空间。世界经济论坛每年发布的《全球新兴技术报告》对世界主要经济体的ICT发展条件和应用效果进行评估,报告中的"网络就绪指数(Networked Readiness Index,NRI)"从ICT发展环境、ICT就绪程度、ICT使用情况和ICT影响力四个角度设立指标,综合考察经济体的政治法律环境、创新环境,ICT基础设施、可接入性、技能发展,政府、企业和个人使用ICT的情况,ICT对经济和社会的影响力等方面的情况,给出经济体的NRI评分。在2016年发布的《全球新兴技术报告2016》中,中国的NRI评分是4.2,排在全球第59位,[1] 与中高收入国家平均水平相比,中国ICT使用情况和影响力指数相对更高,ICT基础设施建设和创新环境相对落后。

### 一 需求端:互联网使用情况

中国近年来大力推进信息化基础设施建设,互联网宽带接入端口数从2008年的1亿个增长到2016年的6.9亿个。根据中国互联网络信息中心(CNNIC)2019年发布的报告,[2] 截至2018年12月中国的网民规模达到8.29亿人,互联网普及率为59.6%,超过了全球整体水平。而2005年中国的网民仅有1.1亿人,互联网普及率约为8.5%,过去的十几年间互联网用户数翻了几番,增长速度远超世界平均水平。

需求端庞大的互联网用户群持续为数字经济的发展注入活力,

---

[1] Silja Baller, Soumitra Dutta and Bruno Lanvin, eds., *The Global Information Technology Report 2016*, World Economic Forum, 2016.

[2] 中国互联网络信息中心(CNNIC):《第43次中国互联网络发展状况统计报告》,http://www.cac.gov.cn/2019-02/28/c_1124175677.htm。

**数字化转型：数字人才与中国数字经济发展**

目前需求端的数字化转型已经取得丰硕的成果，移动互联网、自媒体、电子商务、O2O 服务（Online to Offline Service）、互联网金融、共享经济平台等已经渗透到人们生活的方方面面，数字技术与消费端的诸多垂直领域实现了深度融合。

**二 供给端：ICT 产业发展现状**

**（一）ICT 基础产业**

信息通信技术在数字经济供给端扮演着至关重要的角色，ICT 作为一个独立的产业，在过去十年为中国 GDP 的增长做出了巨大的贡献，与此同时 ICT 也在推动其他行业的数字化转型和发展。

传统的 ICT 基础产业主要包括电子信息制造行业、信息通信业、软件服务业、广播电视业和互联网行业。中国信息通信院的研究显示，2008 年以来，电子信息制造行业占比持续下降，软件和互联网行业增速迅猛，在 ICT 基础产业中占比显著提升。[①] 与此同时，一些新兴的 ICT 基础产业正在形成，云计算、手机应用与服务、移动互联网、数据分析与服务已经成为当前最热的四大 ICT 新兴基础产业。整体来看，中国 ICT 基础产业目前主要朝着两个方向发展，一是推动宽带、移动网络等信息化基础设施建设和通信技术发展，提升互联网接入能力，扩大互联网覆盖面积，缩小欠发达地区和发达地区的"数字鸿沟"；二是推动 ICT 技术的拓展升级，大力发展以物联网、移动互联网、大数据、云计算、人工智能为核心的新兴技术，促进 ICT 新兴技术在不同行业的深度扩展和应用。

**（二）ICT 融合产业**

近年来信息通信技术加速在传统行业融合渗透，创造了巨大的

---

① 中国信息通信研究院：《中国信息经济发展白皮书（2016 年）》，http：//www.caict.ac.cn/kxyj/qwfb/bps/201804/t20180426_158344.htm。

经济价值，1996—2015年中国ICT渗透率最高的六大重点行业分别是金融业、租赁和商务服务业、房地产业、批发零售业、装备制造行业和交通运输仓储及邮政业。[①] 工业4.0、金融科技、电子商务、共享经济是近年来在中国市场被提及最多的四个词汇，从侧面反映了ICT驱动下的制造行业、金融业和零售业的数字化转型。

制造行业的数字化转型是各国数字经济战略布局的重心，随着各国纷纷推出"先进制造"发展计划，中国于2015年印发《中国制造2025》，将推动ICT技术与制造行业的深度融合提升到国家战略高度。中国制造行业数字化转型的目标是打造以物联网为基础的智能制造生态系统，着力提高在智能感知处理、工业软件、工业互联网、工业云和大数据服务平台等方面的技术发展与应用，提高生产链的智能化和网络化水平，并推动产业体系的开放化和平台化。

ICT技术正在从供给端和需求端同时推动金融业的数字化转型，一方面，以移动互联网、大数据、人工智能为代表的新技术正在快速推动金融领域的创新发展，以"金融科技"为核心的金融业数字化转型已经席卷全球，特别是在互联网支付领域，中国从技术和规模上都已处于全球领先的地位。另一方面，移动互联网的发展降低了网络借贷、投资理财等传统金融服务的门槛，网上货币基金、P2P等投资理财和网络借贷市场蓬勃发展。金融业的数字化转型也在不断推动其他行业的数字化转型，并持续产生相互影响，例如互联网支付平台的发展大大促进了实体零售和网上零售的增长，反过来又催生了消费金融的蓬勃发展。

零售业是最早开始数字化转型的行业之一，过去20年电子商务的蓬勃发展对零售业产生了深刻的影响，发展至今零售业的数字

---

① 中国信息化百人会课题组：《信息经济："物联网+"时代产业转型路径、模式与趋势》，电子工业出版社2017年版。

化转型已经不再局限于电商的发展,也不只是线上电商和线下渠道的简单叠加,而是形成"线上×线下"全渠道的深度融合,实现场景、数据、资源的实时共享,为顾客提供更具个性化的用户体验和以实时需求为导向的服务。此外,物流的智能化也是零售业数字化转型的一大方向。

## 第三节 数字经济的发展特征

### 一 "四化同步"的时代背景

中国在没有完成工业化、城镇化和农业现代化时就迎来了信息化,"四化同步"是中国数字经济发展的独特背景,这既给中国发展数字经济带来巨大挑战,也带来了空前机遇。信息化使中国有可能用二三十年走完西方发达国家两三百年走完的工业化、城镇化和农业现代化历程,数字经济在其中成为关键推动力。以零售业为例,美国经历了上百年工业化的高度整合后才产生了以沃尔玛为代表的高效的现代零售业。而中国则借助网络化信息化,在过去十多年里就形成了全球最大的电子商务市场,产生了阿里巴巴、京东等巨型网络零售企业。

电子商务的蓬勃发展极大地促进了需求端的数字化转型,移动互联网、社交媒体、电子商务平台、O2O服务、互联网金融、共享经济平台等新模式、新业态快速发展,大数据、人工智能等数字技术与消费端的诸多垂直领域实现了深度融合,创造了巨大的价值。

### 二 数字化进程从需求端转向供给端

中国数字经济发展的一个显著特点是数字化进程从需求端逐渐向供给端渗透,以腾讯、阿里巴巴、百度、京东为首的中国互联网

第二章　中国数字经济的发展现状

巨头公司从消费、社交、出行、通信、支付等上百个维度积累了海量用户行为数据,并开发了核心产品来推动互联网、大数据和人工智能在消费品、生活服务等方面的应用。目前需求端的数字化转型在行业内已经具备良好的扩展复制基础,正逐步实现跨行业、跨地区的发展融合。需求端的数字化转型正在向上推动供给端的数字化转型和升级,几乎所有行业的领先企业都面临来自高科技企业的竞争,特别是互联网和大数据领域的科技企业。在和高科技企业的合作与竞争中,传统行业企业逐渐建立起"数据思维",在生产、制造、研发、营销、销售和售后管理等各环节探索商业模式创新和业务流程再造,通过数字化转型增强企业的竞争力。供给端的数字化转型还处于起步阶段,蕴藏着巨大的潜力与价值。

### 三　区域发展不平衡

中国的数字经济发展存在区域不平衡的问题,不同地区的数字化水平差距大。从区域数字经济规模来看,2008年以来各省区市的数字经济虽然都在稳步增长,但是西部地区与东南沿海的差距不断扩大。参考中国信息化百人会的测算,[①] 截至2015年12月,数字经济规模最大的十个省市分别是广东、江苏、山东、浙江、上海、北京、福建、辽宁、湖北和重庆,其中东南沿海省市为7个。在ICT基础产业发展方面,表现最好的是广东和江苏,其次是山东、北京、上海、浙江和四川,可以看出ICT基础产业大省主要集中在东部沿海地区和环渤海地区,此外西南地区近几年也取得很好的成绩。在ICT融合产业发展方面,表现最好的是山东、广东、浙江和江苏,其次是上海、福建、辽宁、重庆、北京和湖北,ICT融合产

---

① 中国信息化百人会课题组:《信息经济:"物联网+"时代产业转型路径、模式与趋势》,电子工业出版社2017年版。

业大省主要集中在东部沿海，此外在东南、东北、西南和中部都有分布。

　　ICT 基础产业的发展主要依靠创新驱动，北京、上海、广东、浙江、江苏具有一大批互联网和信息技术创新型企业，对本地 ICT 基础产业的发展具有重要的推动作用。ICT 融合产业的发展既要依靠创新驱动，也要依靠产业和要素驱动，本地的优势产业与投入要素是 ICT 融合产业发展的重要基础。

# 第三章

# 中国经济的数字化转型

## 第一节 中国经济数字化转型的主要阶段

在全球数字经济进入加速创新和深度融合的时代背景下，中国经济的数字化转型迈入了从需求端向供给端扩展的新阶段，数字经济的发展重心从消费领域向生产领域转移，在诸多方面由"跟随"变为"引领"。如何在转型过程中发挥自身优势、打造核心竞争力，将是一个全新的挑战，我们需要对中国经济数字化转型的过程以及不同阶段的发展特征有充分的认识和了解。

中国经济的数字化转型过程大致可以分为三个阶段：第一个阶段是以计算机和信息通信技术驱动的信息化发展阶段，第二个阶段是以互联网驱动的数字化转型阶段，第三个阶段是以大数据人工智能驱动的数字化转型阶段，如图3.1所示。

从20世纪八九十年代开始，计算机与大规模集成电路的技术被引进中国，发展电子和信息产业被确定为国家战略，集成电路、计算机、通信和软件成为重要的发展领域，推动了电子信息技术的广泛应用，这是以计算机和信息通信技术驱动的第一个阶段。2000年以后互联网在商业、政务和个人生活领域实现了普及和应用，2008年以后随着移动互联网的兴起和发展，移动互联网再次推动众多领域进行新一轮的数字化转型和升级，这是以互联网驱动的第二个阶段。

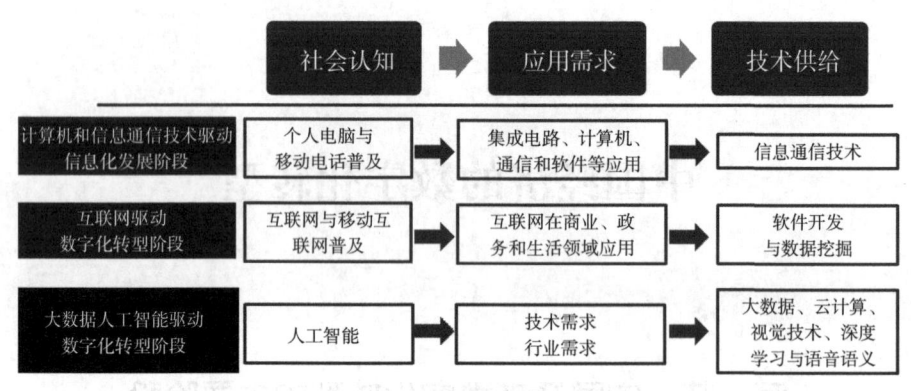

**图3.1　中国数字化转型的三个阶段**

| 阶段 | 社会认知 | 应用需求 | 技术供给 |
|---|---|---|---|
| 计算机和信息通信技术驱动信息化发展阶段 | 个人电脑与移动电话普及 | 集成电路、计算机、通信和软件等应用 | 信息通信技术 |
| 互联网驱动数字化转型阶段 | 互联网与移动互联网普及 | 互联网在商业、政务和生活领域应用 | 软件开发与数据挖掘 |
| 大数据人工智能驱动数字化转型阶段 | 人工智能 | 技术需求行业需求 | 大数据、云计算、视觉技术、深度学习与语音语义 |

资料来源：笔者自制。

近几年随着互联网的大面积普及应用，数据呈现爆发式增长，大数据、云计算、物联网等新一代信息技术取得了巨大的突破和进展，大量的人工智能应用场景被开发和挖掘，为人工智能的发展和应用奠定了良好的基础。习近平总书记在2017年12月8日主持中共中央政治局就实施国家大数据战略进行集体学习时指出"大数据是信息化发展的新阶段"。伴随着大数据和人工智能等相关技术的快速发展，中国经济的数字化转型进入由大数据与人工智能驱动的第三个阶段。我们基于百度搜索的数据深入分析了大众对人工智能的认知情况以及人工智能应用需求的发展，结果显示无论从社会认知还是应用需求的角度，大约从2017年3月开始中国正式进入人工智能驱动的经济数字化转型阶段，下面几节将对这项研究进行更详细的介绍。

## 第二节　人工智能驱动的经济数字化转型研究

回顾经济信息化数字化转型的历程，先后经历了从信息通信技

第三章　中国经济的数字化转型

术驱动到互联网驱动的发展阶段，在不同阶段，社会大众的认知和需求对数字技术的发展和应用产生了重要的影响，许多新场景、新业态的出现都是由大众的需求催生的。信息技术对绝大多数行业的变革都经历了以应用为导向、从需求端逐渐向供给端渗透的过程，经济数字化转型的过程就是从社会认知到应用需求到技术供给逐步演进的过程。

## 一　人工智能的技术发展

以 1956 年达特茅斯会议为起点，人工智能至今已有 60 多年的研究和应用发展历史。在此过程中，经历了三次发展浪潮。第一次兴起源于计算机可以用于解决一些原本只有人类才能完成的复杂事情，如计算代数应用题、证明几何定理、学习和使用英语等。但受制于当时算法的不完备和计算机硬件能力的不足，人工智能并未达成人们所期待的结果，并陷入了低谷。第二次人工智能的兴起则是以"专家系统"的理念进入人们的视线。但算法架构的局限性与实际生产业务的高度复杂性之间不可调和的矛盾，严重降低了人工智能所能带来的实际价值，使人工智能又一次进入了沉寂。

从 20 世纪 90 年代后半期至今，人工智能迎来第三次兴起。这一阶段，互联网和计算机硬件产业的飞速发展使支撑人工智能发展的算法、数据、硬件这三方面核心要素都取得了长足的进步。[1] 在算法层面，近年来深度学习技术快速发展，推动了人工智能应用在多领域落地。[2] 在数据层面，互联网发展带来的大量数据积累，为人工智能算法的实践提供了良好的数据基础。在硬件层面，GPU

---

[1] 李彦宏：《智能革命》，中信出版集团 2017 年版。
[2] Geoffrey E. Hinton, Simon Osindero and Yee‐Whye Teh, "A Fast Learning Algorithm for Deep Belief Nets", *Neural Computation*, Vol. 18, No. 7, 2006.

**数字化转型:数字人才与中国数字经济发展**

(图形处理器)、TPU(张量处理器)等新一代芯片以及 FPGA(现场可编程门陈列)异构计算服务器等新的硬件设施也正在被大范围用于专门的人工智能计算。目前,较为重要的人工智能核心技术可划分为深度学习、计算机视觉、智能语音、自然语言处理、数据挖掘和芯片硬件六类。[①]

深度学习技术基于对神经网络算法的延伸,可以自动学习大数据中的特征信息,极大地简化了传统机器学习算法中所需的特征工程。[②] 当前在一些诸如物体、图像和语音等富媒体的识别方面,深度学习算法都取得了非常好的效果。同时,结合深度学习与强化学习所形成的深度强化学习技术,更是能在空白状态下进行自主学习来实现具体应用,谷歌下属公司 DeepMind 在 2017 年 10 月发布的 AlphaGoZero 正是对这一技术的典型应用。

计算机视觉技术包含图像识别、视频理解、增强现实/虚拟现实(AR/VR)等核心技术。其中图像识别以对静态图像的分析和处理为主,发展较为成熟。视频理解则是随着近年来视频类信息的大量出现而新兴的技术,用以对动态视频信息的分析和处理。此外,结合图像分析技术和传感类技术,AR/VR 技术可以在三维空间中生成虚拟的环境。目前计算机视觉技术在物体识别方面的能力已经超越人类,[③] 微软亚洲研究院在 2015 年的 ImageNet 大赛中已成功实现系统识别错误率低至 3.57% 的识别系统。同时在人脸识别、视频理解等方面,相关的技术也在快速发展,最新的苹果手机已经

---

① 国家工业信息安全发展研究中心:《2016 全球人工智能发展报告》,http://www.cics-cert.org.cn/webpage/articlecontent_001011002_2246.html。

② Jürgen Schmidhuber, "Deep Learning in Neural Networks: An Overview", *Neural networks*, Vol. 61, 2015.

③ Yoav Shoham, Raymond Perrault, Erik Brynjolfsson, J. Clark and C. LeGassick, *Artificial Intelligence Index 2017 Annual Report*, Technical Report, November, 2017.

## 第三章　中国经济的数字化转型

可以实现人脸解锁功能。

智能语音和自然语言处理两个技术方向互相配合较为紧密，本书将这两类技术统称为语音语义识别技术。目前结合这两类技术，已经能够实现人机间的多轮对话。但同时智能语音技术在方言、朗读语音、多通道语音理解、情感识别等仍存在一些技术难点，而自然语言处理技术则在理解和表示知识时仍存在一些关键技术难点需要解决。[①]

数据挖掘技术，主要包括数据清理、数据变换、内容挖掘、模式评估和知识表示等多个数据分析过程。目前已有多种成熟的机器学习算法，可用于数据分析操作。但由于许多领域数据收集困难、数据结构复杂，使得目前数据挖掘的主要技术和实施难点集中在对数据的收集和预处理方面。

芯片硬件是实现人工智能算法的物理基础，由于传统计算架构无法支撑人工智能算法的海量数据并行运算，因此性能和功耗都无法达到实际应用需求。目前 GPU、FPGA 等通用芯片基于其适用并行计算的特点，正被应用于一些人工智能应用中，例如人机围棋大战中的 AlphaGo 就使用了约 170 个 GPU。与此同时一些领先的公司已经在开发和实践专用人工智能芯片，如谷歌的 TPU 芯片、中国科学院计算所的寒武纪深度学习处理器芯片。

总体来说，目前各类人工智能技术都已具备了阶段性的研究和应用基础。同时从算法到硬件，人工智能技术都还有着更为广阔的发展前景。在当前各类技术应用加速落地的过程中，未来人工智能技术的发展将会获得来自科学研究和商业应用两方面共同的促进。

---

[①] Eric Cambria, and Bebo White, "Jumping NLP Curves: A Review of Natural Language Processing Research", *IEEE Computational Intelligence Magazine*, Vol. 9, No. 2, 2014.

## 二 人工智能带来的影响与变革

随着技术、算法的创新和突破,人工智能让诸多商业和生活场景变得更加智能和高效,催生出许多新的业态和商业模式。总体来看,人工智能在金融、零售、制造行业、医疗、安防、交通领域的渗透较早,对这些行业的数字化转型正产生深刻的影响和变革。

金融、零售行业目前已具备较为成熟的行业应用场景,也是未来人工智能应用的优势行业。这些领域对硬件依赖程度较小,最直接的应用就是为企业提供智能化解决方案和数据分析服务。金融领域的量化交易、智能投顾,商务零售领域的用户画像、精准营销、智能办公等场景,都是目前人工智能应用的热点。

制造行业和医疗业作为传统行业,由于长期沿用体系化和流程化的工作模式,拥有很好的数据积累和模式化经验,存在许多可通过人工智能技术优化的应用场景。例如,医疗领域的病案管理和分析、医疗影像识别以及制造行业领域的3D打印、智能制造等场景。

安防行业结合硬件和人工智能算法,可催生多样化的人工智能应用场景。安防领域的智能摄像头、门禁系统都是有效的人工智能应用场景。物联网行业催生的各类智慧城市形态也都是人工智能未来广阔的应用空间。

交通行业可通过对交通数据的学习,智能调控车流和规划行车路线,最典型的应用场景就是无人驾驶。无人驾驶结合了多种人工智能相关技术,是目前十分具有商用价值的技术方向。2017年百度开发者大会上,百度正式发布了Apollo自动驾驶开放平台,并预期与众多合作伙伴合力打造中国的无人驾驶产业。

## 三 人工智能社会认知与应用需求研究

衡量中国经济的数字化转型是否已经进入大数据与人工智能驱

## 第三章　中国经济的数字化转型

动的新阶段，既要综合考虑大众对人工智能的关注和认知情况，也要考虑社会对人工智能在相关应用的需求情况。由于搜索数据是对大众关注点演变情况最直接的呈现，因此采用搜索数据可以充分挖掘大众认知的发展和需求的变化趋势。本书基于 2014 年 1 月至 2017 年 6 月互联网用户在百度搜索人工智能相关词汇的数据，分析大众对人工智能的认知现状及发展趋势，进而考察大众对人工智能的需求情况。人工智能相关词汇的选取主要包含了两类关键词：社会认知类和应用需求类。

社会认知类关键词主要考察大众对人工智能概念层面的认知情况，具体又分为三个子类：基本认知类、专业认知类和技术认知类，分别对应大众认知由浅入深的三个层次。基本认知类词汇包括"人工智能""Artificial Intelligence""AI"以及这三个词的共现词（用户通过百度直接搜索"人工智能/AI + 某词"，共 46 个词汇），这类词汇的搜索趋势可以反映出大众对人工智能最基本、最直观的认知情况以及人工智能概念的普及过程。专业认知类词汇主要包括深度学习、计算机视觉和语音语义识别三个方向的核心关键词，如"深度学习""虚拟现实""图像识别""语音识别"等专业性词汇（共 39 个词汇）。相比于其他人工智能相关的技术，深度学习、语音语义与视觉处理这三类技术是当前人工智能发展最核心、最成熟的技术，包含的搜索词也更为丰富，能够有效反映出人们对人工智能专业层面的认知情况。技术认知类词汇比专业认知类词汇更加深入，主要包含支撑上述三类技术的一些技术细节和算法类词汇，如"卷积神经网络""增强学习"和"Slam 算法"等（共 78 个词汇），这类词汇的搜索趋势可以反映出人们对人工智能更深层次的认知情况。

用户对某一类词汇的搜索在很大程度上可以反映出潜在的需求，因此应用需求类关键词主要考察大众对人工智能应用场景的相关搜索，进而反映出大众对人工智能的潜在需求。应用需求类关键词具体又分为两个子类：技术应用类和行业应用类。技术应用类词汇侧重于反映大众对人工智能技术应用到实际场景中的关注情况，相关词汇包括"深度学习应用""人脸合成软件""虚拟现实眼镜"和"语音合成软件"等。行业应用类词汇主要包括大众对于智能驾驶、安防、金融、商务零售、医疗、制造等行业与人工智能相关搜索词汇，如"无人驾驶""智能安防""智能投顾""智能零售""远程医疗"和"智慧车间"等，侧重于反映大众对人工智能行业应用的关注情况。

## 第三节　人工智能的社会认知现状和发展趋势

本书首先考察了人工智能的社会认知现状，基于2014年1月到2017年6月全国范围内人工智能社会认知类词汇的搜索数据，我们从基本认知、专业认知和技术认知三个角度，深入分析了人工智能社会认知的整体现状和发展趋势。

### 一　基本认知

大众对人工智能的基本认知在2014年1月到2017年6月之间经历了两个发展阶段：平稳期和上升期。图3.2展示了这两个发展阶段的基本认知类关键词搜索量的变化。

第一个发展阶段：2014年1月到2016年2月。该阶段是人工智能基本认知发展的平稳期，全国对基本认知类词汇的搜索量保持在较为稳定的水平。在2014年5月，第一代微软小冰进行公测时，基本认知类词汇的搜索量出现了较为明显的峰值，但是这一事件对人工智能基本认知的带动并没有起到持续的影响。2014年7月之后，公众对基本认知类词汇的搜索量又恢复到了 2014 年 5 月之前的水平并保持稳定。

第二个发展阶段：2016 年 3 月到 2017 年 6 月。该阶段是人工智能基本认知发展的上升期，全国对基本认知类词汇的搜索量飞速上涨。2016 年 3 月，人工智能程序 AlphaGo 赢得围棋人机大战，这场世纪之战不仅打开了人工智能领域探索的新大门，也让人工智能真正地开始在大众中普及，人工智能基本认知开始高速而持久地发展。可以说，AlphaGo 赢得围棋人机大战是激发中国人工智能基本认知发展的导火索。

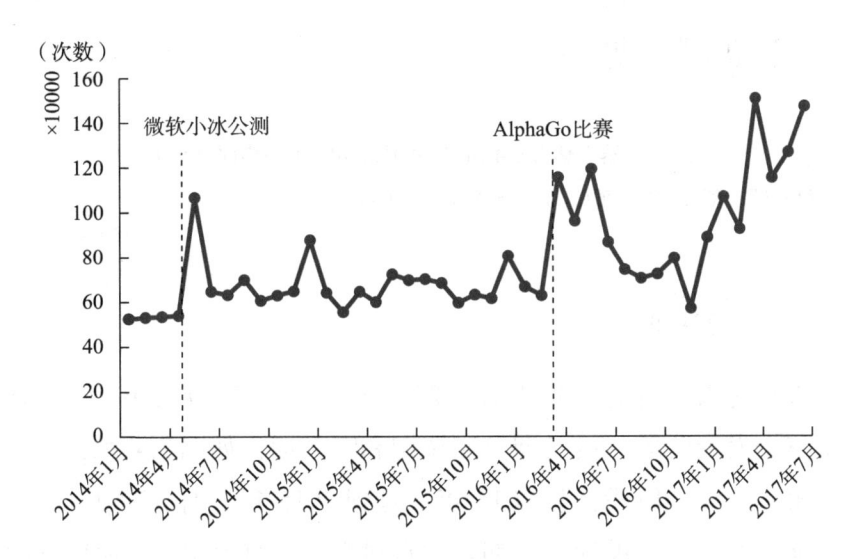

**图 3.2　人工智能基本认知类词汇全国搜索量**

资料来源：笔者根据百度人工智能搜索数据计算绘制。

从人工智能基本认知的内容来看，经过三年的发展，大众对人工智能的基本认知主要集中在人工智能本身概念词汇（如人工智能），人工智能直接相关的概念和应用词汇（如人工智能公司排名、人工智能弊端、人工智能技术应用等）和其他人工智能认知类的词汇（如人工智能专业、人工智能学科等）。

如图 3.3 所示，截至 2017 年 6 月，概念、应用和其他类关键词搜索量占比分别为 82.7%、12.7%、4.6%。另外，人工智能相关新闻和热点会刺激搜索上涨，这一刺激效果对应用类和概念类搜索影响最为明显。

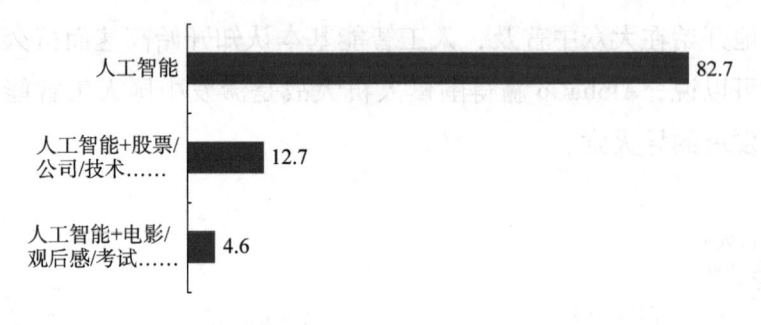

| 类别 | 占比 |
| --- | --- |
| 人工智能 | 82.7 |
| 人工智能+股票/公司/技术…… | 12.7 |
| 人工智能+电影/观后感/考试…… | 4.6 |

**图 3.3　基本认知类词汇在全国搜索的相关热词（%）**

资料来源：笔者根据百度人工智能搜索数据计算绘制。

## 二　专业认知

大众对人工智能专业认知在 2014 年 1 月到 2017 年 6 月之间经历了三个发展阶段：成长期、回调期和跃升期，如图 3.4 所示。

第一个发展阶段：从 2014 年 1 月到 2015 年 3 月，是大众对人工智能专业认知发展的成长期。大众对专业认知类词汇的搜索量逐渐上升，而且从 2015 年 11 月开始上升速度加快，在 2016 年 3 月 AlphaGo 围棋人机大战时达到增速的顶峰。

第二个发展阶段：从 2016 年 4 月到 2017 年 2 月，是大众对人工智能专业认知发展的回调期。大众对专业认知类词汇的搜索量在经历了 2016 年 3 月的高峰之后有所下降，平稳回调，但是仍然高于 AlphaGo 围棋人机大战之前的搜索量。

## 第三章　中国经济的数字化转型

第三个发展阶段：从 2017 年 3 月到 2017 年 6 月，是大众对人工智能专业认知发展的跃升期。大众对专业认知类词汇的搜索量重新开始大幅上升。

总的来说，虽然人工智能专业认知发展要比基本认知起步更早，但是 AlphaGo 围棋人机大战对专业认知的发展同样有着决定性的促进作用，虽然搜索量随后暂时没有持续上升，但是总体上仍然持续高于 AlphaGo 围棋人机大战之前的水平。

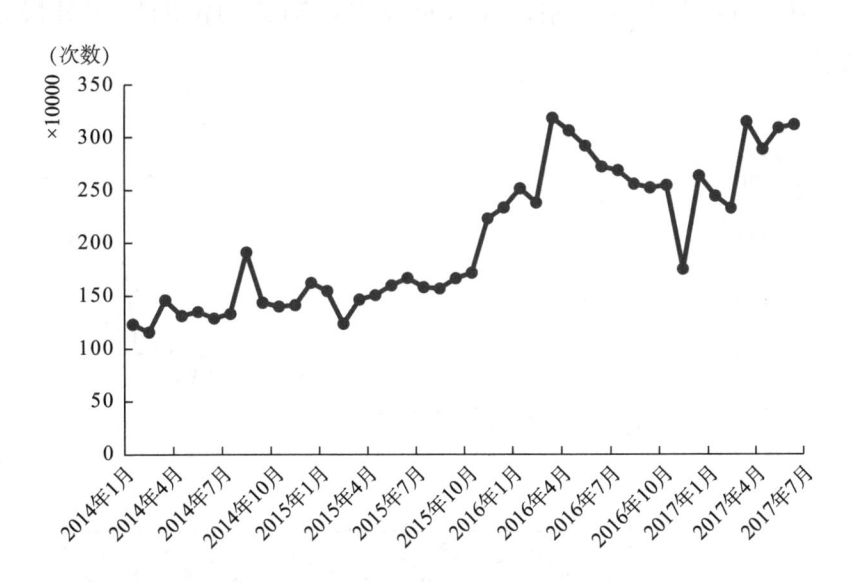

**图 3.4　专业认知类词汇全国搜索量**

资料来源：笔者根据百度人工智能搜索数据计算绘制。

### 三　技术认知

大众对人工智能技术认知在 2014 年 1 月到 2017 年 6 月之间同样经历了两个发展阶段：平稳增长期和快速上升期，如图 3.5 所示。

第一个发展阶段：从 2014 年 1 月到 2017 年 2 月，是大众对人

### 数字化转型：数字人才与中国数字经济发展

工智能技术认知发展的平稳增长期。在该阶段，人工智能技术认知类词汇的搜索量保持在一个比较稳定的水平，同时稳定中呈现持续增长的态势。

第二个发展阶段：从 2017 年 3 月到 2017 年 6 月，是大众对人工智能技术认知发展的快速上升期。技术认知是对人工智能最深层次的认知，在人工智能基本认知和专业认知进入快速上升期近一年的时间后，为技术认知的发展奠定了足够的基础，积蓄了足够的力量。从 2017 年 3 月开始，大众对技术认知类词汇的搜索量快速增长。

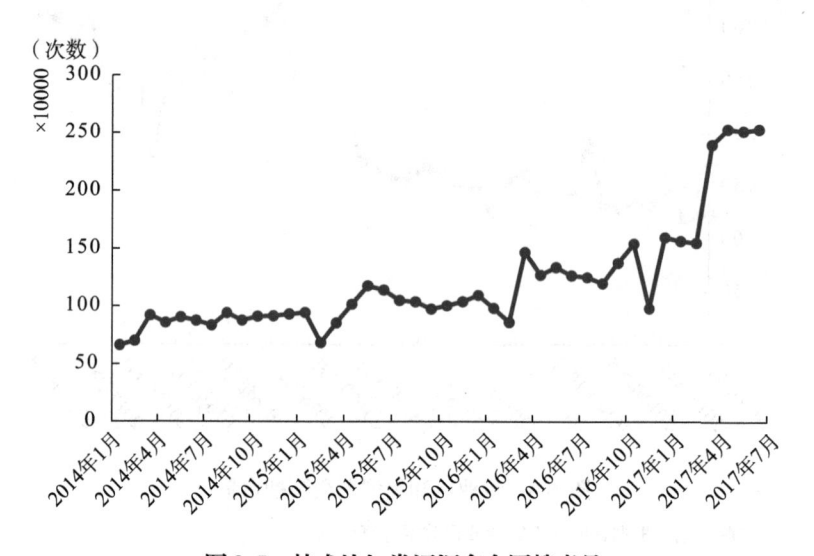

**图 3.5　技术认知类词汇在全国搜索量**

资料来源：笔者根据百度人工智能搜索数据计算绘制。

## 第四节　人工智能的应用需求现状和发展趋势

在这一节中，我们通过分析 2014 年 1 月到 2017 年 6 月人工智

第三章 中国经济的数字化转型

能技术应用类词汇（共133个词汇）和行业应用类词汇（共636个词汇）量的变化，对中国人工智能的技术应用需求和产业应用需求的整体发展过程和现状进行研究。

**一 技术应用需求**

如图3.6所示，中国人工智能技术应用需求在2014年到2017年6月整体上一直是上升趋势。虽然在2017年年初有一定的回落，但在2017年3月后又继续上升。

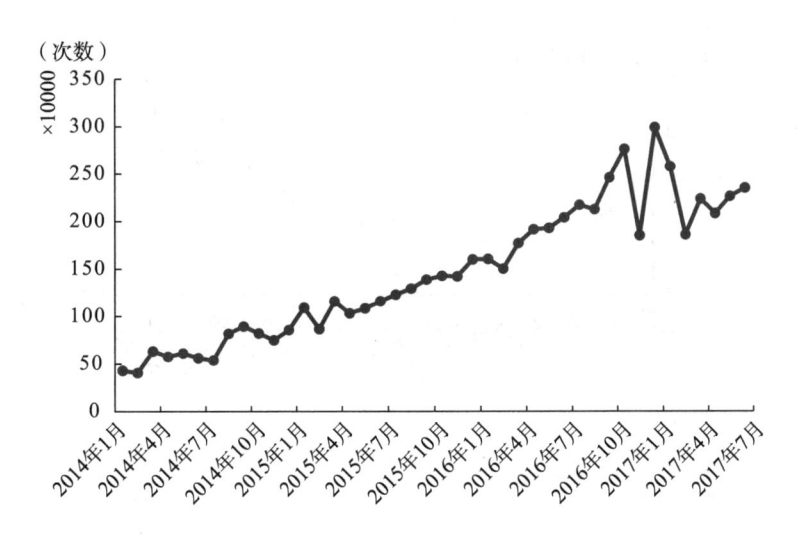

**图3.6 人工智能技术应用类词汇在全国搜索量**

资料来源：笔者根据百度人工智能搜素数据计算绘制。

通过对比三类人工智能核心技术的应用需求变化情况（如图3.7所示），我们发现，与整体技术需求的变化趋势类似。三类技术各自的应用需求搜索量均在2017年上半年出现明显的快速增长，表明自2017年以来，人工智能在技术应用领域出现了普遍的需求增加。

## 数字化转型：数字人才与中国数字经济发展

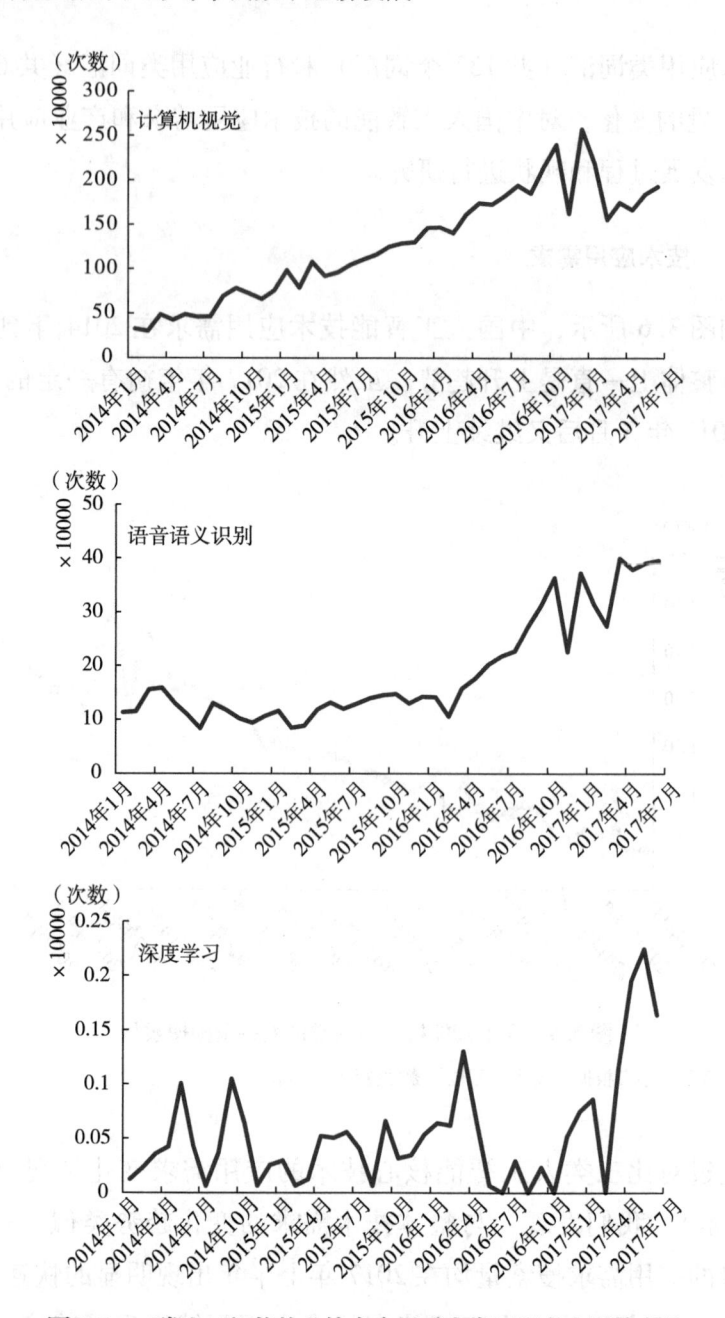

**图 3.7　三类人工智能核心技术应用需求类词汇在全国搜索量**

资料来源：笔者根据百度人工智能搜索数据计算绘制。

## 第三章 中国经济的数字化转型

### 二 行业应用需求

中国人工智能行业应用需求在2014年1月到2017年6月经历了三个时期：成长期、平稳期和跃升期，如图3.8所示。

第一个时期：从2014年1月到2015年7月，是人工智能行业应用需求的成长期，大众对人工智能行业应用需求类词汇的搜索量逐渐上升。

第二个时期：从2015年8月到2017年2月，是人工智能行业应用需求的平稳期，大众对人工智能行业应用需求类词汇的搜索量保持在稳定的水平，几乎没有增长。

第三个时期：从2017年3月到2017年6月，是人工智能行业应用需求的跃升期，大众对人工智能行业应用需求类词汇的搜索量开始了新一轮的高速增长。

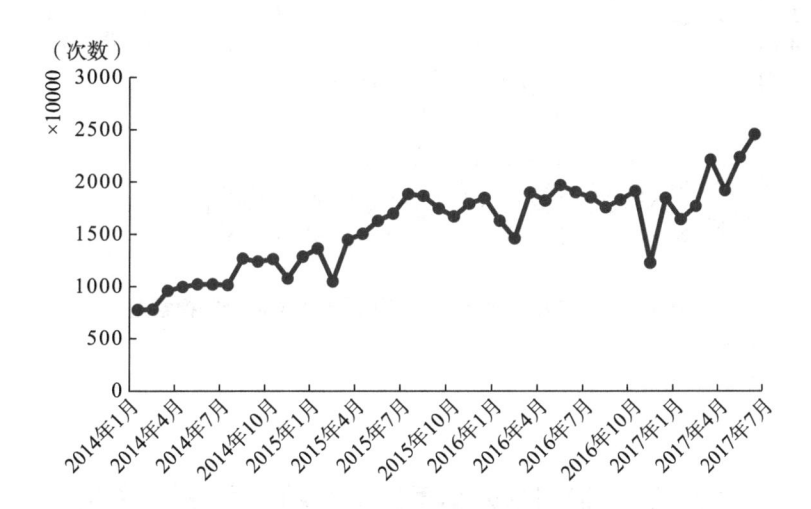

**图3.8 人工智能行业应用需求类词汇全国搜索量**

资料来源：笔者根据百度人工智能搜素数据计算绘制。

同样地，通过分别对比行业数据中六类不同行业需求变化的情况（如图3.9所示），我们发现，虽然各类行业在2014至2016年出现需求增长的时间段不尽相同，但均在2017年3月开始出现了高速的搜索量上涨。

综合三类社会认知搜索与两类应用需求搜索的变化情况，可以看到对于人工智能的社会认知和应用需求在经历了过去几年积累和发展的基础上，在2017年3月左右进入一个新的拐点。这标志着从社会认知和应用需求角度，中国从2017年3月开始正式进入人工智能驱动的经济数字化转型阶段。

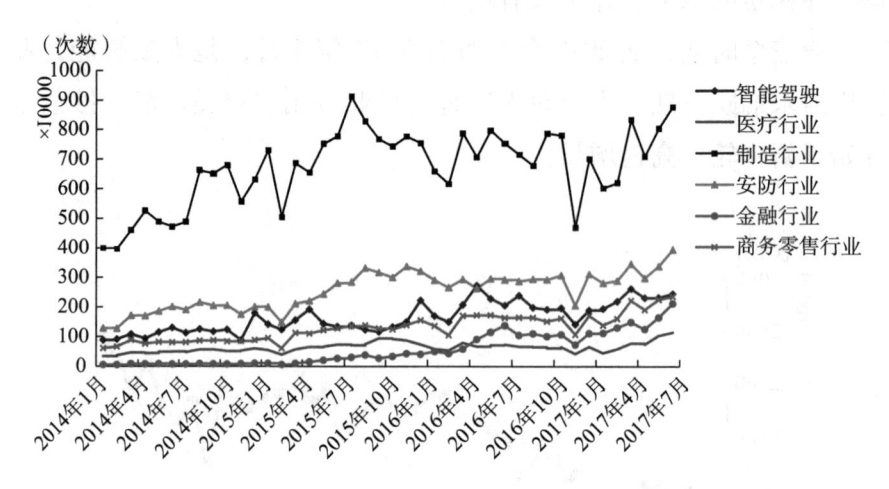

**图 3.9　六类人工智能行业应用需求类词汇全国搜索量**

资料来源：笔者自制。

## 第五节　新阶段数字化转型的优势与挑战

在大数据与人工智能驱动的经济数字化转型阶段，中国最大的优势是拥有海量数据资源和丰富的应用场景。中国互联网普及率超过全球平均水平，拥有世界上最大数量的网民，产生了海量的消费端和企业端用户数据。与农业经济、工业经济时代生产端的规模效应不同，数字经济在需求端具有很强的规模效应，用户越多，产生的数据量越大越丰富，数据的潜在价值就越高。与海量用户数据相对应的是丰富的应用场景，使得中国成为世界上最大的互联网市场和数据资源国家，这为数字经济的深入发展提供了重要的基础。

数据和商业化应用是中国现阶段数字化转型的主要优势，美国智库"数据创新中心（Center for Data Innovation）"于2019年发布的一份人工智能研究报告也证实了这一点。① 该报告从研究、开发、应用、数据、硬件、人才六个方面对美国、欧盟和中国的人工智能发展现状进行了比较，指出美国的优势表现在 AI 领域的高质量研究、硬件（特别是芯片）的技术领先、AI 初创企业数量多，以及从全球吸引了大量的 AI 人才。欧盟同样在 AI 高质量研究和 AI 人才培养上具有明显优势。中国的优势主要体现在数据和商业化应用，但是在高质量研究、AI 人才方面均落后于美国和欧盟。该报告还对 AI 人才的培养进行了探讨，分析了 2018 年在 21 个 AI 顶级学术会议发表论文的研究者的教育背景，发现44%的研究者的博士学位在美国取得，21%在欧盟，只有11%在中国。

大数据、人工智能领域的人才储备和人才培养是中国数字经济发展面临的主要挑战。中国国家统计局的数据显示，② 2015年从事信息传输、软件和信息技术服务相关工作的约有350万人。但是，其中拥有中高级专业技能数字人才的比例并不高，如果进一步看拥有人工智能、深度分析、虚拟现实和智能制造等前沿技术的数字人

---

① Daniel Castro, Michael McLaughlin and Eline Chivot, *Who is winning the AI race: China, the EU or the United States*, Washington, DC: Center for Data Innovation, 2019.
② 国家统计局：《中国统计年鉴》，中国统计出版社2016年版。

**数字化转型:数字人才与中国数字经济发展**

才更是少之又少。与美国、英国、加拿大等国家相比,中国的数字技能人才储备尚有很大差距。领英中国智库的一项研究显示,[①] 在人工智能领域,美国的从业者在 85 万人以上,印度为 15 万人,英国为 14 万人,中国只有 5 万多人。

　　数字技能人才的短缺将对企业的数字化转型产生很大制约,进而影响整个经济的数字化转型进程。在与政府部门以及一些企业的交流中,我们发现中国劳动力市场的数字技能人才短缺主要表现在三个方面。一是数字顶尖人才供不应求,数字顶尖人才是推动数字技术进步的源动力,目前一场针对数字顶尖人才的争夺战已经打响,国际与国内之间、二三线城市与一线城市之间、互联网科技公司与传统行业公司之间,甚至是企业与高校之间,都在进行着激烈的人才争夺。二是具备数字技术与行业经验的跨界人才供不应求,推动 ICT 在传统行业的融合发展需要既有行业深耕经验,又对"互联网+"的运作方式有深刻理解的跨界人才,具备这样素质的人才数量远远不能满足当前 ICT 融合产业的发展需求。三是初级数字技能人才的培养跟不上需求的增长,一方面由于大学生在校期间的数字技能培养存在诸多问题,其毕业后的技能水平难以满足企业的要求;另一方面由于许多科技企业对初入职场的新人没有培养的耐心,初级技能的数字人才难以成长为高级技能人才。

　　随着数字化转型在供给端的推进,各行各业对人才特别是数字技能人才的需求将会越来越大。目前中国的人才政策以"引进"为主,过去十年吸引了大批海外留学人才归国,但目前人才引进已经难以满足数字经济发展的需求,一个突出的问题是缺少以需求为导向的人才引进与培养机制。从长远发展来看,需要更加完善的机制

---

① 领英中国智库:《全球 AI 领域人才报告》,https://www.sohu.com/a/155294799_483389。

## 第三章 中国经济的数字化转型

来评估数字经济领域的人才就业现状和供需结构,不断调整和完善现有的人才培养机制,以"人才为中心"打造中国数字经济的竞争力。

# 第二部分

## 数字化转型：从人口红利到人才红利

# 第 四 章

# 数字经济需要什么样的人才

## 第一节 大数据人工智能时代的"数字人才"

进入大数据人工智能驱动的经济数字化转型阶段,我们需要从"跟随"角色变为"引领"角色,技术创新成为最核心的竞争力,如何吸引和培养新阶段所需要的人才,是中国在全球数字经济发展中建立竞争优势的重要基础。那么,数字经济的发展需要什么样的人才?这些人才具有哪些技能和特征?他们在不同行业、不同区域是如何分布的?基于中国数字经济发展的现状和特征,本书首次提出"数字人才"的概念,并从人才的角度深入分析中国经济数字化转型的路径和特点。

目前关于数字人才并没有一个确定的定义,各国对数字人才的定义主要是基于就业者是否拥有 ICT 相关的数字技能。ICT 技能包含哪些内容是定义数字人才的基础,OECD 将数字经济所需要的 ICT 技能分为三类:ICT 普通技能、ICT 专业技能和 ICT 补充技能。[①] ICT 普通技能是指绝大多数就业者在工作中所使用的基础数

---

① OECD, *Skills For A Digital World*, 2016 Ministerial Meeting on the Digital Economy, June, 2016.

字技能，例如使用计算机打字、使用常见的软件、浏览网页查找信息等。ICT专业技能主要指开发ICT产品和服务所需要的数字技能，例如编程、网页设计、电子商务以及最新的大数据分析和云计算等。ICT补充技能是指利用特定的数字技能或平台辅助解决工作中一些问题的数字技能，例如处理复杂信息、与合作者和客户沟通、提供方案等。

目前大多数研究机构将数字人才定义为拥有ICT专业技能的人，本书所定义的数字人才延伸至拥有ICT专业技能和ICT补充技能的就业人群，包括拥有ICT专业技能的人以及与ICT专业技能互补协同的跨界人才。具体而言，本书从产品与服务价值链供应端的数字化转型角度出发，将数字人才职能分为六大类：数字战略管理、深度分析、产品研发、先进制造、数字化运营和数字营销，如图4.1所示。职能分类对应于数字产品与服务价值链供应端的各个环节，通常包含战略制定、研发、制造、运营和营销五个基本环节。战略制定环节主要涉及数字化转型的顶层设计，核心职能人员包括数字化转型领导者、数字化商业模型战略引导者、数字化解决方案规划师、数字战略顾问等具有丰富经验的顶尖数字人才。研发环节主要涉及数据的深度分析和数字产品研发两大部分内容，核心职能人员包括商业智能专家、数据科学家、大数据分析师等具有深度分析能力的数字人才和产品经理、软件开发人员、算法工程师等传统产品研发类技术人才。先进制造环节主要涉及数字产品和服务的制造以及硬件设施保障，核心职能人员包括工业4.0实践专家、先进制造工程师、机器人与自动化工程师以及硬件工程师。数字化运营环节主要涉及数字产品与服务的运营、测试质量保证和技术支持，核心职能人员包括数字产品运营人员、质量测试/保证专员（QAT）、数字技术支持人员等。数字营销环节主要涉及数字产品与

第四章　数字经济需要什么样的人才

服务的营销、商务服务等内容，特别借助互联网和社交媒体等新型渠道进行营销和商务推广，核心职能人员包括营销自动化专家、社交媒体营销专员、电子商务营销人员等。

| 数字战略管理 | 深度分析 | 产品研发 | 先进制造 | 数字化运营 | 数字营销 |
|---|---|---|---|---|---|
| 数字化转型领导者 | 商业智能专家 | 产品经理 | 工业4.0实践专家 | 数字产品运营人员 | 营销自动化专家 |
| 数字化商业模型战略引导者 | 数据科学家 | 软件开发人员 | 先进制造工程师 | 质量测试/保证专员（QAT） | 社交媒体营销专员 |
| 数字化解决方案规划师 | 大数据分析师 | 视觉设计师 | 机器人与自动化工程师 | 数字技术支持人员 | 电子商务营销人员 |
| 数字战略顾问 |  | 算法工程师 | 硬件工程师 |  |  |
|  |  | 系统工程师 |  |  |  |

**图 4.1　数字人才职能分类**

资料来源：笔者自制。

## 第二节　数字人才的区域分布

现有的官方就业统计难以支持多维度的人才分析，领英人才数据库提供了一个很好的研究数字人才的样本。首先，领英中国网站聚集了一大批科研、管理、技术和商务类用户，这类用户是数字人才的核心组成部分。其次，领英数据库具有较完善的人才结构，从初入职场的毕业生到行业深耕的高级人才都能够覆盖。再次，领英中国网站作为一个著名的职场社交网络平台，能够更好地呈现人才的关系和流动情况。最后，领英数据还可以支持人

### 数字化转型：数字人才与中国数字经济发展

才供需的相关分析和研究。总体来看，领英人才大数据为数字人才的研究提供了良好的数据基础。以下是关于领英人才大数据的基本概况。

截至2017年第三季度，领英中国网站在中国拥有超过3600万的个人用户，这些用户毕业于1.5万多所国内外院校，分布在36.4万家企业，拥有超过2.3万项技能；在过去12个月，有260万个职位在领英中国网站上发布。领英大数据从多个维度提取人才特征进行用户画像，例如人才所属行业、就职公司类型、就业年限、教育背景、掌握的技能等。我们基于领英中国用户的全样本数据，根据前文所定义的数字人才，从数据库中筛选出符合要求的6000多个数字职位名称，并根据这些职位名称筛选出约72万数字人才，这些人才在全国的分布如图4.2所示。

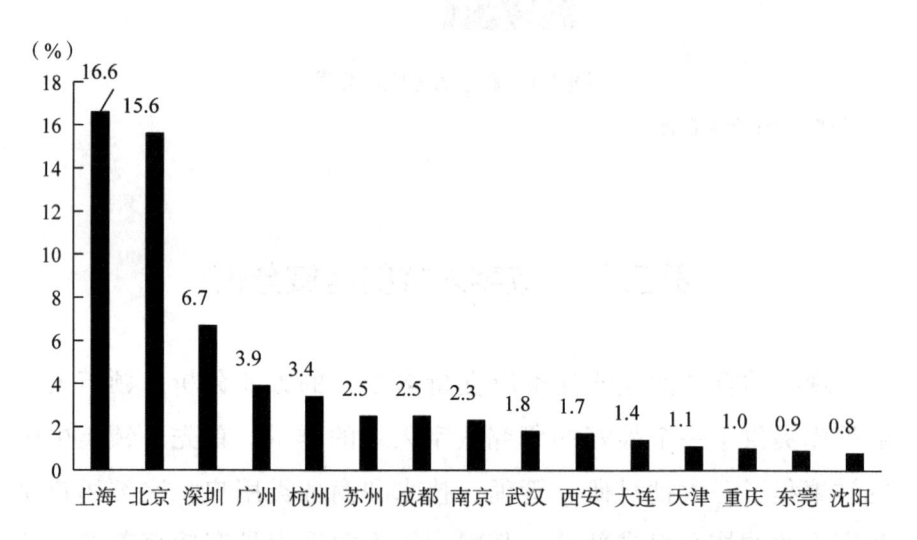

图4.2 数字人才分布（数字人才占比）最多的15个城市

资料来源：笔者根据领英数字人才数据计算绘制。

拥有数字人才最多的15个城市分别是：上海、北京、深圳、广州、杭州、苏州、成都、南京、武汉、西安、大连、天津、重庆、东莞和沈阳，北方城市中只有北京、西安、天津、大连和沈阳上榜，整体表现出"南强北弱"的情况，长三角和珠三角地区是数字人才的两个集中区域，整体来看数字人才分布与中国数字经济发达程度表现出高度的一致性。数字人才城市分布中一个亮眼的表现是苏州，苏州的数字人才数量超过了所在省的省会城市南京。

## 第三节 数字人才的整体就业情况

本节建立了"宏观—中观—微观"分析框架，从全国和区域两个层面对数字人才的行业分布、职能分布和背景特征进行深入分析。

### 一 宏观层面：数字人才行业分布

宏观层面主要对数字人才的行业分布进行分析，从细分行业的分布来看，近一半的数字人才来自ICT基础产业，其他数字人才主要分布在制造行业、金融行业、消费品行业、医疗行业、公司服务行业、娱乐行业、教育行业等，其中制造行业、金融行业和消费品行业是数字人才从业人数最多的三大行业，如图4.3所示。

图4.4进一步展示了数字人才分布最多的十大城市中数字人才在ICT基础产业和融合产业中的比例，杭州的数字人才在ICT基础产业的比例最高，苏州的数字人才在ICT融合产业的比例最高。前十大城市中只有上海、广州、苏州和武汉的数字人才在ICT融合产业的比例高于在ICT基础产业的比例。

数字化转型：数字人才与中国数字经济发展

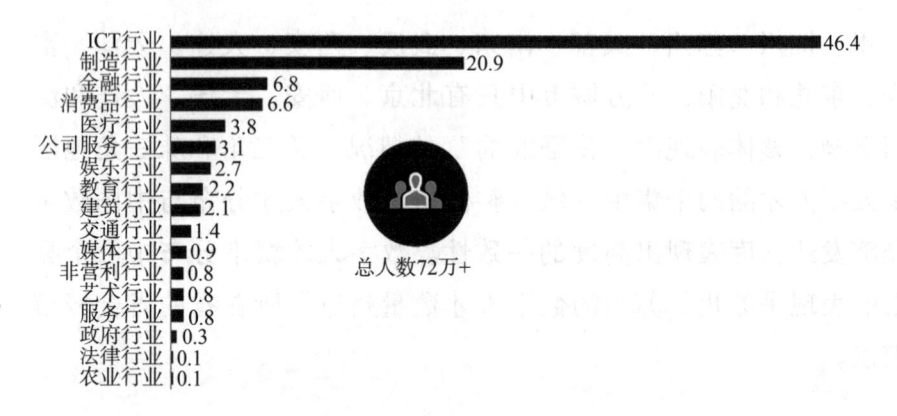

```
ICT行业                                         46.4
制造行业          20.9
金融行业   6.8
消费品行业  6.6
医疗行业   3.8
公司服务行业 3.1
娱乐行业   2.7
教育行业   2.2
建筑行业   2.1
交通行业   1.4
媒体行业   0.9
非营利行业  0.8
艺术行业   0.8
服务行业   0.8
政府行业   0.3
法律行业   0.1
农业行业   0.1
```

总人数72万+

**图4.3　全国数字人才行业分布（%）**

资料来源：笔者根据领英数字人才数据计算绘制。

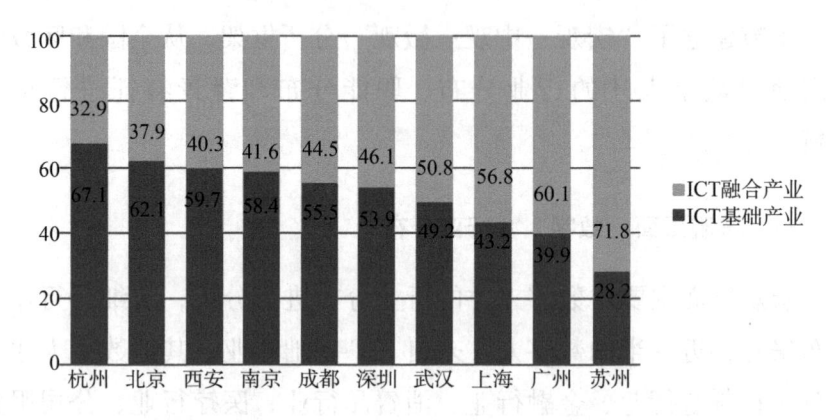

| 城市 | ICT基础产业 | ICT融合产业 |
|---|---|---|
| 杭州 | 67.1 | 32.9 |
| 北京 | 62.1 | 37.9 |
| 西安 | 59.7 | 40.3 |
| 南京 | 58.4 | 41.6 |
| 成都 | 55.5 | 44.5 |
| 深圳 | 53.9 | 46.1 |
| 武汉 | 49.2 | 50.8 |
| 上海 | 43.2 | 56.8 |
| 广州 | 39.9 | 60.1 |
| 苏州 | 28.2 | 71.8 |

**图4.4　TOP10城市数字人才在ICT基础产业和融合产业的比例（%）**

资料来源：笔者根据领英数字人才数据计算绘制。

## 二　中观层面：数字人才职能分布

中观层面主要对数字人才的职能分布进行分析，根据价值链的流程，我们将数字人才划分为数字战略管理、深度分析、产品研发、先进制造、数字化运营和数字营销六大类职能，从图4.5可以看出，当前的数字人才主要集中在产品研发，占比高达近87.5%；

# 第四章 数字经济需要什么样的人才

其次是数字化运营,占比约7%;深度分析的占比只有3.55%,先进制造、数字战略管理和数字营销的占比更低,均不到1%。虽然当前关于大数据和人工智能的新闻和信息铺天盖地,但从数字人才的分析来看,大数据、商业智能、先进制造等领域仍然存在很大的人才缺口,这个缺口势必会影响新兴行业的创新和发展。

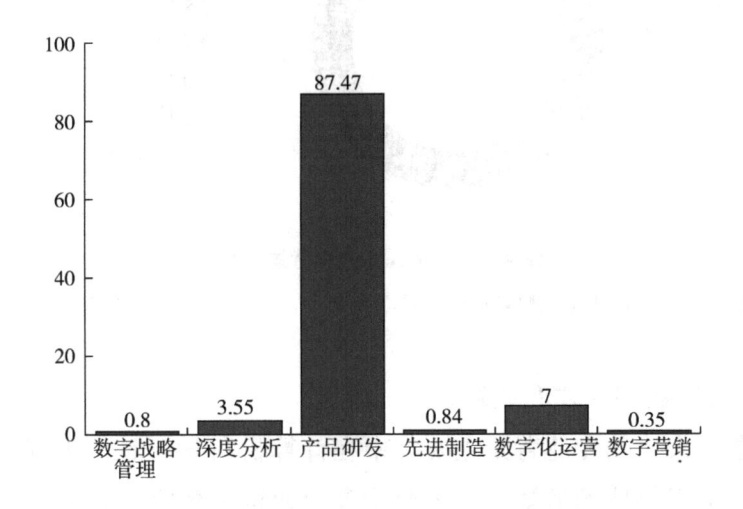

**图4.5 全国数字人才职能分布(%)**

资料来源:笔者根据领英数字人才数据计算绘制。

## 三 微观层面:数字人才背景特征分布

微观层面主要对数字人才的一些背景特征进行分析,包括数字人才的教育背景、专业背景和职位等级。

### (一)教育背景

本章从学位角度分析数字人才的教育背景,分别统计数字人才中最高学位为学士、硕士和博士的人数占比。从整体来看,拥有学士学位的数字人才占比最高,其次为硕士学位,拥有博士学位的人

**数字化转型：数字人才与中国数字经济发展**

才占比在3%以下。学位分布在一定程度上反映出数字人才中研究型、分析型和管理型人才比较稀缺，如图4.6所示。

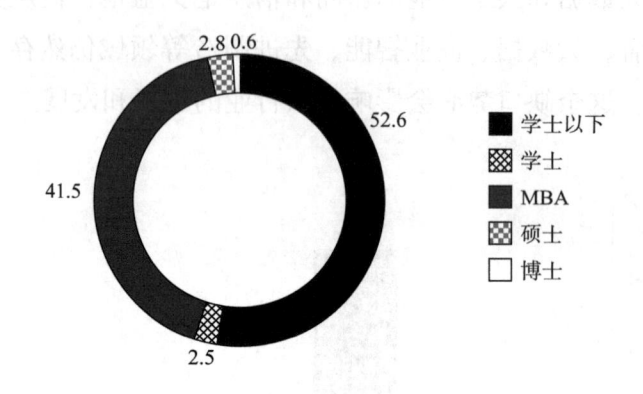

**图4.6 数字人才教育背景（%）**

资料来源：笔者根据领英数字人才数据计算绘制。

（二）数字人才专业背景

数字人才的专业背景主要集中在计算机科学、软件工程、电气和电子工程等技术类学科，工商管理专业也是数字人才的一大学科来源。

在数字人才分布最多的十大城市中，广州和苏州的数字人才专业背景与其他城市表现出一些不同的特点。广州有相当一部分数字人才来源于语言类专业；苏州学习机械工程的数字人才比例很高，这与苏州的先进制造行业发展密切相关。同时，苏州学习工商管理的数字人才比例很高，可见苏州在数字产业的战略管理和技术发展上都有着较大的潜力。

（三）数字人才职位等级分布

从职位等级的分布来看，数字人才结构比较均衡，初级职位的就业者占到数字人才的一半以上，高级专业职位的比例也较高，但仍有提升的空间（图4.7）。

第四章 数字经济需要什么样的人才

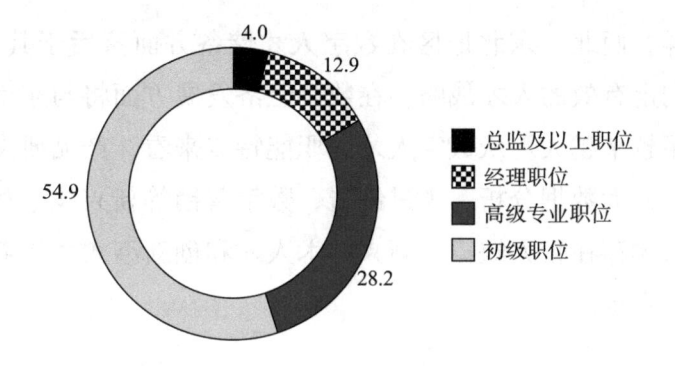

图4.7 数字人才职位等级分布（%）

- 总监及以上职位：4.0
- 经理职位：12.9
- 高级专业职位：28.2
- 初级职位：54.9

资料来源：笔者根据领英数字人才数据计算绘制。

## 第四节 人才视角下的数字经济发展态势

中国数字人才的分布与数字经济的发达程度表现出高度一致性，数字人才分布最多的十大城市分别是：上海、北京、深圳、广州、杭州、苏州、成都、南京、武汉和西安，人才储备表现出明显的"南强北弱"，京津、长三角和珠三角是数字人才最集中的三个区域。大约50%的数字人才分布在互联网、信息通信等ICT基础产业，传统行业主要分布在制造行业、金融行业和消费品行业。

数字战略管理、深度分析、产品研发、先进制造、数字化运营和数字营销六类职能中，85%以上的数字人才分布在产品研发类，深度分析、先进制造、数字营销等职能的人才加起来只有5%左右。数字人才的专业背景主要集中在计算机科学、软件工程、电气和电子工程等技术、工商管理四类学科，教育背景中以学士学位为主，拥有博士学位的人不到3%，在职位等级方面，初级职位的就业者略多于中高级（包括管理者）就业者。

从数字人才的就业现状可以看出，数字人才在区域分布上存在

**数字化转型：数字人才与中国数字经济发展**

巨大差异，西北、东北地区在数字人才储备方面落后于其他地区，如果不制定有效的人才战略，在数字经济发展方面将与东南沿海地区的差距越来越大。从数字人才的职能特点来看，产品研发类依然占据主导，大数据分析、先进制造、数字营销等新兴技术相关职能的数字人才存在较大缺口，新兴技术人才和创新型人才培养方面存在滞后和不足。

第 五 章

# 数字人才与中国经济的数字化转型

## 第一节 数字经济"引领型"城市的转型趋势

本章主要对数字人才分布人数最多的十大城市进行深入分析，在领英人才数据库中，上海、北京、深圳、广州和杭州的数字人才数量最多，占比均在3.4%以上，从数字人才储备角度来看是数字经济发展的五大"引领型"城市。除了传统一线城市北京、上海、深圳和广州，杭州近五年在数字经济发展方面成绩显著，逐渐迈入数字经济"新一线城市"行列。成都、苏州、南京、武汉、西安的数字人才占比为1.7%—2.5%，是最具代表性的数字经济"快速成长型"城市，在数字人才储备方面较其他二线城市更具优势。本章将对"引领型"城市和"快速成长型"城市的数字人才进行深入分析，依照"宏观—中观—微观"分析框架对这两类城市数字人才的行业分布、职能分布和特征分布进行对比分析。

### 一 "引领型"城市数字人才行业分布

（一）上海

上海的数字人才更多分布在ICT融合产业中，ICT融合产业的数字人才比ICT基础产业大约多12%，这体现了上海的ICT融合产

**数字化转型:数字人才与中国数字经济发展**

业比基础产业更加发达。ICT融合产业中数字人才的分布主要集中在制造行业,占到了22.7%。改革开放以来,制造行业一直是上海的优势产业,2016年上海进一步提出制造行业"振兴计划",大力推动高端制造行业发展。当前上海制造行业的数字人才储备具有一定优势,为推动先进制造和工业4.0的发展提供了巨大的支撑。ICT融合产业的数字人才其次分布在金融行业,约占7.3%,此外消费品行业和医疗行业也有较多的数字人才储备。与全国总体水平相比,上海在九大ICT融合产业都表现出较强的人才优势,特别是制造、金融与医疗等行业(如图5.1所示)。在上海,数字人才就职最多的公司分别是SAP、IBM、Intel、HP和携程,可以看出数字人才更多集中在外资高科技和IT企业。

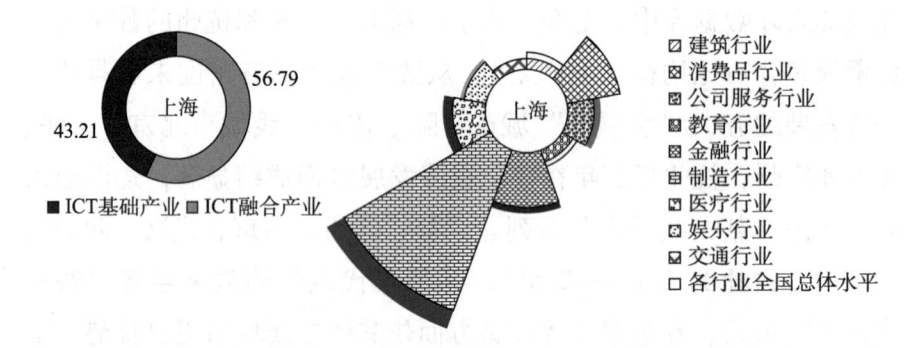

**图5.1 上海数字人才行业分布(%)**

资料来源:笔者根据领英数字人才数据计算绘制。

(二)北京

图5.2展示了北京数字人才在不同行业的分布情况,左侧的图表示数字人才在ICT基础产业和ICT融合产业的比例(其中约37%的数字人才来自ICT融合产业),右侧的图表示ICT融合产业的数字人才在具体行业的分布情况,涵盖了建筑、消费品、公司服务、

## 第五章 数字人才与中国经济的数字化转型

教育、金融、制造、医疗、娱乐、交通九大行业。着色部分代表北京的数字人才在九个行业中的比例,黑框部分代表全国的数字人才在这些行业的比例,全国比例从总体上反映了当前数字人才的行业分布情况,并不是代表全国平均水平,而是代表了行业角度的人才结构。本书把重点城市ICT融合产业的数字人才比例与全国总体情况进行对比,主要是为了分析这些城市在产业数字化转型方面的人才优势与劣势。

北京的数字人才主要分布在ICT基础产业,ICT基础产业的人才占比超过60%,这个现象从人才角度体现了北京的ICT基础产业比融合产业更加发达。与全国总体情况相比,北京ICT融合产业中数字人才的分布较为平均,最多的分布在制造行业,但比例不超过10%,其次分布在金融行业、医疗行业和消费品行业。北京在公司服务、教育、金融、医疗、娱乐等消费端的数字化转型中具有更大的人才优势。在北京,数字人才就职最多的公司分别是百度、IBM、华为、京东和联想,以国内互联网、通信和电商企业为主。

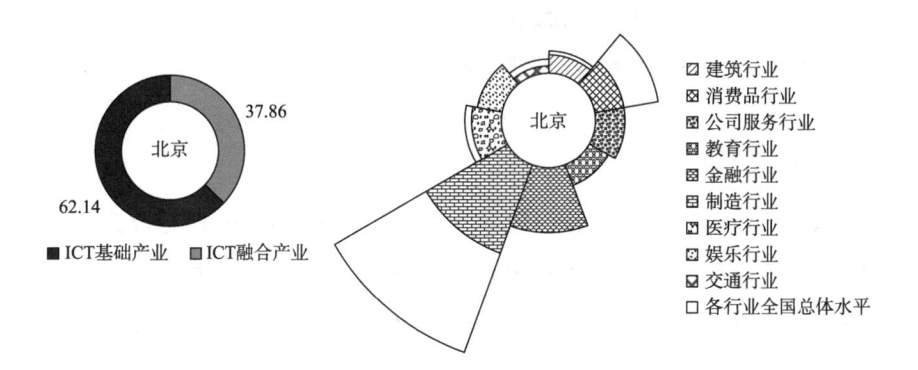

**图5.2 北京数字人才行业分布(%)**

资料来源:笔者根据领英数字人才数据计算绘制。

### (三) 深圳

如图 5.3 所示,深圳数字人才在 ICT 基础产业和融合产业人才分布比较均衡,ICT 基础产业中的比例略高于 ICT 融合产业(大约多 7%)。ICT 融合产业中数字人才主要集中在制造行业,占到了17%,其次分布在消费品行业,约占 9.2%,此外金融行业也有较多的数字人才。与全国总体水平相比,深圳在消费品、金融和交通行业表现出较强的人才优势。在深圳,数字人才就职最多的公司分别是华为、腾讯、富士康、中兴通讯和中软国际,可以看出数字人才主要集中在国内互联网、通信类企业。

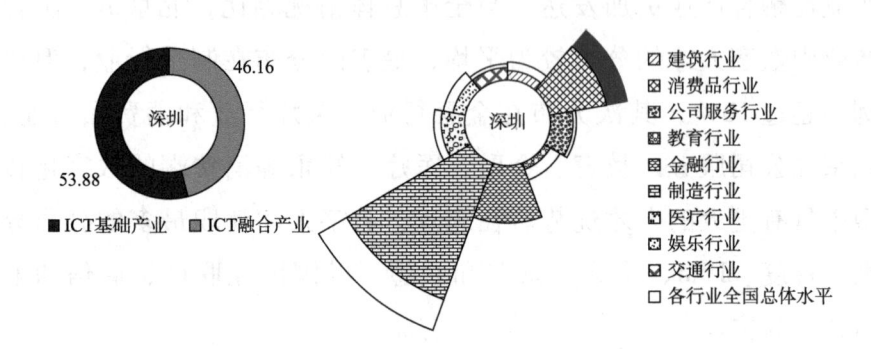

**图 5.3 深圳数字人才行业分布(%)**

资料来源:笔者根据领英数字人才数据计算绘制。

### (四) 广州

如图 5.4 所示,广州的数字人才更多分布在 ICT 融合产业中,ICT 融合产业的数字人才比 ICT 基础产业高出 20.16%,说明在广州的 ICT 在融合产业的发展程度更加发达。ICT 融合产业中数字人才的分布主要集中在制造行业,占到了 16.5%;其次分布在消费品行业,约占 10.3%;此外金融行业和娱乐行业也有较多的数字人才储备。与全国总体水平相比,广州在消费品行业、金融行业和娱乐

## 第五章 数字人才与中国经济的数字化转型

行业表现出明显的人才优势,此外在公司服务行业、教育行业、医疗行业、交通行业也表现出一定优势。在研究中我们还发现,广州在数字人才需求中非常强调外语能力。在广州,数字人才就职最多的公司分别是腾讯、汇丰、捷普、唯品会和爱立信,人才分布总体来看比较分散。

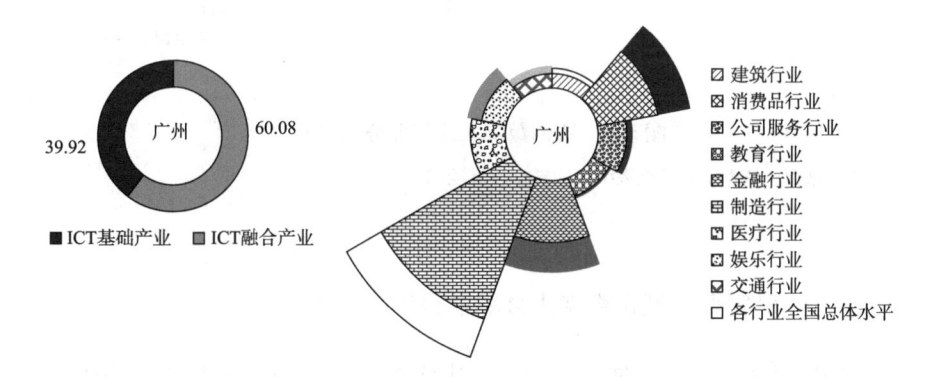

图5.4 广州数字人才行业分布(%)

资料来源:笔者根据领英数字人才数据计算绘制。

(五)杭州

杭州的数字人才在ICT基础产业中的比例是TOP10城市中最高的,接近70%,体现了杭州的ICT基础产业比融合产业发达很多(如图5.5所示)。ICT融合产业中数字人才在制造行业中分布最多,占到了13%,其次分布在金融行业,约占4.7%,此外消费品、医疗和娱乐行业也有较多的数字人才储备。与全国总体水平相比,杭州的ICT融合产业发展目前来看并无太大的数字人才优势,如何引导ICT基础产业的数字人才进入传统行业发展,对推动传统行业数字化转型具有重要意义。在杭州,数字人才就职最多的公司分别是阿里巴巴、华为、网易、诺基亚和海康威视,数字人才主要集中在国内互联网和IT企业。

**数字化转型：数字人才与中国数字经济发展**

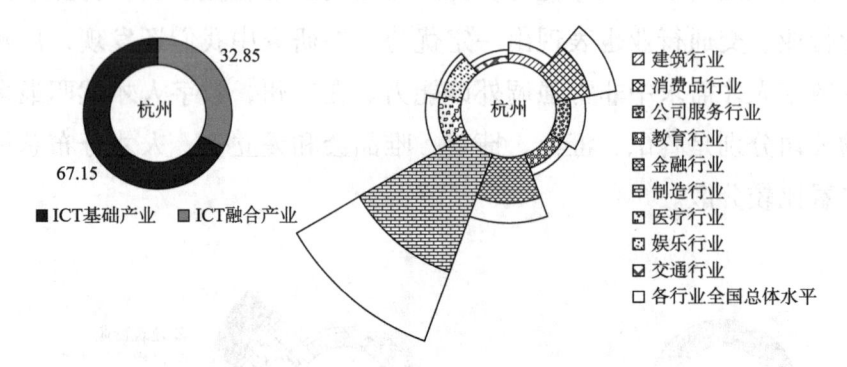

**图5.5 杭州数字人才行业分布（%）**

资料来源：笔者根据领英数字人才数据计算绘制。

## 二 "引领型"城市数字人才职能分布

如图5.6所示，对比五个"引领型"城市数字人才在职能分布方面的特点，数字人才都主要集中在产品研发类，占比均超过85%，上海和广州的占比略低于其他三个城市。北京数字人才中数字战略管理和深度分析职能的占比高于其他四个城市，杭州的深度分析职能人才占比也较高，仅次于北京，高于上海、深圳和广州。在先进制造职能方面，五个城市的人才占比都在1.5%以下，上海和广州的人才占比略高于其他三个城市。此外，上海和广州在数字化运营职能方面的人才比例也显著高于其他城市，均在8%左右。数字营销职能方面的人才占比均比较低，深圳和广州略高于其他城市。

从五个城市数字人才的职能特点可以看出，北京和杭州在大数据分析领域具有更大的人才优势，具备引领大数据创新发展的良好基础。上海和广州在先进制造领域具有一定人才优势，在推动制造行业的数字化转型方面拥有更多产业和人力资源。

第五章 数字人才与中国经济的数字化转型

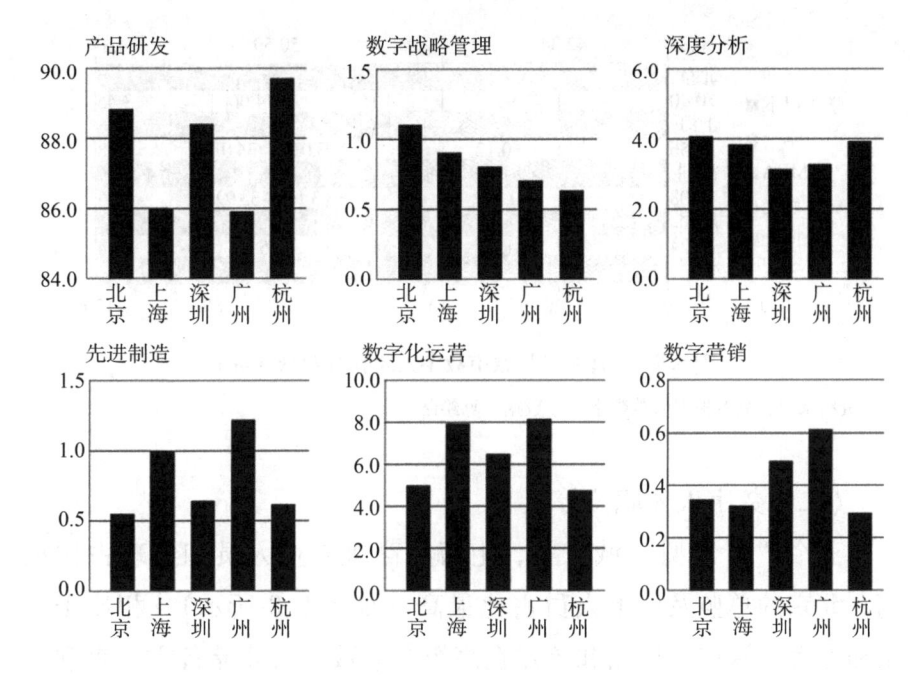

**图 5.6 "引领型"城市数字人才职能分布（%）**

资料来源：笔者根据领英数字人才数据计算绘制。

## 三 "引领型"城市数字人才特征

### （一）数字人才教育背景

在数字经济"引领型"城市中，北京的数字人才较其他城市学位水平更高，其中硕士及以上学位的数字人才占到近60%，杭州的高学位数字人才比例也较高，特别是拥有博士学位的数字人才比例达到4.44%，在五个"引领型"城市中居首位。上海的MBA数字人才较其他一线城市比例更高，广州和深圳的数字人才教育背景类似，学士学位数字人才占到60%左右（如图5.7所示）。

**数字化转型：数字人才与中国数字经济发展**

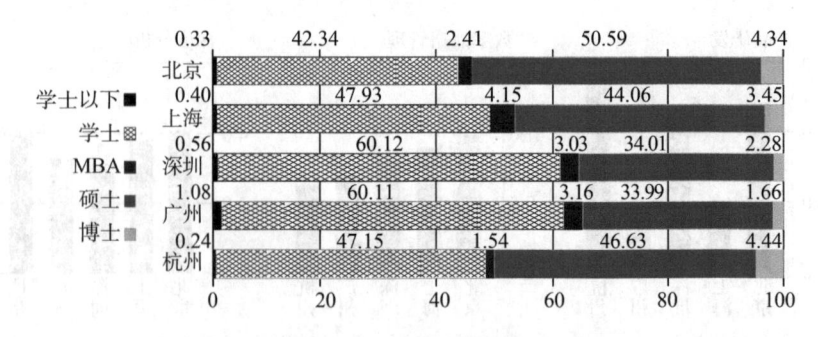

|       | 学士以下 | 学士 | MBA | 硕士 | 博士 |
|-------|---------|------|-----|------|------|
| 北京  | 0.33    | 42.34 | 2.41 | 50.59 | 4.34 |
| 上海  | 0.40    | 47.93 | 4.15 | 44.06 | 3.45 |
| 深圳  | 0.56    | 60.12 | 3.03 | 34.01 | 2.28 |
| 广州  | 1.08    | 60.11 | 3.16 | 33.99 | 1.66 |
| 杭州  | 0.24    | 47.15 | 1.54 | 46.63 | 4.44 |

**图 5.7 "引领型"城市数字人才教育背景（%）**

资料来源：笔者根据领英数字人才数据计算绘制。

### （二）数字人才职位等级

五个"引领型"城市中，上海的高级专业人员和经理占比最高，北京的总监及以上人员占比最高（如图 5.8 所示）。相比于北京和上海，深圳、广州和杭州在高级专业数字人才储备方面表现出一定的劣势，特别是杭州，数字人才结构中初级职位占比最高，如何加强对初级数字技能人才的培养，提高对高级技能人才吸引力将是未来实施人才战略的一项重要内容。

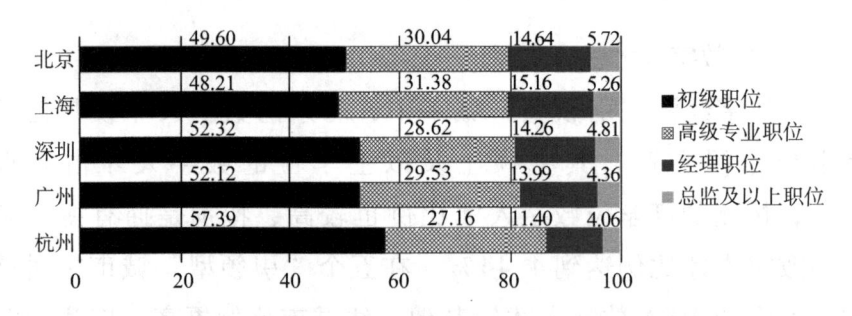

|      | 初级职位 | 高级专业职位 | 经理职位 | 总监及以上职位 |
|------|---------|-------------|---------|---------------|
| 北京 | 49.60   | 30.04       | 14.64   | 5.72          |
| 上海 | 48.21   | 31.38       | 15.16   | 5.26          |
| 深圳 | 52.32   | 28.62       | 14.26   | 4.81          |
| 广州 | 52.12   | 29.53       | 13.99   | 4.36          |
| 杭州 | 57.39   | 27.16       | 11.40   | 4.06          |

**图 5.8 "引领型"城市数字人才职位等级分布（%）**

资料来源：笔者根据领英数字人才数据计算绘制。

第五章 数字人才与中国经济的数字化转型

## 第二节 数字经济"快速成长型"城市的转型趋势

### 一 "快速成长型"城市数字人才行业分布

#### (一) 成都

成都数字人才在ICT基础产业中的比例略高于ICT融合产业，但差距并不大。ICT融合产业中数字人才主要集中在制造行业，占到了13.6%；其次分布在金融行业，约占6.8%；此外消费品和娱乐行业也有较多的数字人才。与全国总体水平相比，成都在娱乐行业、建筑行业、金融行业、教育行业表现出较强的人才优势（如图5.9所示）。在成都，数字人才就职最多的公司分别是华为、中软国际、富士康、诺基亚和京东，可以看出数字人才主要集中在国内的通信和IT类企业。

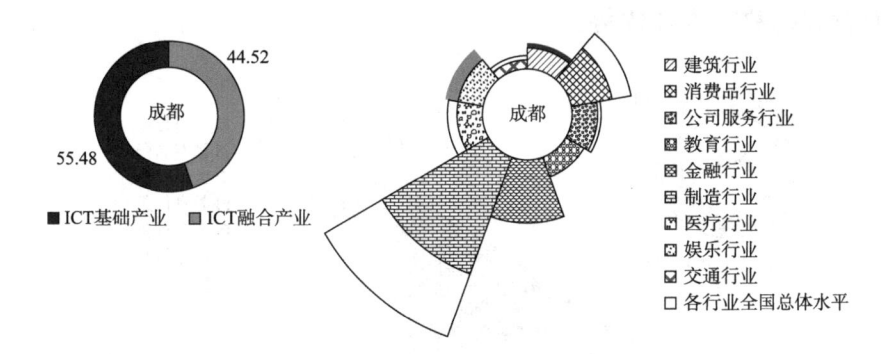

**图5.9 成都数字人才行业分布（%）**

资料来源：笔者根据领英数字人才数据计算绘制。

#### (二) 苏州

苏州数字人才在ICT融合产业中的比例显著高于ICT基础产业，与其他城市相比，苏州数字人才的行业分布呈现出非常独特的

**数字化转型：数字人才与中国数字经济发展**

特点，数字人才在制造行业中的比例高达44.6%，远远超过ICT基础产业的数字人才所占的比例（28%），此外数字人才在消费品行业和医疗行业也有较大比例（如图5.10所示）。数字人才行业分布的这一特点和苏州经济发展的战略定位非常相关。苏州从1994年就开始将发展重心放到制造行业上，2015年国家大力推动"互联网+"和"双创"以来，苏州起草并实施了《苏州市创建国家制造行业与互联网融合发展试点示范城市实施方案》等多个发展制造行业的政策方案，在全世界范围内吸引制造行业巨头。截至2015年12月，在世界500强企业中，有超过100家在苏州投资建厂，国际科技园、创意产业园、中新生态科技城、苏州纳米城等创新集群基本形成。苏州目前拥有各类研发机构300多家、国家高新技术企业500多家，在全国都处于领先地位。与全国总体水平相比，苏州在制造行业、医疗行业、消费品行业、建筑行业和交通行业都具有较大的数字人才优势。

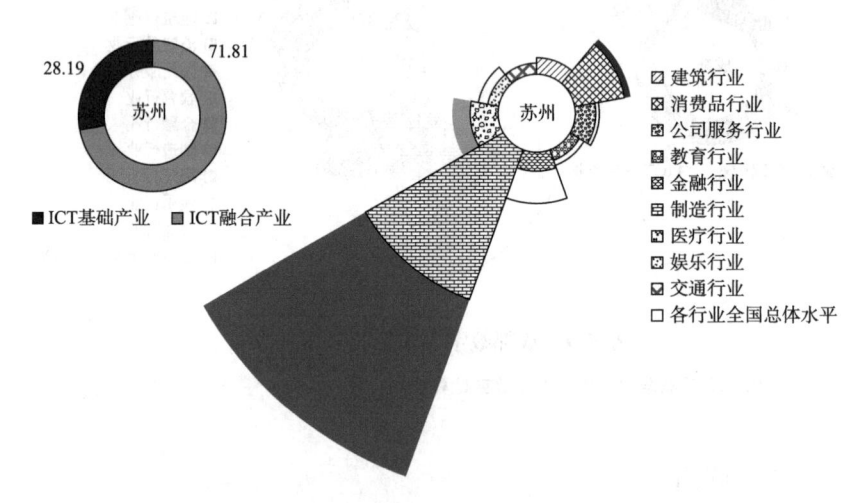

**图5.10 苏州数字人才行业分布（%）**

资料来源：笔者根据领英数字人才数据计算绘制。

## 第五章 数字人才与中国经济的数字化转型

### (三) 南京

南京数字人才在 ICT 基础产业中的比例高于 ICT 融合产业，如图 5.11 所示。ICT 融合产业中数字人才的分布主要集中在制造行业，约占 17.1%；其次分布在消费品和金融行业，约占 10.3%。与全国总体水平相比，南京在消费品和交通行业具有一定的数字人才优势。在南京，数字人才就职最多的公司分别是华为、中兴通讯、亚信科技、中软国际和苏宁，主要集中在通信和 IT 类企业。

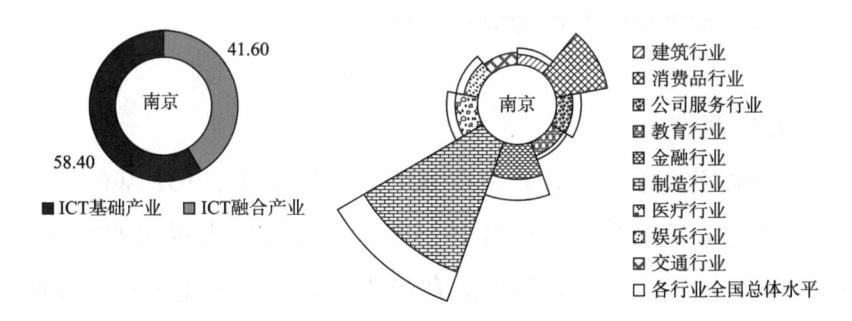

**图 5.11 南京数字人才行业分布 (%)**

资料来源：笔者根据领英数字人才数据计算绘制。

### (四) 武汉

武汉数字人才在 ICT 基础产业和 ICT 融合产业中的比例约各占一半，体现了 ICT 基础产业和融合产业发展比较均衡（如图 5.12 所示）。ICT 融合产业中数字人才主要集中在制造行业，约占 20%；其次分布在金融行业、消费品行业和医疗行业。与全国总体水平相比，武汉在建筑行业、制造行业、医疗行业和教育行业具有一定的数字人才优势。在武汉，数字人才就职最多的公司分别是华为、烽火通信、惠普、IBM 和中软国际，主要集中在国内的通信企业和一些国际 IT 巨头企业。

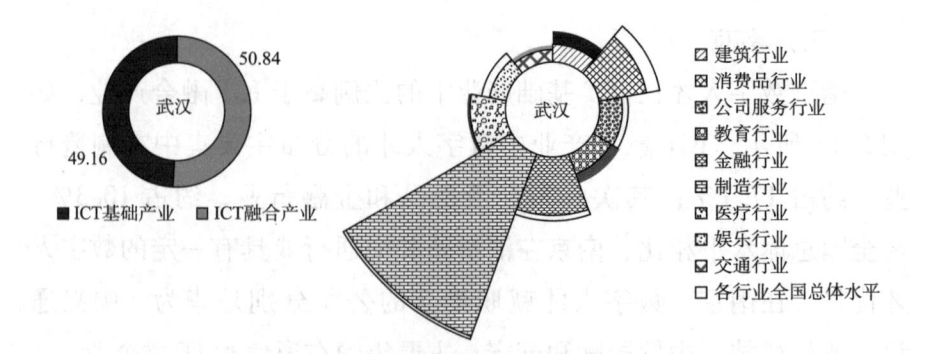

数字化转型：数字人才与中国数字经济发展

**图5.12　武汉数字人才行业分布（%）**

资料来源：笔者根据领英数字人才数据计算绘制。

## （五）西安

西安数字人才大部分分布在ICT基础产业中，ICT基础产业的数字人才比ICT融合产业高出19.5%，一定程度上说明西安的ICT基础产业更加发达。西安ICT融合产业中数字人才主要集中在制造行业，占比约15.3%；其次是消费品行业和金融行业，其他行业的数字人才分布比较均匀。与全国总体水平相比，西安在建筑行业和教育行业具有一定的数字人才优势（如图5.13所示）。在西安，数

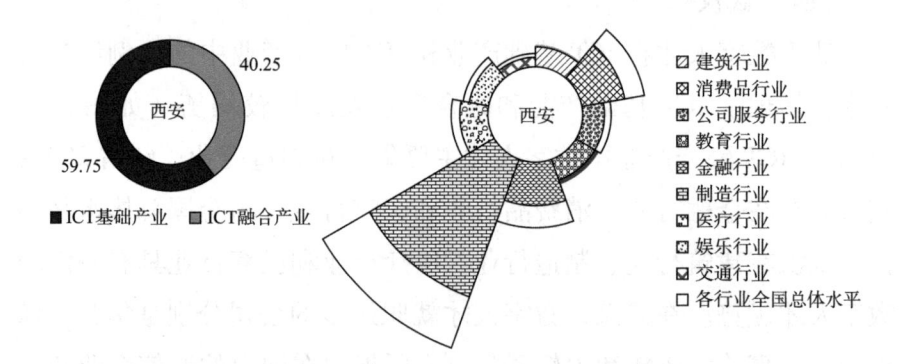

**图5.13　西安数字人才行业分布**

资料来源：笔者根据领英数字人才数据计算绘制。

## 第五章　数字人才与中国经济的数字化转型

字人才就职最多的公司分别是华为、中软国际、中兴通讯、IBM 和活跃网络公司（Active Network），主要集中在通信和 IT 领域。

### 二 "快速成长型"城市数字人才职能分布

对比五个"快速成长型"城市数字人才在职能分布方面的特点，数字人才同样主要集中在产品研发类，但比"引领型"城市占比更高，除苏州外其他四个城市在产品研发类的占比均在 90% 左右，西安产品研发职能的人才占比高达 91%（如图 5.14）。与"引领型"城市相比，"快速成长型"城市在数字战略管理和深度分析相关职能的人才占比更低。其中数字战略管理类人才占比为 0.3%–0.6%，占比最高的是成都，最低的是苏州。深度分析类人才的占比均在 3% 以下，占比最高的是武汉和成都，最低的也是苏

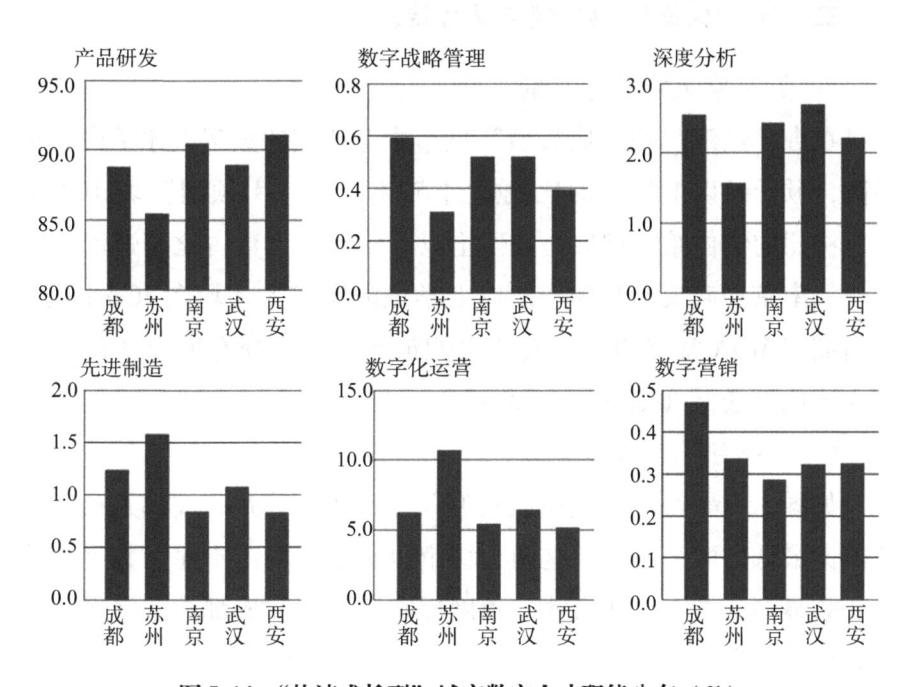

**图 5.14　"快速成长型"城市数字人才职能分布（%）**

资料来源：笔者根据领英数字人才数据计算绘制。

州。但在先进制造职能方面,"快速成长型"城市的人才占比略高于"引领型"城市,苏州先进制造类人才占比是十个城市中最高的,与此同时,苏州在数字化运营职能方面的人才占比也是最高的,这与苏州在制造行业方面具有突出数字人才优势的分析相一致。数字营销职能方面,"快速成长"型城市的人才占比与"引领型"城市相差不大,其中成都占比最高。

整体来看,"快速成长型"城市在ICT技术创新方面与"引领型"城市还存在一定差距,成都和武汉在大数据分析等新兴领域正在紧跟"引领型"城市的步伐,苏州在先进制造领域已经形成突出的数字人才优势,南京和西安的数字人才仍然更多地集中在传统软件开发类数字职能,在创新型数字人才的储备方面表现出一些劣势。

### 三 "快速成长型"城市数字人才特征

**(一)数字人才教育背景**

在数字经济"快速成长型"城市中,西安的数字人才学位水平最高,硕士及以上学位的比例超过50%,与"引领型"城市中上海、杭州的学位结构相似,且硕士以上学位的人数占比超过深圳和广州。南京和武汉拥有硕士及以上学位的数字人才均在40%以上。苏州拥有MBA学位的数字人才比例最高,同时拥有博士学位的数字人才比例最低(如图5.15所示)。

**(二)数字人才职位等级**

如图5.16所示,"快速成长型"城市中,苏州、成都是初级职位占比最低的两个城市,这两个城市也是五个城市中雇用数字人才企业数最多的城市,从人才的角度反映出苏州和成都在数字经济发展方面的巨大潜力。

第五章 数字人才与中国经济的数字化转型

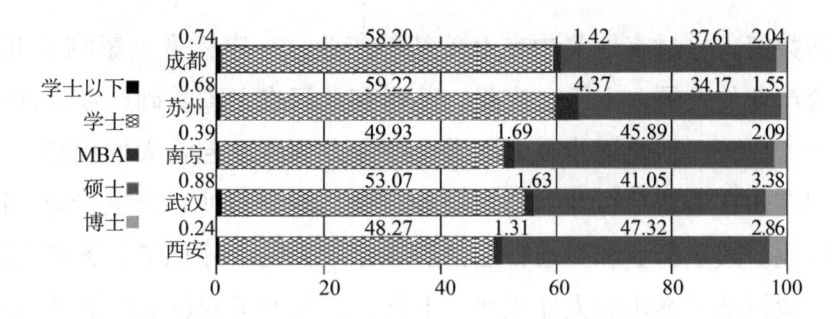

图5.15 "快速成长型"城市数字人才教育背景（%）

资料来源：笔者根据领英数字人才数据计算绘制。

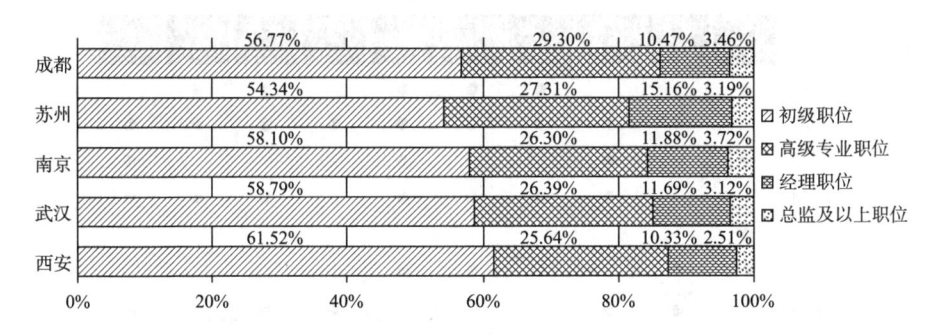

图5.16 "快速成长型"城市数字人才职位等级分布（%）

资料来源：笔者根据领英数字人才数据计算绘制。

## 第三节 数字人才与产业数字化转型

数字人才的行业分布与当地产业发展程度密切相关，数字人才储备多的行业在数字化转型中会更有优势，图5.17对比了十大城市数字化转型的优势行业，可以看出，北京、深圳、杭州、成都、南京和西安在ICT基础产业方面具有较强的人才优势，其中北京、深圳和成都的数字人才在ICT基础产业和ICT融合产业的分布相对更加分散一些，在部分融合产业也形成了优势，而杭州、南京和西

73

**数字化转型：数字人才与中国数字经济发展**

安的数字人才过多地集中在 ICT 基础产业，一定程度上影响了 ICT 融合产业的发展。上海、广州、苏州和武汉在 ICT 基础产业方面不占人才优势，但是逐步在 ICT 融合产业方面建立起强大的优势，上海和广州在消费品行业、公司服务行业、教育行业、金融行业、医疗行业、娱乐行业和交通行业都积累起较大的人才优势，苏州在制造行业打造了突出的人才优势，上海、广州和苏州的数字人才吸引政策对其他 ICT 基础产业不够发达的地区提供了很好的启示。

| | ICT基础产业 | 建筑行业 | 消费品行业 | 公司服务 | 教育行业 | 金融行业 | 制造行业 | 医疗行业 | 娱乐行业 | 交通行业 |
|---|---|---|---|---|---|---|---|---|---|---|
| 北京 | ● | | | ● | ● | ● | | ● | ● | |
| 上海 | | ● | ● | ● | ● | ● | | ● | ● | ● |
| 深圳 | ● | | ● | | ● | ● | | | | ● |
| 广州 | | | ● | ● | ● | | | ● | ● | ● |
| 杭州 | ● | | | | | | | | | |
| 成都 | ● | ● | | | ● | | | | ● | |
| 苏州 | | ● | ● | | | | ● | ● | | ● |
| 南京 | ● | | ● | | | | | | | ● |
| 武汉 | | ● | | | ● | | ● | ● | | |
| 西安 | ● | ● | | | ● | | | | | |

**图 5.17 数字人才 TOP10 城市数字化转型优势行业**

资料来源：笔者根据领英数字人才数据计算绘制。

第 六 章

# 数字人才的需求与流动

## 第一节 数字人才需求分析

### 一 "引领型"城市数字人才需求分析

（一）需求变化趋势

在五大"引领型"城市中，2015年数字人才需求普遍上升，2016年数字人才需求普遍下降，其中北京的需求下降最剧烈，如图6.1所示。2016年数字人才需求的下降与新增创业企业数量的大幅下降以及已有创业企业的倒闭有很大关系。自2014年"大众创新、万众创业"提出以来，信息通信技术和互联网领域的创新创业蓬勃发展，五大"引领型"城市带动了全国的创业热潮，这轮热潮自2016年开始降温。据不完全统计，2016年创业公司共倒闭、停业364家，且新增创业公司比前一年下降76%，创业投资也大幅度缩紧。[①] 创业公司的大批倒闭和"资本寒冬"的来临，很大程度上抑制了"引领型"城市数字人才的需求上涨。

---

① IT桔子：《2016年中国互联网创业格局概述》，http://www.199it.com/archives/560101.html。

**数字化转型:数字人才与中国数字经济发展**

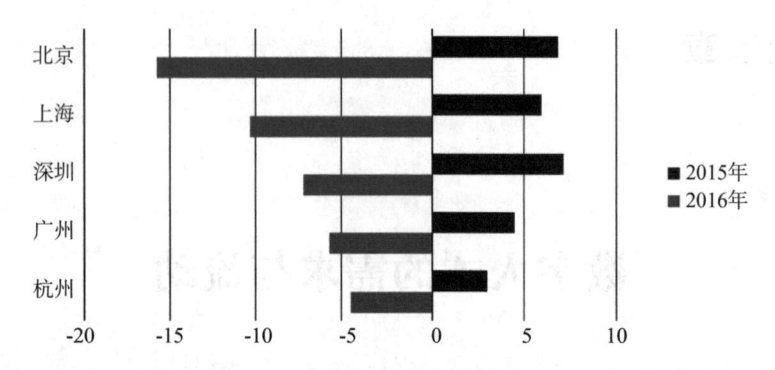

**图6.1　2015—2016年"引领型"城市数字人才需求变化趋势（%）**
资料来源：笔者根据领英数字人才数据计算绘制。

（二）需求最高的职位

表6.1显示了"引领型"城市需求最高的十大数字人才职位，可以看出五大城市对数字人才的需求主要集中在ICT基础产业的研发和运营部门，岗位集中在中层职位，门槛偏高，对入职门槛低的职位需求逐渐下降。2015—2016年需求最高的职位中，软件开发工程师、技术经理、产品经理和用户体验设计师属于研发部门，信息技术顾问和信息技术支持专家属于运营部门，技术工程师多分布在制造行业相关部门。软件测试员和信息技术系统管理员的需求呈现出逐年下降的趋势。

具体来看各城市的数字人才需求，北京对数据分析师和嵌入式软件工程师的需求呈现上升趋势，对信息技术系统管理员的需求在逐渐下降。上海对电子商务专员类岗位的需求在逐年上升，对软件测试相关岗位的需求有所下降。深圳在2015—2016年中对数字人才职位需求的变化不大。广州的数字人才需求和其他"引领型"城市略有不同的是，近几年对语言本地化人才的需求非常高，这一现象与拥有相当比例语言专业背景的广州数字人才现状一致，语言本地化人才主要集中在游戏产业。杭州作为ICT基础产业发展的"领头羊"之一，对研发和技术类人才的需求非常大，特别是对嵌入式软件工程师的需求在 2015—2016 年逐年上升，且上升幅度高于其他"引领型"城市。

表 6.1　　"引领型"城市需求最高的十大数字人才职位

| 排名 | 职位 |
| --- | --- |
| 1 | 软件开发工程师 |
| 2 | 技术工程师 |
| 3 | 信息技术顾问 |
| 4 | 技术经理 |
| 5 | 产品经理 |
| 6 | 信息技术支持专家 |
| 7 | 用户体验设计师 |
| 8 | 质量测试/保证专员（QAT） |
| 9 | 信息技术系统管理员 |
| 10 | 软件测试员 |

资料来源：笔者根据领英数字人才数据计算绘制。

（三）需求最高的数字技能

在职位需求研究的基础上，我们进一步分析了雇主对求职者数字技能的需求。五大"引领型"城市需求最多的数字技能包括 Java、C＋＋、Javascript、C、Linux、Python、SQL、软件开发、项目管理等，整体来看编程技能占据主导，此外项目管理、产品运营等"技术＋管理"类技能的需求呈现明显的上升趋势，具体到每个城市又有一些不同的特点。北京和杭州的需求偏重于编程技能，除了传统的四类编程语言技能，近几年对 MySQL 和 SQL 等数据库与数据分析技能的需求大幅上升。上海、深圳和广州对项目管理类技能的需求均高于编程技能，深圳对领导力和客户服务等技能也表现出更大需求。

## 二 "快速成长型"城市数字人才需求分析

### (一) 需求变化趋势

在"快速成长型"城市中，2016年，除了西安对数字人才的需求量上升之外，其他城市对数字人才需求量均有所下降，如图6.2所示。数字人才需求的变化趋势一定程度上反映了数字经济在短期内的发展运行情况，成都和武汉在2016年的数字经济热度趋向平稳；西安的发展相对较晚，2016年对人才的需求上升，表现出良好的发展态势。

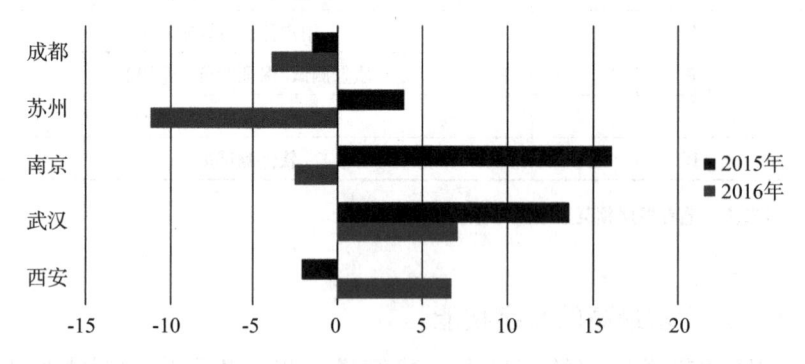

**图6.2 2016年"快速成长型"城市数字人才需求变化趋势（%）**
资料来源：笔者根据领英数字人才数据计算绘制。

### (二) 需求最高的职位

"快速成长型"城市和"引领型"城市对数字人才的需求差异不是很大，同样集中在研发和运营部门（见表6.2）。成都对语言本地化人才的需求逐渐下降，对用户体验设计人才的需求逐渐上升；南京基本上对数字人才的需求比较平稳，其中对语言本地化人才的需求连续两年很高；苏州数字人才很大比例集中在制造行业，

## 第六章　数字人才的需求与流动

所以对制造行业方面的人才需求较高,如电子工程师就连续两年位于需求前列;武汉同样是制造行业发达的城市,对电子工程师的需求从2015年开始上升,语言本地化人才则持续两年位于需求前列,而对信息系统开发的人才则比较低;西安对语言本地化人才的需求从2016年逐渐升高,对电子工程师和硬件开发工程师的需求逐渐下降。

表6.2　"快速成长型"城市需求最高的十大数字人才职位

| 排名 | 职位 |
| --- | --- |
| 1 | 软件开发工程师 |
| 2 | 技术工程师 |
| 3 | 产品经理 |
| 4 | 技术经理 |
| 5 | 信息技术顾问 |
| 6 | 信息技术支持专家 |
| 7 | 质量测试/保证专员（QAT） |
| 8 | 软件测试员 |
| 9 | 信息系统管理员 |
| 10 | 语言本地化专员 |

资料来源:笔者根据领英数字人才数据计算绘制。

（三）需求最高的数字技能

五大"快速成长型"城市需求最多的数字技能主要包括Java、Javascript、C++、C、Linux、Python、SQL、软件开发、项目管理、客户服务等,除了苏州之外,其他四个城市最需要的数字技能与"引领型"城市的差异不是很大,但整体上对制造类技能的需求更高,对数据库和数据分析类技能的需求更低,具体到每个城市又呈现出一些不同的特点。成都对项目管理类技能的需求在近几年快速

79

上升，仅次于对 Java 和 Linux 编程技能的需求。苏州对制造类技能和项目管理类技能的需求很高，且在过去三年呈上升趋势，远远超过对编程技能的需求。武汉也表现出和苏州类似的特点，项目管理类技能在过去三年位于需求的首位，同时对制造类技能的需求不断上升。南京和西安都对编程类技能有很高需求，但是南京对管理类技能的需求高于西安。

此外，我们也针对需求最多的十大职位分析了不同职位对技能的要求，与"引领型"城市相比，"快速成长型"城市需求高的职位还有电子和电气工程师，这些职位所对应的数字技能与"引领型"城市的差异不大，同样表现出对专业技能和管理技能的同等重视。

## 第二节　数字人才的关系网络与流动分析

### 一　数字人才的关系网络分析

在分析数字人才的流动情况之前，我们首先对数字人才的职场社交网络进行了分析。与普通的社交网络相比，职场社交网络能更好地反映数字人才之间的关联程度。一方面，人才关联程度的高低有助于反映数字人才市场的成熟度；另一方面，数字人才之间的关联对于人才流向会有一定的指示作用。

（一）数字人才的国内职场社交网络

我们首先研究了数字人才在国内的职场社交网络，通过数字人才的"内部连接度"和"外部连接度"来进行分析。连接度用百分比表示，内部连接度用来反映数字人才的"职场联系人"中有多大比例从事数字相关工作，外部连接度用来反映数字人才的"职场联系人"中有多大比例从事其他工作（非数字类的工作）。图 6.3

表示的是数字人才的内部连接度，结果显示在数字人才分布最多的十大城市中，数字人才在数字领域的内部连接度均在20%以下；杭州的内部连接度最高，约为17%；广州最低，约为12%。相应地，十大城市数字人才的外部连接度均在80%以上，远远高于内部连接度。数字人才的低内部连接度一定程度上反映了数字人才在整个人才市场中所占的比例较低，职场网络不够发达。

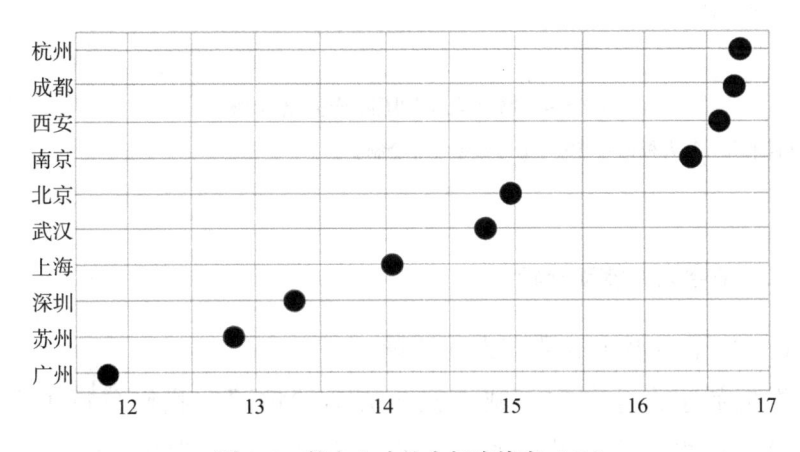

**图6.3 数字人才的内部连接度（%）**

资料来源：笔者根据领英数字人才数据计算绘制。

（二）数字人才的国际职场社交网络

进一步分析十大城市数字人才的国际连接度，即数字人才的"职场联系人"中有多少比例来自其他国家。如图6.4所示，数字人才的国际连接度最高的是上海，约为23%；最低的是武汉和西安，分别约为13%。数字人才的国际连接度一定程度上可以反映本地在拓展国际合作方面的人才优势，另外对城市吸引海外人才也有很强的指示作用。

**数字化转型：数字人才与中国数字经济发展**

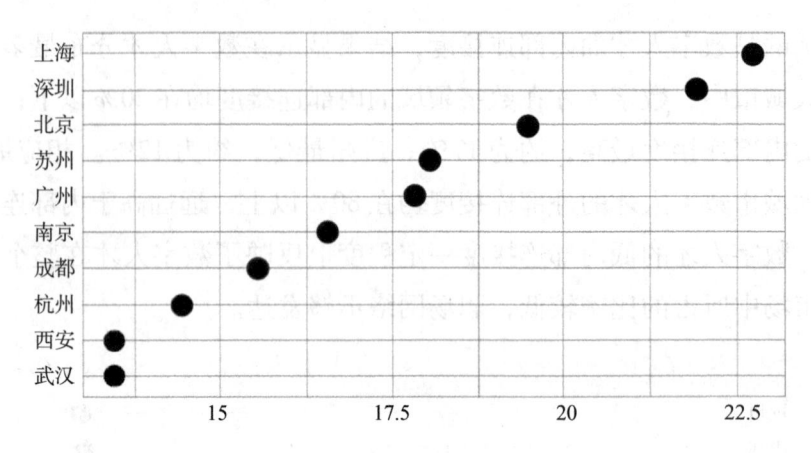

**图6.4　数字人才的国际连接度（%）**

资料来源：笔者根据领英数字人才数据计算绘制。

## 二　数字人才流动分析

### （一）重点城市的数字人才流量

根据数字人才在重点城市就业流动的情况，我们分析了数字人才分布最多的十大城市的人才流入流出情况，发现2014—2016年上海的数字人才净流入最多，南京的数字人才净流出最多。与近几年频繁见诸报端的"逃离北上广"现象有所不同，数字人才的流动依然体现出向一线城市聚集的趋势。除广州外，其他几个一线城市均呈现出净流入的趋势。在五大"引领型"城市中，广州是数字人才唯一净流出的城市，"快速成长型"城市中只有苏州的数字人才流入多于流出，其他城市都是流出多于流入。图6.5给出了以上海的数字人才净流入作为基准，各个城市数字人才的相对流量。

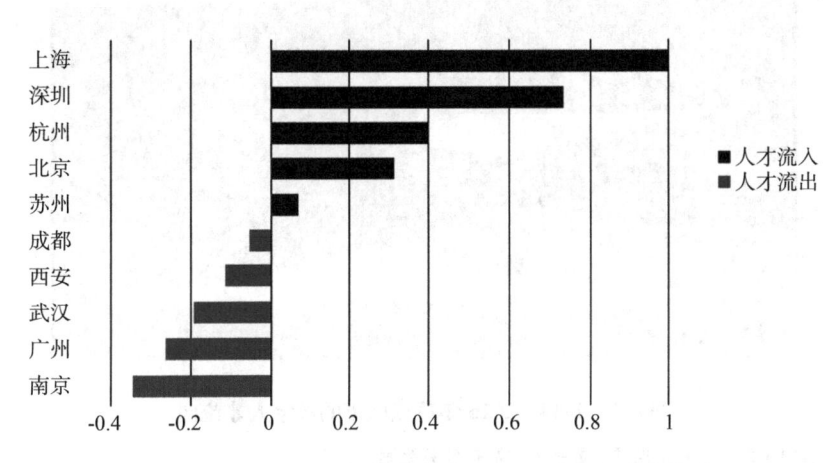

**图 6.5　2014—2016 年数字人才 TOP10 城市人才净流量**

资料来源：笔者根据领英数字人才数据计算绘制。

（二）重点城市的数字人才流向

图 6.6 显示了 2014—2016 年数字人才吸引力最大的两个城市上海和深圳数字人才的流入情况，上海和深圳不只从一线城市北京、广州吸引了大量人才，也吸引了来自杭州、南京、苏州等二线城市的人才。另外，我们在分析中还发现，从某种程度上杭州对数字人才的吸引力已经超过北京，2014—2016 年从北京流入杭州的数字人才多于从杭州流入北京的。总体来看，北京、上海、深圳、广州和杭州作为数字经济的"引领型"城市，在数字人才的吸引力方面还是有绝对优势，"快速成长型"城市对数字人才的吸引力正在提升，但未来很长一段时间内依然面临来自"引领型"城市人才的竞争压力，需要制定更加有效的人才政策留住并吸引更多的数字人才。

图 6.6  2014—2016 年重点城市的数字人才流向

资料来源：笔者根据领英数字人才数据计算绘制。

## 第三节　数字化转型背景下的人才战略

与消费领域数字化转型主要依靠海量互联网用户的"人口红利"相比，生产领域的数字化转型将更加依赖"人才红利"，如何吸引和培养新阶段所需要的人才，是推动经济数字化转型的重要基础。

从数字人才需求来看，需求最多的职位主要集中在 ICT 基础产业的研发和运营部门，岗位集中在中层职位，门槛偏高，对入职门槛低的职位需求逐渐下降。另外，就技能来说，对数字人才不再单一强调编程技能，而是更加看重技术、管理和领导力综合技能。从人才流动来看，数字人才的流动依然呈现出向一线城市聚集的趋势，上海和深圳是过去三年数字人才流入最多的城市。这与近几年大量人才从一线城市转向二线城市的趋势表现出相反的态势，反映了一线城市在数字人才吸引力方面的优势。五大"引领型"城市与其他城市相比，在数字经济发展方面最突出的两个优势是产业成熟

## 第六章　数字人才的需求与流动

度高、创新环境好，这两个因素对吸引数字人才非常重要。数字人才的需求和流动特征对现阶段人才战略的制定具有重要的启示。

目前，从国家层面到地方层面都大力推行人才政策，通过各种高层次人才引进政策吸引了大量海内外创新创业人才；同时出台了系列政策完善科研管理、打造优良的创新环境、推动青年骨干人才的培养，这些政策措施构成了"人才强国战略"的核心框架。当前的人才强国战略主要强调人才的引进和培养，一个突出的问题是缺少以需求为导向的人才引进与培养机制。

制定数字人才战略首先应对数字人才的现状和需求有充分的认识和了解，从行业、职能、特征多个角度对人才储备的现状、优势和劣势进行分析。其次，对数字人才的吸引应当具有针对性，不应只是通过教育背景来筛选，而是依据行业、职能和技能进行筛选，以需求为导向建立有效的人才吸引和培养机制。最后，应通过打造产业优势来吸引数字人才，而不只是通过提供多方位的保障性条件，留住数字人才需要从产业基础和创新环境等更重要的因素着手和施力。

# 第三部分

## 数字化转型：从区域竞争到区域协同

# 第七章

# 区域经济的数字化转型基础

## 第一节　人工智能社会认知的区域特征

数字经济发展存在区域发展不平衡的问题，目前中国正在大力推进中西部欠发达地区的网络基础设施建设，缩小数字鸿沟。数字经济发展的不平衡性与传统经济的不平衡性并不完全一致，一些传统行业发达的城市数字化转型反而慢，一些传统行业优势不突出的城市反而成为数字化转型的引领性城市。这些现象促使我们去思考不同地区数字化转型的基础和潜力，希望能为数字化转型背景下区域经济的发展模式带来启示。

第三章对中国人工智能社会认知与应用需求的现状及其发展趋势做出细致深入的洞察，从整体层面分析了大数据与人工智能驱动下的数字化转型基础；本章从区域的角度出发，进一步分析人工智能社会认知在区域层面的特征和差异，从而更好地了解不同地区的数字化转型基础。我们将2014年1月至2017年6月人工智能社会认知类词汇搜索量排名前50的城市，分别根据人工智能基本认知、专业认知和技术认知类词汇的搜索量，按照由多到少的排名，分为三个梯队，并分析各个梯队的城市分布情况。第一梯队为搜索量排名前10的城市，第二梯队为第11名到第30名的城市，第三梯队为第 31 名到第 50 名的城市。

## 一 基本认知

这一小节对不同梯队城市的发展水平和地域进行分析。图 7.1 展示了根据人工智能基本认知类词汇搜索量排名前 50 的城市在三个梯队中的分布情况。图中左侧的城市为淮河以北的城市（北方城市），右侧的城市为淮河以南的城市（南方城市），两侧的城市均按照地理区划排布。

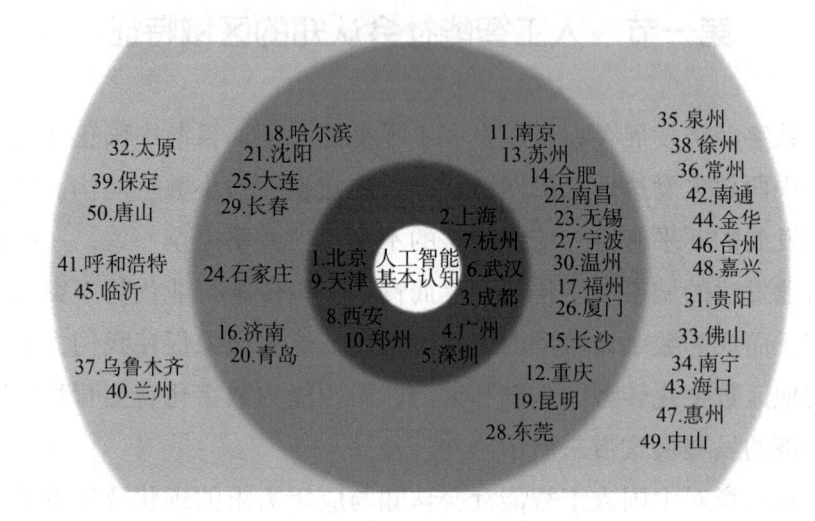

```
32.太原        18.哈尔滨      11.南京       35.泉州
              21.沈阳         13.苏州       38.徐州
39.保定        25.大连         14.合肥       36.常州
50.唐山        29.长春         22.南昌       42.南通
                              2.上海        23.无锡      44.金华
41.呼和浩特    24.石家庄  1.北京  7.杭州  27.宁波  46.台州
45.临沂                  9.天津  6.武汉  30.温州  48.嘉兴
                                             17.福州  31.贵阳
                              8.西安         26.厦门
                              3.成都
              16.济南         4.广州         15.长沙    33.佛山
              20.青岛         10.郑州                   34.南宁
37.乌鲁木齐                   5.深圳         12.重庆    43.海口
40.兰州                                     19.昆明    47.惠州
                                            28.东莞    49.中山
```

**图 7.1 人工智能基本认知现状城市排名**

资料来源：笔者根据百度人工智能搜索数据计算绘制。

从地域上看，三个梯队的城市中，南方城市都要多于北方城市，说明南方对人工智能基本认知更加发达。第一梯队的 10 个城市中有 6 个南方城市，除了北京、上海、广州、深圳、杭州以及天津等东部发达城市外，成都、武汉、西安和郑州这 4 个中西部城市非常突出；第二梯队的 20 个城市中有 13 个南方城市，长三角城市

## 第七章 区域经济的数字化转型基础

数目远远超过其他地区,尤为突出;第三梯队的20个城市中有13个南方城市,有12个城市分布在华东和华南地区,分布比较集中。

### 二 专业认知

根据人工智能专业认知类词汇的搜索量,将排名前50的城市划分为三个梯队,如图7.2所示。从地域上看,各个梯队中南方城市都要多于北方城市。第一梯队中有7个南方城市,3个来自长三角地区,南京进入第一梯队,北方城市中郑州从基本认知第一梯队下降至专业认知第二梯队。在第二梯队中有12个南方城市,其中6个分布在长三角地区,分布比较集中;第三梯队有13个南方城市,有12个城市分布在华东和华南地区。

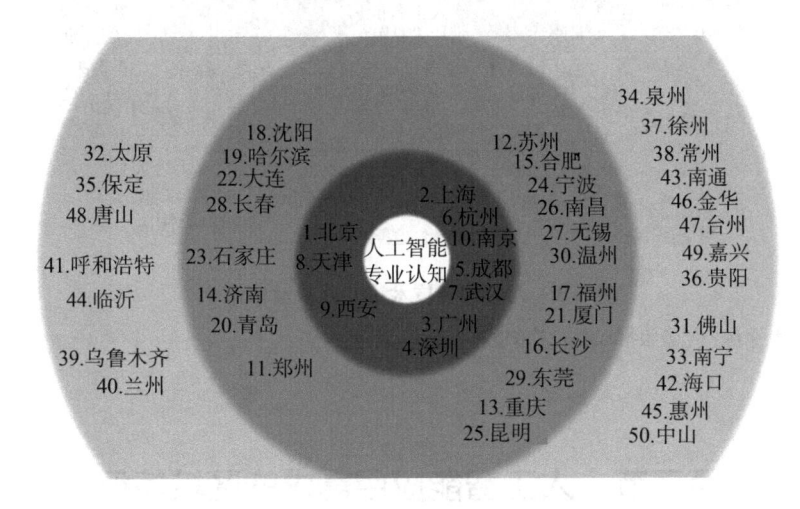

**图7.2 人工智能专业认知现状城市排名**

资料来源:笔者根据百度人工智能搜索数据计算绘制。

### 三 技术认知

根据人工智能技术认知类词汇的搜索量,将排名前50的城市划分为三个梯队,如图 7.3 所示。相比基本认知和专业认知的城市排名,北方城市在技术认知的城市排名上有所提升。第二梯队中,北方城市占到 9 个,北方的太原从基本认知和专业认知的第三梯队上升至技术认知的第二梯队。南方的温州在基本认知和专业认知的城市排名中排在第二梯队,但是在技术认知的城市排名中仅排在第三梯队。

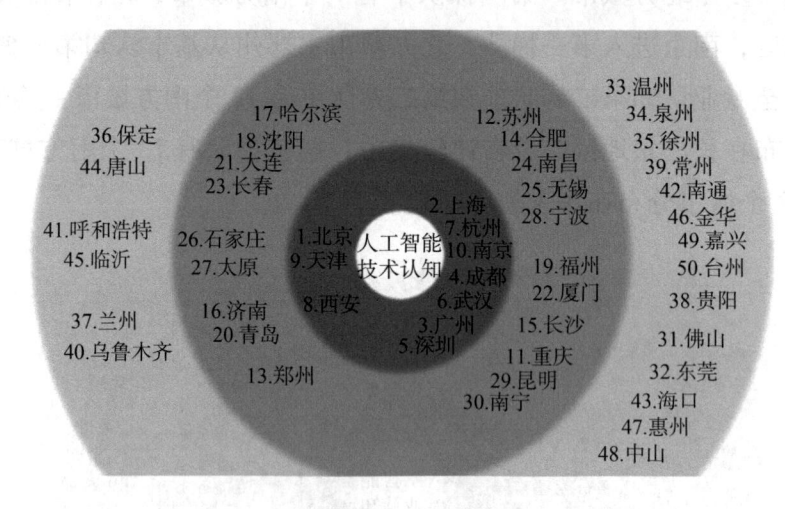

图 7.3　人工智能技术认知现状城市排名

资料来源:笔者根据百度人工智能搜索数据计算绘制。

## 第二节　人工智能应用需求的区域特征

我们对人工智能应用需求搜索量排名前 50 的城市,分别根据人工智能技术应用需求和行业应用需求关键词的搜索量,分为三个梯队,研究中国人工智能社会需求在不同区域的特征。

# 第七章 区域经济的数字化转型基础

## 一 技术应用需求

如图7.4所示,根据人工智能技术应用需求关键词的搜索量将排名前50的城市划分为三个梯队。从地域上看,分布于各个梯队中的南方城市都要多于北方城市,第二梯队的20个城市中,有12个南方城市,有11个城市分布在华东和华南。从城市级别上看,第一梯队和第二梯队的城市仍然集中在一线城市和省会城市。

有些城市技术应用需求和技术认知的水平有较大差别。重庆和郑州技术应用需求的排名上升到第一梯队;东莞和佛山的技术应用需求排名上升到第二梯队;这些城市对人工智能的技术应用需求要高于技术认知的水平。南京和西安的技术应用需求排名下降至第二梯队,厦门、无锡、大连的技术应用需求排名下降至第三梯队,这些城市对人工智能的技术认知要高于技术应用需求的水平。

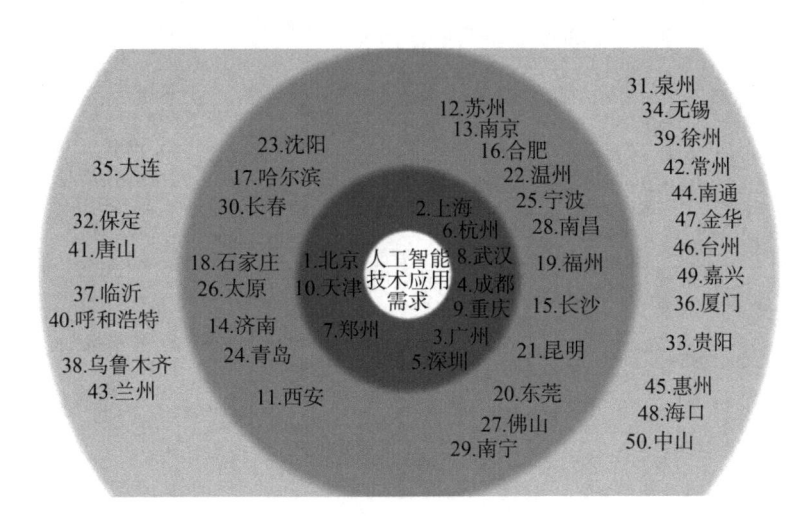

**图7.4 人工智能技术应用需求现状城市排名**

资料来源:笔者根据百度人工智能搜素数据计算绘制。

## 二 行业应用需求

如图7.5所示，根据人工智能行业应用需求关键词的搜索量，将排名前50的城市划分为三个梯队。从地域上看，分布于各个梯队的南方城市都要多于北方城市，第二梯队的20个城市中，有13个南方城市，有11个城市分布在华东和华南。从城市级别上看，第一梯队和第二梯队的城市仍然集中在一线城市和省会城市。

有些城市行业应用需求和技术认知的水平有较大差别。郑州的行业应用需求排名上升到第一梯队；东莞和佛山的行业应用需求排名上升到第二梯队。这些城市对人工智能的行业应用需求要高于技术认知的水平。南京和西安的行业应用需求排名下降至第二梯队，南昌、大连和长春的行业应用需求排名下降至第三梯队，这些城市对人工智能的技术认知要高于行业应用需求的水平。

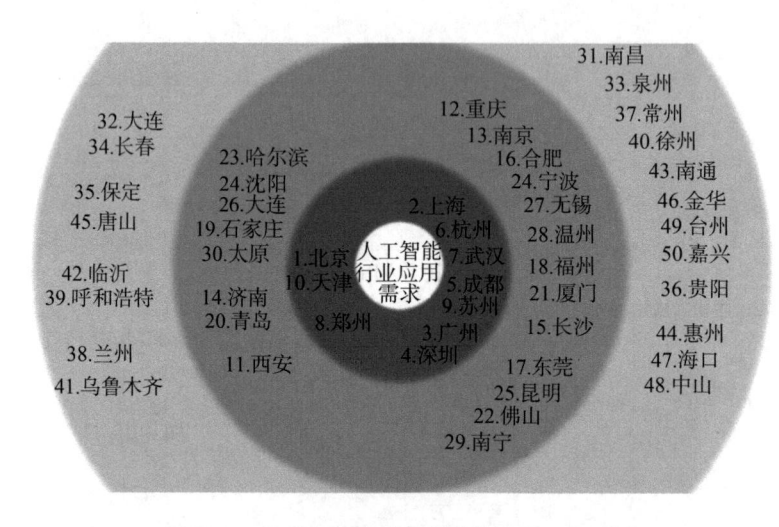

**图7.5 人工智能行业应用需求现状城市排名**

资料来源：笔者根据百度人工智能搜索数据计算绘制。

## 第七章 区域经济的数字化转型基础

此外，我们还对以上行业应用需求分解，将本研究中大众对人工智能的行业应用需求进行分解为：智能驾驶、安防、医疗、零售、金融和制造六种，并分别对这六种行业应用需求进行城市排名。

如图7.6所示，北京、上海、广州、深圳、成都和杭州对各个行业应用需求的排名都保持在前六名，这些城市是全面发展人工智能应用最具有市场前景的城市。另外郑州、天津和济南虽然整体排名不如前六名城市，但是需求同样比较均衡。在其他城市中，有一些城市对部分行业应用的需求明显高于对其他行业应用的需求：南京对零售和金融的应用需求较高；苏州对安防和制造行业的应用需求高；西安对智能驾驶的应用需求高。

| | 北京 | 上海 | 广州 | 深圳 | 成都 | 杭州 | 武汉 | 郑州 | 苏州 | 天津 | 西安 | 重庆 | 南京 | 济南 | 长沙 |
|---|---|---|---|---|---|---|---|---|---|---|---|---|---|---|---|
| 智能驾驶 | 1 | 2 | 3 | 4 | 5 | 6 | 7 | 8 | 12 | 10 | 9 | 11 | 13 | 14 | 15 |
| 安防 | 1 | 2 | 3 | 4 | 5 | 6 | 10 | 7 | 8 | 9 | 12 | 11 | 13 | 14 | 15 |
| 医疗 | 1 | 2 | 3 | 4 | 5 | 6 | 7 | 15 | 11 | 10 | 9 | 12 | 14 | 13 | |
| 零售 | 1 | 2 | 3 | 4 | 6 | 5 | 7 | 9 | 10 | 11 | 12 | 13 | 8 | 15 | 14 |
| 金融 | 1 | 2 | 4 | 3 | 6 | 5 | 7 | 9 | 12 | 11 | 10 | 13 | 8 | | 14 |
| 制造 | 1 | 2 | 3 | 4 | 5 | 6 | 9 | 7 | 8 | 11 | 10 | 12 | 13 | 15 | 14 |

**图7.6 人工智能行业应用需求现状城市排名**

资料来源：笔者根据百度人工智能搜索数据计算绘制。

总体来看，无论是人工智能社会认知还是应用需求方面，南方城市都比北方城市具有优势，长三角地区尤为突出。排名最前的城市中除了北京、上海、广州、深圳、杭州、天津、南京、苏州等东部发达城市外，成都、武汉、西安、郑州、重庆这五个中西部城市非常突出。对比每个城市在人工智能社会认知与应用需求的排名，

**数字化转型:数字人才与中国数字经济发展**

可以发现南京和西安在人工智能社会认知的排名超过其在人工智能应用需求的排名,郑州、苏州、重庆在人工智能应用需求的排名超过其在人工智能社会认知的排名。

人工智能的社会认知水平和应用需求很大程度上可以反映出一个城市或地区的数字化转型基础。从区域角度来看,长三角、珠三角是两个非常突出的区域,这两个区域的诸多城市具有较高人工智能社会认知水平,且在人工智能应用需求上也表现出更强的渗透趋势,与这两个区域在数字化转型中的引领性地位相一致。后面三章中我们将从数字人才的角度对长三角和珠三角(延伸至整个粤港澳大湾区)的数字化转型进行更深入的研究。我们发现除了领先的数字化基础,不同城市和地区在数字化转型过程中也形成了良好的协调发展模式。这对于其他地区的数字化转型具有重要的参考价值,不同城市和地区具有不同的资源禀赋和产业优势,在推进数字化转型的过程中应当充分考虑自身特点,厘清是从技术与数字人才的供给角度还是从产业需求拉动的角度,差异化地发展和推动经济的数字化转型。

# 第 八 章

# 长三角地区数字经济的发展

## 第一节　长三角地区数字经济的战略规划

2017年以来，随着网络化基础设施日渐完善和区域经济发展力度的加大，数字经济正通过大数据、"互联网+"、人工智能、智能制造等多个领域，推动中国社会经济的质量提升和转型变革，并进一步成为推动区域经济协调发展的重要途径。区域经济协调发展需要在地理空间上进行统一的战略规划和资源重置，打造城市间互联互通和跨城市生活圈，同时突出各城市自身特色与功能定位，发挥体制多样性，找寻更优的资源配置和生产要素组合，最大程度地发挥集聚效应、分工效应、协作效应和规模效应。

党的十九大报告提出实施区域协调发展战略，长江经济带发展是其中一项重要内容，是中国推进世界级城市群建设、探索高质量一体化发展模式的重要尝试。长三角地区作为长江经济带中起引领作用的重要发展极，在过去二十年是中国经济最具活力、开放程度最高、创新能力最强的区域之一。长三角地区在高质量区域一体化发展中的探索和实践将为其他地区提供宝贵的经验。当前，从国家顶层设计到长三角各省市的布局规划，都在大力推进长三角地区数字经济的协同发展。

## 数字化转型：数字人才与中国数字经济发展

### 一 区域协同战略

2018年6月，2018年度长三角地区主要领导座谈会顺利召开，审议并同意《长三角地区一体化发展三年行动计划（2018—2020年）》（以下简称《长三角三年行动计划》），明确数字经济是长三角地区"更高质量一体化发展"中的重要导向产业，表8.1展示了该计划中的数字经济相关议题。《长三角三年行动计划》还指出，要聚力建设现代化经济体系，以数字经济助推长三角地区高质量发展；以建设世界级产业集群为目标，优化重点产业布局，推动产业链深度融合；共同推动云计算、大数据、物联网、人工智能等技术创新，共同建设新一代信息基础设施，携手把长三角地区打造成为全球数字经济发展高地。

表 8.1 《长三角三年行动计划》中的数字经济领域相关议题

| 序号 | 协议文件 | 内容 |
| --- | --- | --- |
| 1 | 《长三角地区5G先试先用引领数字经济发展战略合作框架协议》 | 三省一市开展5G先试先用联合行动，共同推动5G外场技术试验和5G网络布局，在边缘计算、物联网、智慧交通、智慧园区等领域加强5G综合应用示范合作，并联手保障网络信息安全，加快建成新一代信息基础设施总体架构，推动长三角城市群数字经济率先发展 |
| 2 | 《长三角地区推进"人工智能+法院"深度战略合作框架协议》 | 依托科大讯飞技术力量，三省一市法院共同支持探索人工智能在刑事案件审判流程中的应用，深化人工智能在司法审判流程中的应用，拓展大数据技术在司法领域中的应用 |

第八章　长三角地区数字经济的发展

续表

| 序号 | 协议文件 | 内容 |
| --- | --- | --- |
| 3 | 《长三角地区推进"互联网+"医联体合作框架协议》 | 以现有医院平台为基础，以腾讯互联网信息技术和社交产品为纽带，三省一市相关医院运用电子健康卡，通过区块链加密传输等技术手段确保患者相关电子病历在就诊医院之间的信息共享；通过人工智能影像、微信医保支付、个人健康档案等服务，推动医疗业务协同和分级诊疗，实现无缝转诊 |
| 4 | 《长三角地区推进工业互联网平台集群联动战略合作框架协议》 | 三省一市在跨行业跨领域平台、标识解析服务体系和服务资源池、网络安全保障体系、应用与互信、融合生态等方面强化合作，在全国率先建成区域性工业互联网平台集群，将海量工业数据资源，转化为高效率的生产、高质量的创新 |

资料来源：笔者根据资料整理。

数字经济是长三角地区"更高质量一体化发展"中的重要导向产业。《长三角三年行动计划》指出，要聚力建设现代化经济体系，以数字经济助推长三角地区高质量发展。以建设世界级产业集群为目标，优化重点产业布局，推动产业链深度融合。共同推动云计算、大数据、物联网、人工智能等技术创新，共同建设新一代信息基础设施，携手把长三角地区打造成为全球数字经济发展高地。

知识产权保护是数字经济发展的重要保障。2018年4月，《长三角地区知识产权一体化发展合作框架协议》签订，在区域知识产权发展共商、区域知识产权布局共进、区域知识产权保护共治、区域知识产权服务共享、区域知识产权人文环境共建五方面提出了多项知识产权举措，旨在优化配置各类知识产权资源，构建区域知识产权"大保护"格局，加快推进长三角地区知识产权服务体系一体化布局。

在人才领域中，围绕长三角地区人才一体化战略，三省一市签署了框架协议。2018年3月25日，《三省一市人才服务战略合作框架协议》签订，合作各方将努力促进区域内人才的合理流动，加强数据协同和资源共享，力争实现苏、浙、皖、沪三省一市人才需求信息的互联互通和实时查询。同时，多方还将合力"打通"长三角地区人才公共服务的"断头路"，在深化制度创新、政策推进、举措落实方面实现全方位交流借鉴。

**二 各省市实践行动**

当前，长三角地区正致力于实现更高质量的一体化发展要求，数字经济是支撑长三角地区一体化发展的重要产业基础。为此三省一市对照国家顶层设计，出台了相应的产业发展规划、指导意见，为数字经济发展、数字人才集聚提供了更加符合市场需求的发展空间。这些发展规划为三省一市数字经济发展明确了方向，并各自结合区域经济特点，形成了相应的区域特色。

（一）上海市相关实践行动

上海市在数字经济领域布局较早。2013年上海市科学技术委员会推出大数据领域的三年行动计划，在关键技术领域进行布局，重点选取金融证券、互联网、数字生活、公共设施、制造和电力等具有迫切需求的行业，开展大数据行业应用研发。自2016年以来，随着国家整体战略布局的推进，上海市在"互联网+"、大数据、智能制造、人工智能等领域逐步推出自身的发展规划，提出打造互联网城市新品牌。2018年4月，《全力打响"上海制造"品牌加快迈向全球卓越制造基地三年行动计划（2018—2020年）》正式发布，提出聚焦发展新一代信息技术、智能制造装备、智能能源装备等产业。

## 第八章 长三角地区数字经济的发展

### (二) 浙江省相关实践行动

浙江省围绕"互联网+"、制造业与互联网融合等数字经济领域也进行了许多谋划布局。在"互联网+"领域，依托其在互联网领域的优势地位，着力培育数字内容等领域的全球影响力领军企业，打造特色小镇。浙江省也在数字经济法律领域重点布局。2017年6月，中央全面深化改革领导小组第三十六次会议审议通过《关于设立杭州互联网法院的方案》，这是全国首个以互联网为内容的专业法院，凸显出浙江省在全国发展"互联网+"产业中的特殊地位。此外，浙江省专门针对数字人才进行布局，2017年7月，《浙江省加快集聚人工智能人才十二条政策》出台。

### (三) 江苏省相关实践行动

自2016年以来，江苏省围绕数字经济打造相关产业集群、产业园区，较为重视传统产业与互联网产业的融合。2016年3月，《江苏省政府关于加快推进"互联网+"行动的实施意见》发布，以"互联网+"促进产业转型升级，重点围绕智能制造、现代服务业和现代农业等一二三产业融合发展。2016年8月，《江苏省大数据发展行动计划》发布，提出建成10个省级大数据产业园，其中特别强调在智能制造领域对接长三角地区产业整体布局，提出打造智能制造苏南城市群。2017年3月，《江苏省政府办公厅关于推进中国制造2025苏南城市群试点示范建设的实施意见》发布，对南京、苏州、无锡、常州等城市提出产业侧重发展导向。

### (四) 安徽省相关实践行动

安徽省在数字经济领域主要凸显其在智能语音产业方面的特点。2017年1月，《安徽省"十三五"软件和大数据产业发展规划》发布，提出创建"中国软件名城"，打造"中国声谷"。2017年12月，《中国（合肥）智能语音及人工智能产业基地（中国声谷）发展规划（2018—2025年）》发布，提出到2020年度打造"中国声谷"成为国内外知名品牌。此外，汽车、电子、冶金、石化等工业领域也是安徽省数字经济重点的发展方向。

## 第二节 长三角地区数字经济的发展现状

按照信息化百人会2016年对21个省市（不含安徽省）的测算结果，[①] 长三角地区的江苏省、浙江省、上海市均处于第一梯队，数字经济规模在1万亿元以上；其中，增长速度最快的分别为广东省、江苏省、山东省、浙江省、上海市。可以看到，长三角地区无论在数字经济规模还是在增长速度上都领先于全国水平，是全国数字经济发展的重要"风向标"。长三角数字经济发展的一个显著特点是ICT基础型数字经济和ICT融合型数字经济二者并重，[②] 除安徽省外，长三角地区的江苏省、浙江省、上海市基础型数字经济和融合型数字经济的发展规模均进入全国前十名且居于前列。

### 一 上海市

近几年，上海市基础型数字经济保持平稳发展，融合型数字经济规模增速明显，已经进入了全国领头行列。在融合型数字经济中，上海市最具代表性的行业是制造业。自改革开放以来，上海市大力发展制造业，把它着力打造成为城市示范性优势产业，且在"两化"融合方面取得较好的成果。2016年上海市进一步提出了"振兴计

---

[①] 中国信息化百人会：《2017中国数字经济发展报告》，https：//www.sohu.com/a/240901100_99934049。
[②] 清华经管互联网发展与治理研究中心：《中国经济的数字化转型：人才与就业》，http：//cidg.sem.tsinghua.edu.cn/details/achdetails.html?id=130。

## 第八章 长三角地区数字经济的发展

划",大力推动制造业转型升级,突出高端制造业的发展。2017年上海市提出工业互联网计划,预备用3年时间初步形成以制造业为基础的工业互联网发展生态体系,发挥工业互联网的基础性作用,形成工业互联网新格局,努力成为国家级工业互联网创新示范城市。

### 二 浙江省

浙江省数字经济呈现良好的发展势头,2016年数字经济总规模接近2万亿元,占GDP比重超过30%,且增长速度高于全国平均水平。基础型数字经济和融合型数字经济均位居前列,呈现"双高"特征。浙江省的数字经济发展主要体现在以下两个方面:一方面,基础型数字经济稳健发展,尤其是以杭州市为代表的ICT基础产业在全国都居于领先地位,这为数字技术在各个传统强势行业的渗透提供了坚实的基础;另一方面,融合型数字经济迅猛腾飞,创造出多样的新发展模式和新业态。例如,互联网金融异军突起,电子商务快速成长,以互联网为载体、线上线下互动的新兴消费蓬勃发展,消费品行业加快融合创新,催生出众包研发、柔性生产、智能制造等新型生产模式,形成一股百家争鸣的气象。

### 三 江苏省

江苏省数字经济稳步增长,2016年数字经济总规模达到2.39万亿元,占GDP比重超过30%。尤其是基础型数字经济体量位居全国第二,略低于广东省,但增长幅度超过了广东省。除了代表性的基础型数字经济以外,江苏省在融合型数字经济方面也加速发力,其中智能制造的优势最为明显。背靠江苏省庞大的ICT基础型数字经济产业,凭借南京市的技术输出和创新能力,以苏州市、常州市为代表的苏南城市集群集中发力智能制造,重点探索智能制造个性化定制新模式，积极申请国家大数据产业集群试点，带动新型工业化发展。

### 四 安徽省

安徽省作为数字经济的后发省份，也将大力发展数字经济作为未来发展重心，以"高起点、高标准、高水平"的理念谋划推动数字经济的发展，着力促进数字产业化、产业数字化。在发展过程中，安徽省遇到了许多难题，如数字应用水平不高、数据资源开发利用率低、技术创新基础薄弱、治理能力水平亟待提升等。面对这些阻力，安徽省着力吸纳数字人才，形成"人才荟萃、智力密集"创新工业园，集中力量突破核心技术，不断扩大电子信息产业规模，形成产业集群化，强化建设基础创新体系。

## 第三节　长三角地区的就业情况

基础型数字经济的发展主要依靠创新驱动，融合型数字经济的发展既要依靠创新驱动，也要依靠产业优势和生产要素的充分投入。在创新和要素的投入中，人才都是最重要的驱动力。长三角地区作为数字经济发展的引领区域，在人才规模和人才结构上都具有很大的优势，我们将从整体劳动力、高水平人才和数字人才三个层面分析长三角地区数字化转型的特点和趋势。对于整体劳动力，我们采用《中国统计年鉴（2017）》的就业数据进行分析，包括劳动力的地域分布情况以及在代表性行业的分布等。长三角地区高水平人才和数字人才的分析将在第九章详细介绍。

### 一　长三角地区整体劳动力情况

我们首先分析了2012—2016年全国不同行业劳动力就业规模

第八章 长三角地区数字经济的发展

的变化趋势，如图 8.1 所示。2014 年以后，制造业和建筑业的劳动力都呈现出明显的逐年递减的趋势。与这两大劳动力密集型行业相比，公共管理、社会保障和社会组织业，卫生和社会工作业，金融业，租赁和商务服务业，信息传输、软件和信息技术服务业等行业中的劳动力占比逐年增加。信息传输、软件和信息技术服务业作为 ICT 基础产业的关键组成部分，它的劳动力增长反映出以 ICT 驱动的数字经济转型正在全国范围内逐渐展开。

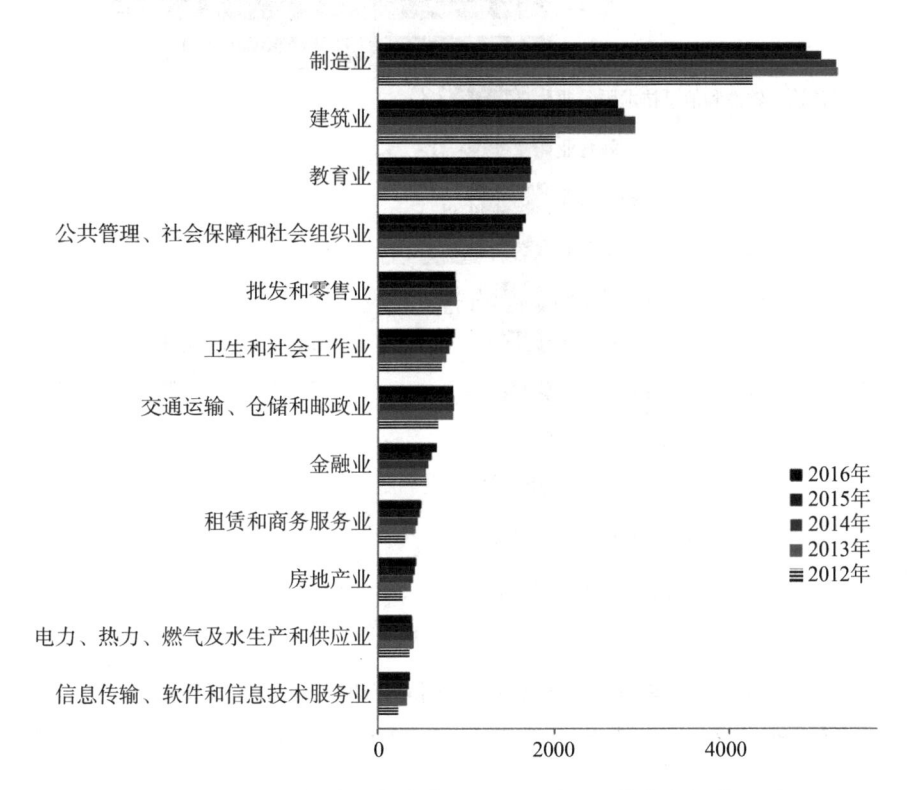

**图 8.1 2012—2016 年全国劳动力主要行业就业人数变化趋势（万人）**

资料来源：笔者根据《中国统计年鉴 2017》就业数据计算绘制。

我们进一步分析了 2016 年长三角地区劳动力在主要行业的分

## 数字化转型：数字人才与中国数字经济发展

布情况，并与全国情况进行了比较，如图 8.2 所示。长三角地区劳动力分布最多的五大行业依次为制造业，建筑业，信息运输、软件和信息技术服务业，教育业，批发和零售业。与全国情况相比，长三角地区在这些主要行业分布的劳动力占比更高，其中优势最大的前三个行业为制造业，建筑业，信息传输、软件和信息技术服务业，这与长三角地区的发展重心正相吻合。

| 行业 | 长三角地区 | 全国 |
|---|---|---|
| 制造业 | 33.64 | 27.36 |
| 建筑业 | 22.74 | 15.23 |
| 信息传输、软件和信息技术服务业 | 7.22 | 2.04 |
| 教育业 | 5.90 | 9.67 |
| 批发和零售业 | 5.83 | 4.89 |
| 公共管理、社会保障和社会组织业 | 4.87 | 9.35 |
| 交通运输、仓储和邮政业 | 4.28 | 4.75 |
| 金融业 | 3.67 | 3.72 |
| 卫生和社会工作业 | 3.41 | 4.85 |
| 租赁和商务服务业 | 2.41 | 2.73 |
| 房地产业 | 2.25 | 2.41 |
| 电力、热力、燃气及水生产和供应业 | 0.89 | 2.17 |
| 文化体育和娱乐业 | 0.68 | 0.84 |

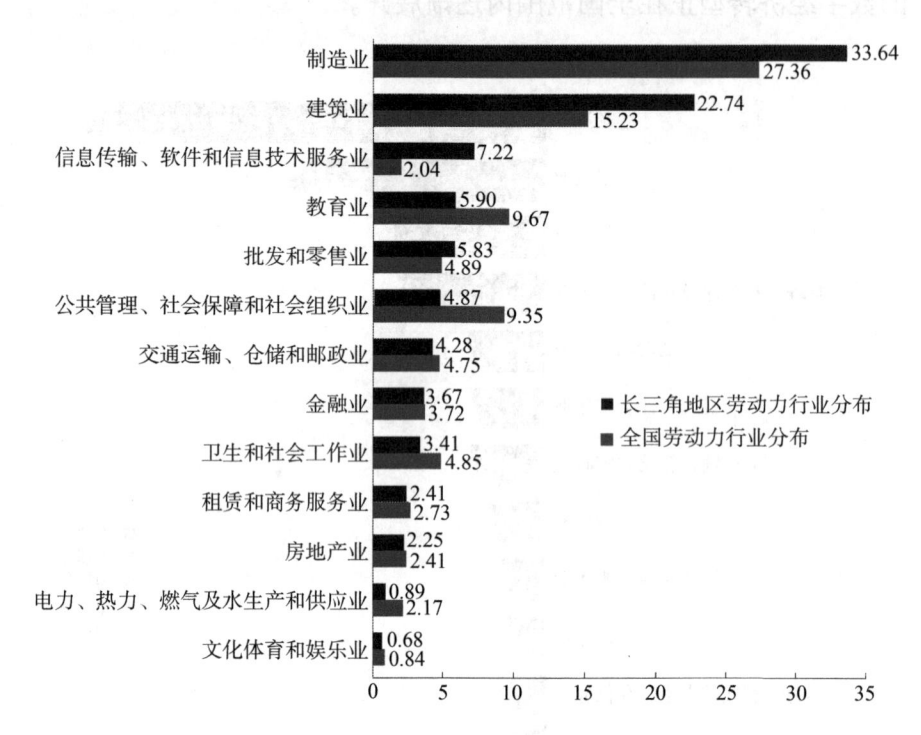

**图 8.2 2016 长三角地区与全国的劳动力行业分布（%）**

资料来源：笔者根据《中国统计年鉴 2017》就业数据计算绘制。

### 二 重点行业的劳动力分布

为了进一步了解长三角地区的劳动力现状，我们选择了制造业

第八章 长三角地区数字经济的发展

和信息传输、软件和信息技术服务业（以下简称信息行业）两个具有代表性的行业进行分析。

（一）制造业

我们从城市层面来分析长三角地区不同城市的劳动力在制造业所占的比重，如图8.3所示。在长三角地区26个城市中，江苏的苏州、无锡、镇江、常州均以制造业发展为主要导向，它们的制造业劳动力占本市劳动力的比重均超过45%，苏州更是以69.55%位居长三角地区首位，省会南京的占比只有23.61%。嘉兴制造业劳

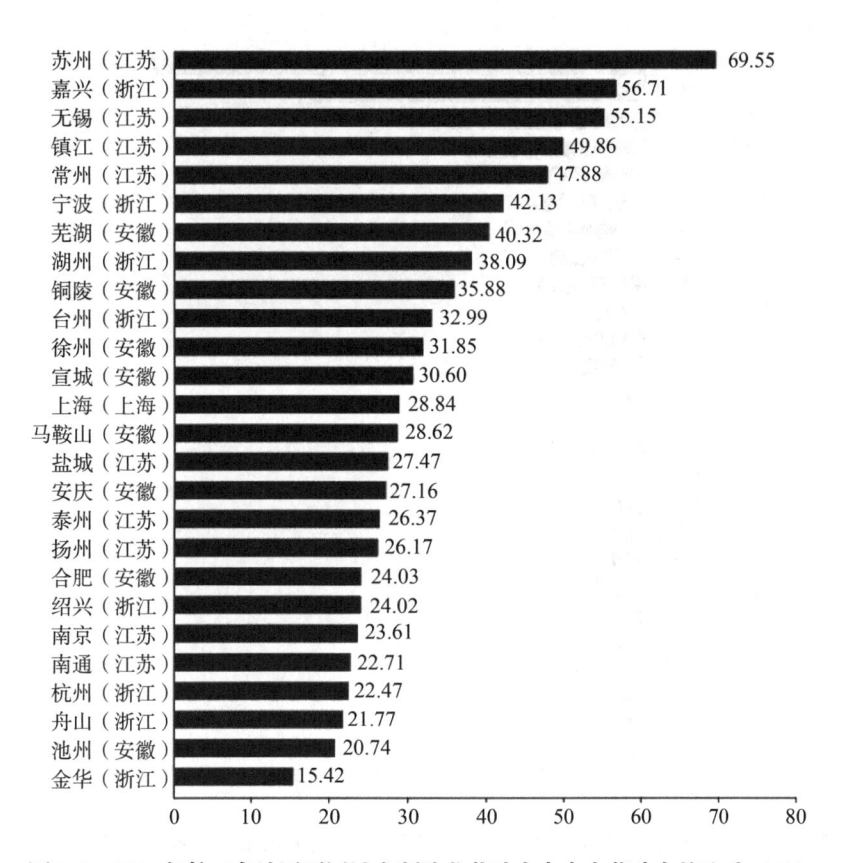

| 城市 | 比重 |
|---|---|
| 苏州（江苏） | 69.55 |
| 嘉兴（浙江） | 56.71 |
| 无锡（江苏） | 55.15 |
| 镇江（江苏） | 49.86 |
| 常州（江苏） | 47.88 |
| 宁波（浙江） | 42.13 |
| 芜湖（安徽） | 40.32 |
| 湖州（浙江） | 38.09 |
| 铜陵（安徽） | 35.88 |
| 台州（浙江） | 32.99 |
| 徐州（安徽） | 31.85 |
| 宣城（安徽） | 30.60 |
| 上海（上海） | 28.84 |
| 马鞍山（安徽） | 28.62 |
| 盐城（江苏） | 27.47 |
| 安庆（安徽） | 27.16 |
| 泰州（江苏） | 26.37 |
| 扬州（江苏） | 26.17 |
| 合肥（安徽） | 24.03 |
| 绍兴（浙江） | 24.02 |
| 南京（江苏） | 23.61 |
| 南通（江苏） | 22.71 |
| 杭州（浙江） | 22.47 |
| 舟山（浙江） | 21.77 |
| 池州（安徽） | 20.74 |
| 金华（浙江） | 15.42 |

图8.3 2016年长三角地区不同城市制造业劳动力占本市劳动力的比重（%）

资料来源：笔者根据《中国统计年鉴2017》、《中国城市统计年鉴2017》就业数据计算绘制。

动力占本市劳动力的比重位居浙江首位,高达 56.71%,其次为宁波,其占比为 42.13%,省会杭州只有 22.47%。安徽的劳动力在制造业分布相对较少,最高的芜湖为 40.32%,省会合肥只有 24.03%。

(二) 信息行业

如图 8.4 所示,在长三角地区 26 个城市中,南京信息行业劳动力占本市劳动力的比重最高,达到 29.21%;其次为杭州,占比为 19.77%;第三为上海,占比为 14.79%。另外,浙江舟山和安

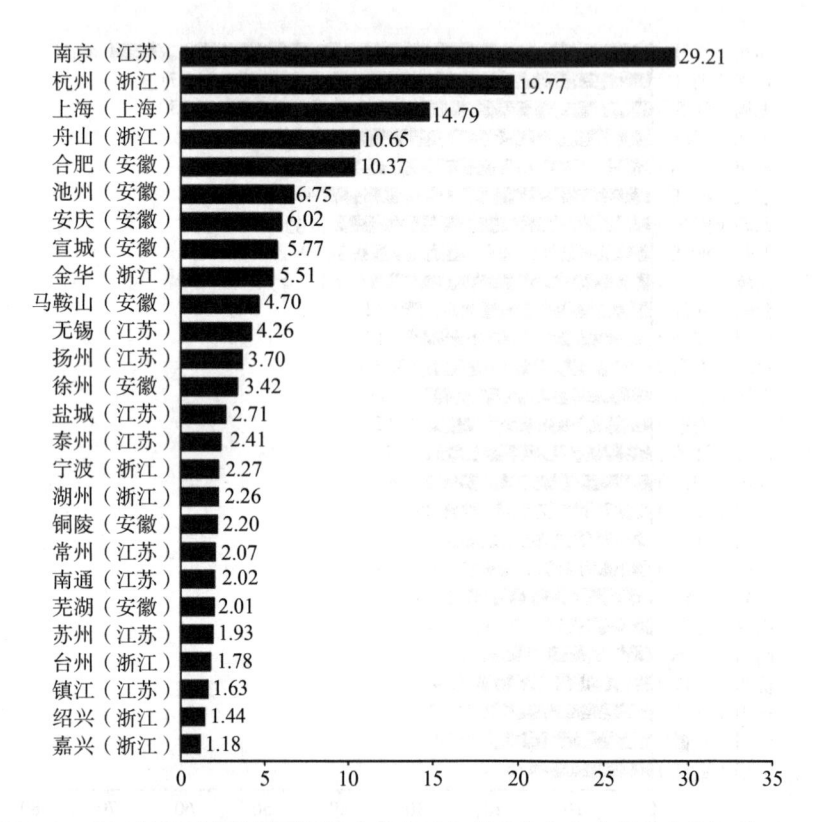

| 城市 | 比重 |
| --- | --- |
| 南京(江苏) | 29.21 |
| 杭州(浙江) | 19.77 |
| 上海(上海) | 14.79 |
| 舟山(浙江) | 10.65 |
| 合肥(安徽) | 10.37 |
| 池州(安徽) | 6.75 |
| 安庆(安徽) | 6.02 |
| 宣城(安徽) | 5.77 |
| 金华(浙江) | 5.51 |
| 马鞍山(安徽) | 4.70 |
| 无锡(江苏) | 4.26 |
| 扬州(江苏) | 3.70 |
| 徐州(安徽) | 3.42 |
| 盐城(江苏) | 2.71 |
| 泰州(江苏) | 2.41 |
| 宁波(浙江) | 2.27 |
| 湖州(浙江) | 2.26 |
| 铜陵(安徽) | 2.20 |
| 常州(江苏) | 2.07 |
| 南通(江苏) | 2.02 |
| 芜湖(安徽) | 2.01 |
| 苏州(江苏) | 1.93 |
| 台州(浙江) | 1.78 |
| 镇江(江苏) | 1.63 |
| 绍兴(浙江) | 1.44 |
| 嘉兴(浙江) | 1.18 |

**图 8.4　2016 年长三角地区不同城市信息行业劳动力占本市劳动力的比重(%)**

资料来源:笔者根据《中国统计年鉴 2017》、《中国城市统计年鉴 2017》就业数据计算绘制。

## 第八章 长三角地区数字经济的发展

徽合肥的占比也均超过了10%，其他城市则相对落后，但安徽有五个城市位列前十名。总体来说，各省以省会为信息行业的主要发展区域，但各省发展程度不尽相同。与上海、江苏和浙江相比，安徽起步较晚，还存在一定差距。

# 第九章

# 人才视角下的长三角地区数字化转型

## 第一节 数据基础

在区域一体化和数字化转型的大背景下，人才扮演着越来越重要的作用，成为推动技术创新、产业协同、城市共融、制度创新的重要驱动力，是数字经济发展的重要支撑和基础保障。本书第四章到第六章从整体层面分析了数字人才的现状、需求和流动，在此基础上探讨了传统产业数字化转型的基础和趋势。我们用同样的研究思路对长三角地区的数字化转型特点进行分析，从高水平人才和数字人才两个角度呈现长三角地区的人才现状和发展趋势。其中，高水平人才是指在整体劳动力中具备高学位、高技能的劳动力群体，本书选取了学士及以上学位的人才样本。数字人才是指具备ICT专业技能和ICT补充技能的人才。[①]

我们的人才研究样本来自领英人才数据库，截至2018年8月，领英人才数据库在中国拥有4300万用户，这些用户毕业于1.3万多所国内外院校，分布在39.3万家企业，拥有2.3万项技能，当

---

[①] 清华经管互联网发展与治理研究中心：《中国经济的数字化转型：人才与就业》，http://cidg.sem.tsinghua.edu.cn/details/achdetails.html?id=130。

# 第九章 人才视角下的长三角地区数字化转型

前有15.5万个开放职位招聘在领英中国网站上发布。领英大数据从多个维度提取人才特征进行用户画像,例如人才所属行业、就业公司类型、就业年限、教育背景、掌握的技能等。基于此全样本数据,我们分两步抽取了所需的人才样本。首先,我们从长三角地区的人才全样本中抽取约49.5万符合高水平人才定义的用户作为高水平人才样本;其次,我们从高水平人才样本中筛选出约11.8万符合数字人才定义的用户作为数字人才样本。因此,本书对数字人才样本的分析结果一定程度上能够反映高水平人才的数字化情况。

本章基于高水平人才和数字人才样本数据,分析了长三角地区高水平人才和数字人才的行业分布、教育背景等特征,并从行业分布、教育背景、技能特点和职位等级等多个维度分析人才的数字化程度。

## 第二节 高水平人才和数字人才的行业分布

如图9.1所示,从高水平人才和数字人才的行业分布情况来看,长三角地区的行业可以被分为三个梯队。第一梯队为ICT行业和制造行业,人才数量占比分别为22.92%、19.62%,是长三角地区的高水平人才优势行业。第二梯队包括公司服务行业、消费品行业、金融行业、医疗行业、教育行业、媒体行业,人才占比均低于10%,但高于4%,这些行业是长三角地区的高水平人才特色行业。第三梯队包括零售行业、旅游度假行业、娱乐行业、交通行业、能源矿产行业、房地产行业、设计行业、建筑行业、非营利行业、法律行业、保健行业等,人才占比为0.20%—2.11%,是长三角地区人才相对弱势的行业。第一梯队行业人才数量是第二梯队行业人才数量的2倍以上,是第三梯队行业人才数量的10倍以上。

与高水平人才相比,数字人才的行业排名和占比情况基本一

## 数字化转型:数字人才与中国数字经济发展

致,但在 ICT 行业和制造行业中数字人才占比更高,而在公司服务行业中的占比大大降低,表明 ICT 行业和制造行业的人才数字化转型程度更高,但在公司服务行业中人才的数字化转型程度偏低。

与长三角地区的劳动力数据相比,建筑行业的高水平人才占比急剧下滑,而 ICT 行业的高水平人才占比明显上升,这既体现了行业特征,也表明 ICT 行业对于人才质量的要求更高,贵精不贵多。制造行业依然保持了非常高的高水平人才和数字人才占比,表明长三角地区的制造行业走在了高水平人才驱动和数字化转型的前列。

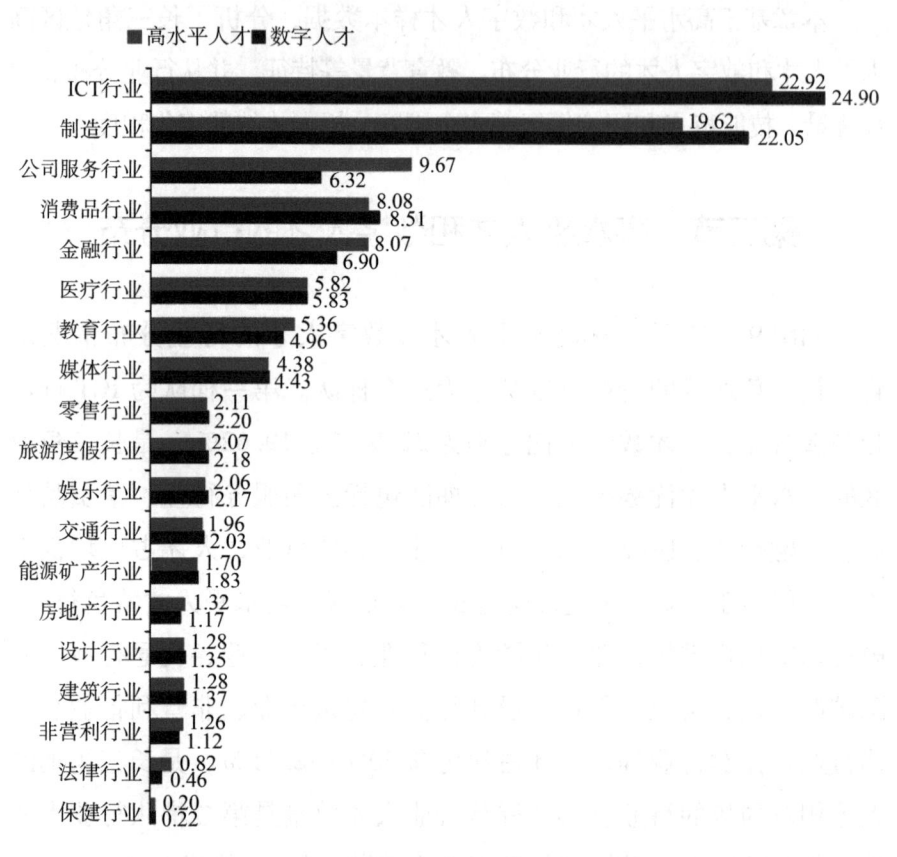

| 行业 | 高水平人才 | 数字人才 |
|---|---|---|
| ICT行业 | 22.92 | 24.90 |
| 制造行业 | 19.62 | 22.05 |
| 公司服务行业 | 9.67 | 6.32 |
| 消费品行业 | 8.08 | 8.51 |
| 金融行业 | 8.07 | 6.90 |
| 医疗行业 | 5.82 | 5.83 |
| 教育行业 | 5.36 | 4.96 |
| 媒体行业 | 4.38 | 4.43 |
| 零售行业 | 2.11 | 2.20 |
| 旅游度假行业 | 2.07 | 2.18 |
| 娱乐行业 | 2.06 | 2.17 |
| 交通行业 | 1.96 | 2.03 |
| 能源矿产行业 | 1.70 | 1.83 |
| 房地产行业 | 1.32 | 1.17 |
| 设计行业 | 1.28 | 1.35 |
| 建筑行业 | 1.28 | 1.37 |
| 非营利行业 | 1.26 | 1.12 |
| 法律行业 | 0.82 | 0.46 |
| 保健行业 | 0.20 | 0.22 |

图9.1 高水平人才和数字人才的行业分布情况(%)

资料来源:笔者根据领英人才数据库长三角地区高水平人才、数字人才数据计算绘制。

# 第九章 人才视角下的长三角地区数字化转型

结合高水平人才和数字人才的行业分布情况，我们进一步分析了长三角地区 19 个代表性行业高水平人才中数字人才所占比例，以分析行业人才的数字化程度（如图 9.2 所示）。结果显示，各行业人才的数字化程度有着非常明显的差异。长三角地区高水平人才整体的数字化程度为 20.47%，除了公司服务行业、金融行业、教育行业、房地产行业、非营利行业和法律行业，其他行业中人才的数字化程度均高于整体水平。在两大优势主导行业中，ICT 行业和制造行业都具有较高的数字化程度。而在特色行业中，人才的数字化转型程度不一，尤以公司服务行业中人才的数字化转型程度最低，仅为 13.37%，金融行业和教育行业也有待提高。

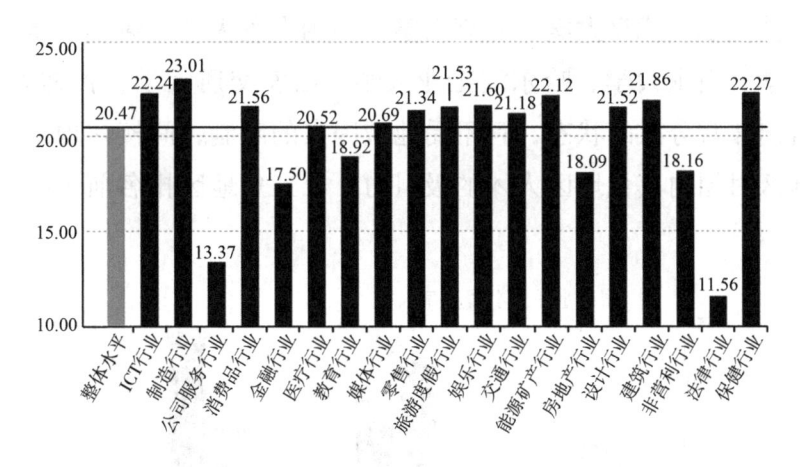

**图 9.2　长三角地区不同行业的人才数字化程度（%）**

资料来源：笔者根据领英人才数据库长三角地区高水平人才、数字人才数据计算绘制。

## 第三节　高水平人才和数字人才的教育背景

### 一　毕业学校

在长三角地区的高水平人才中，26.91% 的人才毕业于国际及

113

**数字化转型：数字人才与中国数字经济发展**

港澳台大学，43.39%的人才毕业于国内其他地区的大学，29.70%的人才毕业于长三角地区的大学，如图9.3所示。从比例来看，毕业学校的分布比较合理，来源富有多样性，且具备国际及港澳台教育背景的人才占较高比例，接近30%。我们进一步分析了三大来源下各自排名前十的大学。国际及港澳台排名前十位的大学包括香港大学、曼彻斯特大学、利物浦大学、伦敦大学、香港中文大学、诺丁汉大学、伦敦政治经济学院、谢菲尔德大学、南安普顿大学、利兹大学，从这10所大学毕业的人才数量占该分类下人才数量的12.74%。从人才数量上看，长三角地区人才的国际及港澳台大学来源是相对分散且均匀的。国内其他地区排名前十位的大学包括华中科技大学、武汉大学、北京大学、中国人民大学、清华大学、厦门大学、山东大学、哈尔滨工业大学、西安交通大学、吉林大学，呈现出非常分散的状态，且不受地域因素的限制，间接体现出长三角地区对国内其他地区人才的吸引力。长三角地区排名前十的大学

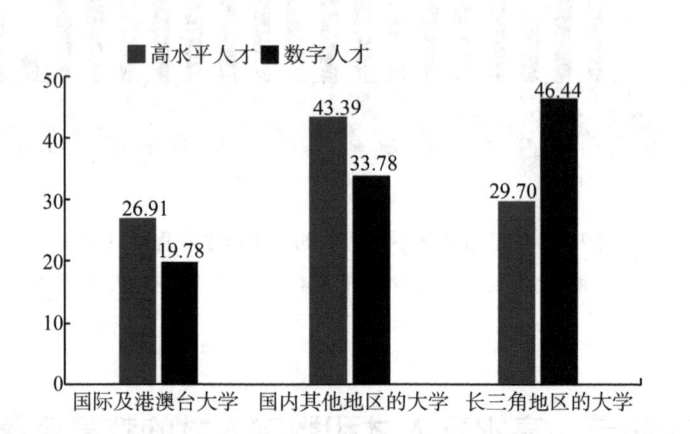

**图9.3 高水平人才和数字人才的毕业学校分布（%）**

资料来源：笔者根据领英人才数据库长三角地区高水平人才、数字人才数据计算绘制。

## 第九章 人才视角下的长三角地区数字化转型

包括上海交通大学、复旦大学、同济大学、浙江大学、南京大学、华东理工大学、上海大学、上海财经大学、华东师范大学、上海外国语大学,毕业于这十所大学的人才占长三角地区的大学毕业人才总数量的49.33%,从大学所在城市和数量两方面都表明长三角地区人才的本地毕业学校分布是非常集中的。

### 二 学位

如图9.4所示,在高水平人才中,65.17%的人才具有学士学位,31.50%的人才具有硕士学位,3.33%的人才具有博士学位,总体来说学位分布结构比较合理,但高学位人才分布相对较少。与高水平人才相比,数字人才具有更高比例的硕士学位,但是博士学位的比例较低。

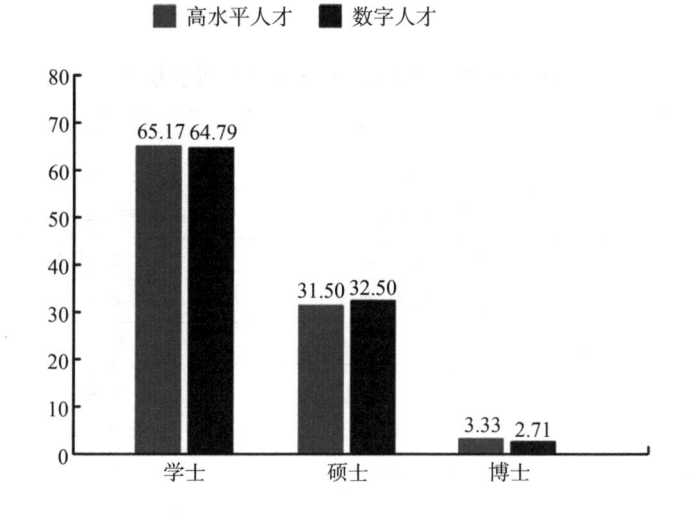

图9.4 高水平人才和数字人才的学位分布(%)

资料来源:笔者根据领英人才数据库长三角地区高水平人才、数字人才数据计算绘制。

### 三 所学专业

从人才专业的维度，我们分析了高水平人才和数字人才排名前十的所学专业，如表9.1所示。在高水平人才中，人文类专业的数量和排名较高，其中工商管理专业和英语语言文学专业的排名更是分别列为第一位和第三位，表明人文类专业在长三角地区有较好的就业环境。值得注意的是，计算机科学专业的排名也非常高，位列第二，这意味着ICT行业的发展具有较好的人才专业基础。另外，电气和电子工程、金融、经济、工业工程等不同领域的专业均进入前十名，表明长三角地区的行业发展呈现着多样化态势，从而产生对高水平人才的多样化需求。相比之下，数字人才的所学专业则更倾向于与技术相关或是工业机械相关的专业，人文类专业的排名明显降低，更进一步体现出ICT行业和制造行业的数字化转型程度。

**表9.1　高水平人才和数字人才排名前十的所学专业**

| 排名 | 高水平人才所学专业 | 数字人才所学专业 |
| --- | --- | --- |
| 1 | 工商管理 | 计算机科学 |
| 2 | 计算机科学 | 电气和电子工程 |
| 3 | 英语语言文学 | 工商管理 |
| 4 | 电气和电子工程 | 机械工程 |
| 5 | 金融 | 软件工程 |
| 6 | 经济 | 视觉艺术 |
| 7 | 工业工程 | 英语语言文学 |
| 8 | 市场营销 | 信息科学 |
| 9 | 国际商务 | 电气、电子和通信工程 |
| 10 | 会计 | 金融 |

资料来源：笔者根据领英人才数据库长三角地区高水平人才、数字人才数据计算绘制。

第九章 人才视角下的长三角地区数字化转型

## 第四节 高水平人才和数字人才的技能特点和职位等级

### 一 技能特点

技能是衡量和评价人才的关键元素，分析人才所具备的技能能够更清晰地展示出长三角地区所具备的技能优势和产业优势。从领英人才数据库高水平人才样本中，我们提取了所有的人才技能并加以分析。如表9.2所示，在排名前十的技能中，软实力型人才技能在长三角地区排名较高，包括管理、领导力等。另外，按照人才技能的职能划分，[①] 战略管理类人才技能中排名较高的是战略规划，产品研发类人才技能排名较高的是项目管理，运营类人才技能排名较高的则是客户服务。此外，人才增值类技能排名也进入前十，英语是其中一种，这意味着长三角地区的对外开放程度日益提高，与海外联系变得日益紧密。与高水平人才相比，在数字人才的前十项技能中，人才的软实力型技能和各层级的职能技能依然占据较高排名。不同的是，一些ICT专业型技能和ICT融合型技能排名进入了前十名，如Java、制造。

表9.2　　高水平人才和数字人才排名前十的技能

| 排名 | 高水平人才技能 | 数字人才技能 |
| --- | --- | --- |
| 1 | Office 软件 | 项目管理 |
| 2 | 管理 | 管理 |
| 3 | 项目管理 | Office 软件 |

---

[①] 清华经管互联网发展与治理研究中心：《中国经济的数字化转型：人才与就业》，http://cidg.sem.tsinghua.edu.cn/details/achdetails.html?id=130。

续表

| 排名 | 高水平人才技能 | 数字人才技能 |
|---|---|---|
| 4 | 客户服务 | 领导力 |
| 5 | 领导力 | 客户服务 |
| 6 | 战略规划 | 项目开发 |
| 7 | 商业拓展 | 制造 |
| 8 | 谈判 | 工程 |
| 9 | 营销 | 战略规划 |
| 10 | 英语 | Java |

资料来源：笔者根据领英人才数据库长三角地区高水平人才、数字人才数据计算绘制。

  不同行业对于人才技能存在不同的需求，分析行业人才技能有助于了解长三角地区在各行业的发展情况。如表9.3所示，我们选择了七个代表性行业来分析长三角地区的人才技能，发现不同行业的人才技能分排名有两点不同。第一，某些行业对通用型人才技能的需求更高。例如，在消费品行业中，对人才营销技能的需求明显高于其他行业水平。在公司服务行业和金融行业中，研究技能排名均进入前十，意味着科研创新在这两类行业中均处于非常重要的地位。第二，各行业均拥有一些特定的行业技能。例如，公司服务行业的招聘和人力资源、金融行业的金融分析和金融建模、计算机网络与硬件行业的基础硬件技能（如半导体）和底层开发技能（如C语言）、医疗行业的制药工业和生物技术、制造行业的制造和工程、软件与IT服务行业的面向对象编程技能（如Java和Python）。可见，长三角地区各个行业既有共同的人才技能基础，又有各自的人才技能特点。

## 第九章 人才视角下的长三角地区数字化转型

表 9.3　　　　　主要行业的人才技能排名

| 排名 | 消费品行业 | 公司服务行业 | 金融行业 | 计算机网络与硬件行业 | 医疗行业 | 制造行业 | 软件与IT服务行业 |
|---|---|---|---|---|---|---|---|
| 1 | 管理 | 管理 | Microsoft | 项目管理 | 项目管理 | 项目管理 | 项目管理 |
| 2 | 项目管理 | Microsoft | 金融分析 | 管理 | 管理 | 管理 | 管理 |
| 3 | Microsoft | 项目管理 | 管理 | Linux | Microsoft | 制造 | Java |
| 4 | 营销 | 招聘 | 项目管理 | C | 制药工业 | 产品开发 | Microsoft |
| 5 | 营销战略 | 领导力 | 数据分析 | C++ | 跨职能领导力 | Microsoft | Linux |
| 6 | 商业战略 | 商业战略 | 领导力 | 半导体 | 领导力 | 商业开发 | 软件开发 |
| 7 | 领导力 | 商业开发 | 金融建模 | 通讯 | 战略 | 工程 | 领导力 |
| 8 | 产品开发 | 人力资源 | 研究 | 嵌入式系统 | 商业开发 | 持续改进 | C++ |
| 9 | 商业开发 | 英语 | 英语 | Microsoft | 生物技术 | 商业战略 | Python |
| 10 | 客户服务 | 研究 | 客户服务 | 软件开发 | 战略规划 | 谈判 | SQL |

资料来源：笔者根据领英人才数据库长三角地区高水平人才、数字人才数据计算绘制。

我们进一步分析了长三角地区人才所具备的数字技能，如表9.4所示。在不同行业中，人才所掌握的数字技能大体可分为三类：（1）信息系统技能，如 ERP、SAP 等；（2）编程和软件开发技能，如 C++、C、Java、Python、VBA 等；（3）商业数据分析技能，如商务智能、云计算等。这些数字技能在各行业人才技能中的原始排名存在非常大的差别，一定程度上可以体现出各行业对数字技能和数字人才的依赖程度。除了计算机网络与硬件行业、软件与IT服务行业外，数字技能排名最高的行业是金融行业，最高排名达到第26名，其他行业的数字技能最高排名则大约为第40名左右。这个结果表明，金融行业对数字技能具有非常高的依赖性，但通过行业分析我们发现金融行业的数字人才集中度却是比较低的；其次为制造行业，数字技能的总体排名较高，与制造行业非常高的数字人才集中度相符。

表9.4　　　　　　　　　主要行业的数字技能排名

| 排名 | 消费品行业 | 公司服务行业 | 金融行业 | 计算机网络与硬件行业 | 医疗行业 | 制造行业 | 软件与IT服务行业 |
|---|---|---|---|---|---|---|---|
| 1 | SAP产品 | 商业分析 | 商业分析 | Linux | SAP产品 | SAP产品 | Java |
| 2 | 商业分析 | SQL | SQL | C | 商业分析 | 测试 | Linux |
| 3 | ERP | SAP产品 | Java | C++ | 测试 | 商业分析 | 软件开发 |
| 4 | C++ | 商业智能 | Python | 嵌入式系统 | C++ | C++ | C++ |
| 5 | 测试 | Python | C++ | 软件开发 | ERP | ERP | Python |
| 6 | C | Java | VBA | 测试 | 商业智能 | C | SQL |
| 7 | 商业智能 | C++ | Linux | Python | 软件开发 | 软件开发 | JavaScript |
| 8 | 软件开发 | ERP | 软件开发 | Java | Python | 集成 | 敏捷方法 |
| 9 | Java | VBA | JavaScript | 云计算 | SQL | 嵌入式系统 | C |
| 10 | Linux | Windows | C | TCP/IP | 集成 | Python | 商业分析 |

资料来源：笔者根据领英人才数据库长三角地区高水平人才、数字人才数据计算绘制。

## 二　职位等级

如图9.5所示，长三角地区高水平人才的职位分布总体比较均衡，有41.43%的人才处于初级职位，32.46%的人才处于高级专业职位，12.99%的人才处于经理职位，13.12%的人才处于总监及以上职位。与之相比，数字人才在高等级职位上占比较低，大部分处于初级职位，这表明长三角地区的数字人才依然存在较大转型空间，尤其是在高等级职位上的转型还不够深。

第九章　人才视角下的长三角地区数字化转型

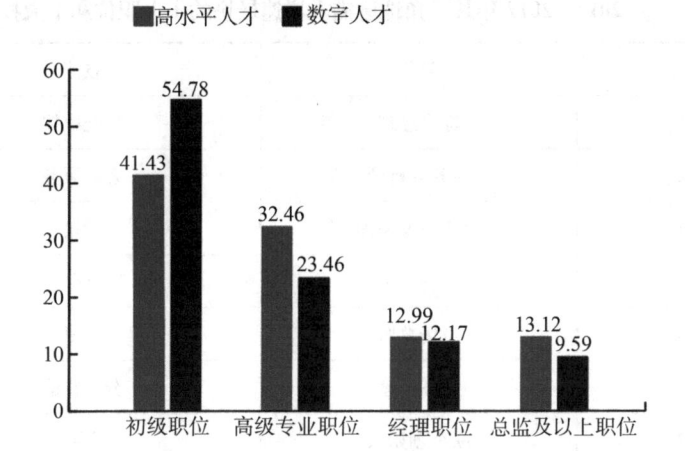

图9.5　高水平人才和数字人才的职位等级分布（%）

资料来源：笔者根据领英人才数据库长三角地区高水平人才、数字人才数据计算绘制。

## 第五节　长三角地区的职位和人才技能需求情况

表9.5展示了长三角地区2014—2017年需求增速最快的十大职位和十大人才技能，这十大职位主要涉及客户服务、营销、财务、产品、运营等专业领域，且都属于中高层职位，表明长三角地区的产业发展正在向专业化、成熟化转变。与之相匹配，传统的专业人才技能需求（如营销、客户服务）依然保持较高的增速。除此之外，还有三类技能需求也保持较快增速。第一类是人才的软实力技能，比如领导力。第二类是人才的增值技能，比如语言技能（英语）。第三类是数字人才技能，比如社交媒体、分析类技能。

表 9.5　　2014—2017 年长三角地区需求增速最快的十大职位和十大技能

| 排名 | 职位 | 技能 |
| --- | --- | --- |
| 1 | 客户经理 | 社交媒体 |
| 2 | 商务分析师 | 客户服务 |
| 3 | 业务拓展经理 | 营销 |
| 4 | 市场经理 | 数据分析 |
| 5 | 市场总监 | 英语 |
| 6 | 财务经理 | 分析技能 |
| 7 | 联合创始人 | 领导力 |
| 8 | 产品经理 | 领导 |
| 9 | 项目经理 | 营销战略 |
| 10 | 运营总监 | 市场调查 |

资料来源：笔者根据领英人才数据库长三角地区高水平人才数据计算绘制。

我们进一步统计了不同行业中需求强度[①]最高的十大职位，以分析职位对行业的驱动作用，如表 9.6 所示。结果显示，产品经理、项目经理、销售经理和客户经理这四种职位在金融行业、计算机网络与硬件行业、制造行业、软件与 IT 服务行业的需求职位中都占据着核心地位，分别对应产品或服务的不同阶段。其他存在比较广泛的职位包括市场经理和销售员。另外，每个行业都需求各自的独特职位，体现出了各个行业的特色和不同之处。

---

① 职位需求强度的计算方法：招聘中的该职位数量/就职中的该职位数量。

# 第九章 人才视角下的长三角地区数字化转型

表 9.6　　2014—2017 年主要行业中需求强度最高的十大职位

| 排名 | 消费品行业 | 公司服务行业 | 金融行业 | 计算机网络与硬件行业 | 医疗行业 | 制造行业 | 软件与IT服务行业 |
|---|---|---|---|---|---|---|---|
| 1 | 人力资源经理 | 猎头顾问 | 销售经理 | 算法工程师 | 人力资源业务合作伙伴 | 应用工程师 | 算法工程师 |
| 2 | 销售经理 | 招聘顾问 | 数据分析师 | 研发工程师 | 市场总监 | 销售工程师 | 数据分析师 |
| 3 | 项目经理 | 研究分析师 | 软件工程师 | 测试工程师 | 临床研究助理 | 客户经理 | 前端开发人员 |
| 4 | 总经理 | 招聘专员 | 投资经理 | 销售经理 | 项目经理 | 项目经理 | 业务拓展经理 |
| 5 | 产品经理 | 商业分析师 | 客户经理 | 验证工程师 | 医药代表 | 软件工程师 | 项目经理 |
| 6 | 销售员 | 客户经理 | 投资分析师 | 应用工程师 | 市场经理 | 业务拓展经理 | 销售经理 |
| 7 | 市场经理 | 项目经理 | 产品经理 | 客户经理 | 销售员 | 产品经理 | 客户经理 |
| 8 | 销售助理 | 业务拓展经理 | 出纳员 | 软件工程师 | 产品经理 | 总经理 | 产品经理 |
| 9 | 品牌经理 | 审计员 | 项目经理 | 项目经理 | 业务拓展经理 | 销售经理 | 软件工程师 |
| 10 | 业务跟单员 | 审计助理 | 经理助理 | 产品经理 | 销售经理 | 销售员 | Java 软件工程师 |

资料来源：笔者根据领英长三角地区高水平人才数据计算绘制。

# 第十章

# 长三角地区重点城市的高水平
# 人才和数字人才现状

除了整体情况之外,长三角地区各个城市也各有发展特色,我们选择了九个代表性城市来分析长三角地区的高水平人才和数字人才现状及产业数字化转型的人才优劣势。

## 第一节 上海市的高水平人才和数字人才现状

### 一 行业分布

上海市的人才行业分布如图10.1所示,高水平人才从事的第一梯队行业为ICT行业和制造行业,高水平人才占比分别为21.31%和18.25%;公司服务行业、金融行业、消费品行业、医疗行业、媒体行业、教育行业处于第二梯队,且高水平人才占比均超过4%;其他行业的高水平人才占比则为2%左右。总体来说,虽然上海市的人才行业分布与长三角地区比较类似,但是行业之间的高水平人才占比差别更小,各行业的发展呈现出更均匀的态势。

与高水平人才相比,上海市数字人才的行业排名大体类似,只

## 第十章 长三角地区重点城市的高水平人才和数字人才现状

是在分布上更为集中。ICT 行业与制造行业是吸纳数字人才的两个主要行业，总占比达到了全部数字人才的 53.67%，大大超过了高水平人才的 39.56%。从整体结构上来看，上海市数字人才的分布行业中第二梯队和第三梯队的界限变得更加模糊。除了 ICT 行业与制造行业之外，其他 17 个行业的数字人才占比在整体上呈现比较均匀的分布形式，且最高的数字人才占比也只达到了 6.41%。

■高水平人才 ■数字人才

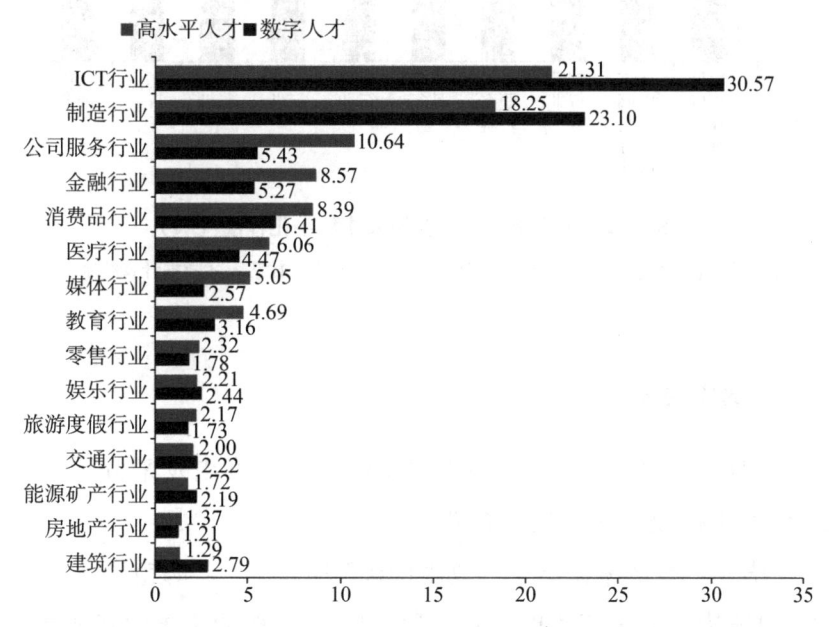

| 行业 | 高水平人才 | 数字人才 |
|---|---|---|
| ICT行业 | 21.31 | 30.57 |
| 制造行业 | 18.25 | 23.10 |
| 公司服务行业 | 10.64 | 5.43 |
| 金融行业 | 8.57 | 5.27 |
| 消费品行业 | 8.39 | 6.41 |
| 医疗行业 | 6.06 | 4.47 |
| 媒体行业 | 5.05 | 2.57 |
| 教育行业 | 4.69 | 3.16 |
| 零售行业 | 2.32 | 1.78 |
| 娱乐行业 | 2.21 | 2.44 |
| 旅游度假行业 | 2.17 | 1.73 |
| 交通行业 | 2.00 | 2.22 |
| 能源矿产行业 | 1.72 | 2.19 |
| 房地产行业 | 1.37 | 1.21 |
| 建筑行业 | 1.29 | 2.79 |

**图 10.1　上海市高水平人才和数字人才的行业分布情况（%）**

资料来源：笔者根据领英人才数据库上海市高水平人才、数字人才数据计算绘制。

我们进一步分析了上海市主要行业中数字人才在高水平人才中的占比，以刻画人才的数字化转型程度，如图 10.2 所示。与图 10.1 展示的结果相一致，上海市人才数字化程度较高的主要行业是 ICT 行业和制造行业，其他行业与这两大龙头行业相比存在明显的差距。从人才的角度来看，上海的数字经济发展是以龙头行业为优先目标，

**数字化转型：数字人才与中国数字经济发展**

再以龙头行业带动其他特色行业和劣势行业的数字化发展和转型。

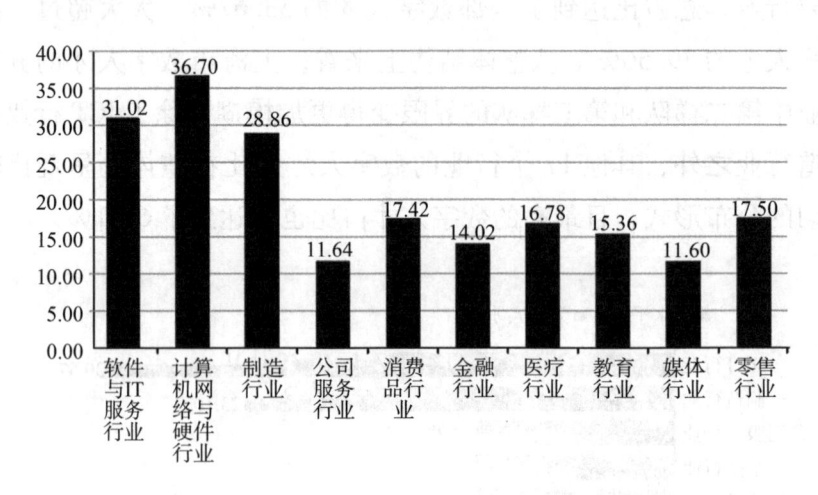

**图10.2 上海市主要行业的人才数字化程度（%）**

| 行业 | 百分比 |
| --- | --- |
| 软件与IT服务行业 | 31.02 |
| 计算机网络与硬件行业 | 36.70 |
| 制造行业 | 28.86 |
| 公司服务业 | 11.64 |
| 消费品行业 | 17.42 |
| 金融行业 | 14.02 |
| 医疗行业 | 16.78 |
| 教育行业 | 15.36 |
| 媒体行业 | 11.60 |
| 零售行业 | 17.50 |

资料来源：笔者根据领英人才数据库上海市高水平人才、数字人才数据计算绘制。

## 二 教育背景

我们从毕业学校、学位和所学专业三个维度出发来分析上海市高水平人才和数字人才的教育背景。

在毕业学校的来源方面（如图10.3所示），上海市高水平人才中26.74%毕业于长三角地区的大学，41.21%毕业于国内其他地区的大学，32.05%则拥有国际及港澳台大学的教育背景。高水平人才毕业学校来源排名前十的国际及港澳台大学均为泛英式大学，人才数量占比为12.89%；国内其他地区的大学分布在全国各地，不受地域的限制；长三角地区的大学均位于上海市，这也体现出上海市的教育水平。与之相比，数字人才毕业于长三角地区的大学的占比更高，达到45.27%，其他两类大学来源的数字人才占比则较低，表明上海市的数字人才来源偏向于长三角地区，从外界吸收的数字人才较少。

## 第十章 长三角地区重点城市的高水平人才和数字人才现状

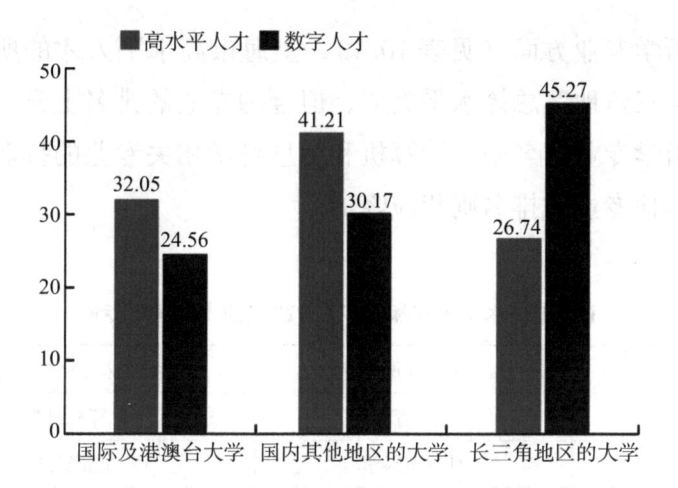

**图 10.3　上海市高水平人才和数字人才的毕业学校分布情况（%）**

资料来源：笔者根据领英人才数据库上海市高水平人才、数字人才数据计算绘制。

在学位分布上（如图 10.4 所示），上海市的高水平人才学位结构与长三角地区水平接近，硕士学位人才占比略高一些，而博士学位人才占比略低一些。与高水平人才相比，上海市的数字人才学位分布在硕士层次更加突出，但在学士和博士层次相对较低。

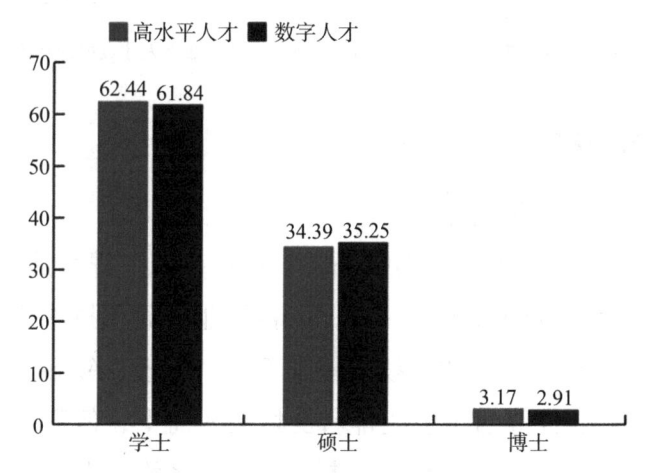

**图 10.4　上海市高水平人才和数字人才的学位分布情况（%）**

资料来源：笔者根据领英人才数据库上海市高水平人才、数字人才数据计算绘制。

在所学专业方面（见表10.1），上海市高水平人才的所学专业排名与长三角地区总体水平类似，但金融专业的排名上升。在数字人才的所学专业排名中，计算机和信息科学相关专业的排名都有所上升，其他专业的排名则相应降低。

表10.1 上海市高水平人才和数字人才排名前十的所学专业

| 排名 | 高水平人才所学专业 | 数字人才所学专业 |
| --- | --- | --- |
| 1 | 工商管理 | 计算机科学 |
| 2 | 计算机科学 | 工商管理 |
| 3 | 金融 | 电气和电子工程 |
| 4 | 电气和电子工程 | 机械工程 |
| 5 | 英语语言文学 | 计算机软件工程 |
| 6 | 经济学 | 视觉艺术 |
| 7 | 市场营销 | 英语语言文学 |
| 8 | 机械工程 | 信息科学 |
| 9 | 会计 | 金融 |
| 10 | 国际商务 | 经济学 |

资料来源：笔者根据领英人才数据库上海市高水平人才、数字人才数据计算绘制。

### 三 技能特点

（一）整体技能特点

表10.2展示了上海市高水平人才和数字人才排名前十的技能，与长三角地区整体情况基本一致，以各行业的通用技能为主。数字人才的技能与高水平人才的技能差别不大，管理、领导力等软实力技能和Office软件等通用技能排名也均进入前十，但数字人才的专业性技能排名更高，如工程学、制造技能排名均进入前十。

# 第十章　长三角地区重点城市的高水平人才和数字人才现状

表 10.2　　上海市高水平人才和数字人才排名前十的技能

| 排名 | 高水平人才技能 | 数字人才技能 |
| --- | --- | --- |
| 1 | Office 软件 | 项目管理 |
| 2 | 管理 | 管理 |
| 3 | 项目管理 | Office 软件 |
| 4 | 客户服务 | 领导力 |
| 5 | 领导力 | 客户服务 |
| 6 | 商业开发 | 项目开发 |
| 7 | 战略规划 | 商务拓展 |
| 8 | 市场营销 | 工程学 |
| 9 | 商业策略 | 制造 |
| 10 | 英语 | 战略规划 |

资料来源：笔者根据领英人才数据库上海市高水平人才、数字人才数据计算绘制。

（二）细分行业技能特点

我们选取消费品行业、公司服务行业、金融行业、制造行业和软件与 IT 服务行业，进一步对比分析了上海市高水平人才和数字人才在不同细分行业的技能特点。

表 10.3 展示了不同细分行业高水平人才排名前十的技能。在五个细分行业中，排名前十的人才技能都含有管理、Office 软件等通用技能，不同细分行业对于专业性人才技能的需求各有侧重。消费品行业需要较多与营销、市场研究相关的人才技能；公司服务行业更关注人才招聘与管理相关的人才技能；金融行业更加注重金融数据分析相关的专业人才技能；制造行业的人才则需要更多的制造和工程技能背景；而软件与 IT 服务行业的人才则需要具有更多计算机语言和软件开发相关的专业技能。

**数字化转型：数字人才与中国数字经济发展**

表10.3　　上海市五大细分行业高水平人才排名前十的技能

| 排名 | 消费品行业 | 公司服务行业 | 金融行业 | 制造行业 | 软件与IT服务行业 |
| --- | --- | --- | --- | --- | --- |
| 1 | 管理 | 管理 | Microsoft | 项目管理 | 项目管理 |
| 2 | 项目管理 | Microsoft | 金融分析 | 管理 | 管理 |
| 3 | 市场营销 | 项目管理 | 管理 | 产品开发 | Microsoft |
| 4 | Microsoft | 招聘 | 项目管理 | Microsoft | Java |
| 5 | 营销策略 | 领导力 | 数据分析 | 制造 | 软件开发 |
| 6 | 商业策略 | 商业策略 | 金融建模 | 商业开发 | Linux |
| 7 | 领导力 | 商业开发 | 领导力 | 商业策略 | 领导力 |
| 8 | 商业开发 | 人力资源 | 研究 | 工程学 | 商业开发 |
| 9 | 市场调研 | 英语 | 商业策略 | 领导力 | SQL |
| 10 | 产品开发 | 研究 | 英语 | 谈判 | C++ |

资料来源：笔者根据领英人才数据库上海市高水平人才数据计算绘制。

表10.4展示了不同细分行业数字人才排名前十的技能。与高水平人才相比，数字人才更加重视产品开发、数据分析、商业建模等数字技能。但是，不同细分行业对通用技能和行业专业技能的要求仍然很高，这体现了数字人才既需要具备ICT专业技能，也需要有行业深耕经验。

表10.4　　上海市五大细分行业数字人才排名前十的技能

| 排名 | 消费品行业 | 公司服务行业 | 金融行业 | 制造行业 | 软件与IT服务行业 |
| --- | --- | --- | --- | --- | --- |
| 1 | SAP软件 | 商业分析 | 商业分析 | SAP软件 | Java |
| 2 | 商业分析 | SQL | SQL | 测试 | 软件开发 |
| 3 | ERP | SAP软件 | Java | 商业分析 | Linux |

## 第十章 长三角地区重点城市的高水平人才和数字人才现状

续表

| 排名 | 消费品行业 | 公司服务行业 | 金融行业 | 制造行业 | 软件与IT服务行业 |
|---|---|---|---|---|---|
| 4 | C++ | 商业智能 | Python | ERP | SQL |
| 5 | 商业智能 | Python | C++ | C++ | C++ |
| 6 | SAP | Java | VBA | C | Python |
| 7 | Windows | C++ | 软件开发 | 软件开发 | JavaScript |
| 8 | 测试 | ERP | Linux | 集成 | 敏捷开发法 |
| 9 | SQL | VBA | JavaScript | 软件开发 | 商业分析 |
| 10 | Python | Windows | C | SAP | 云计算 |

资料来源：笔者根据领英人才数据库上海市高水平人才数据计算绘制。

### 四 职位等级

上海市高水平人才的职位等级分布与长三角地区整体水平类似，但总监及以上职位的人才占比略高，人才职位等级结构更加均衡（如图10.5所示）。与高水平人才相比，上海市的数字人才比

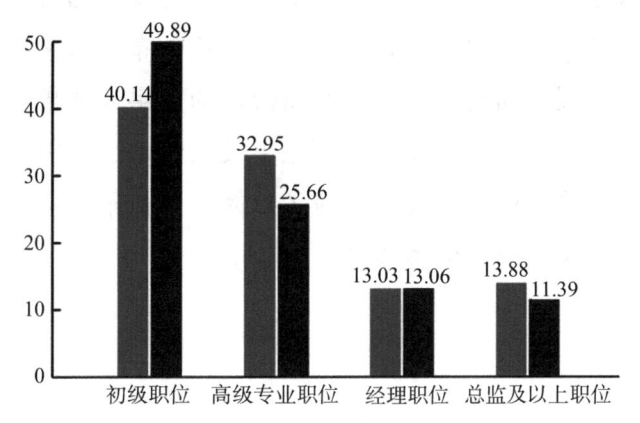

图10.5 上海市高水平人才与数字人才的职位等级分布情况（%）

资料来源：笔者根据领英人才数据库上海市高水平人才、数字人才数据计算绘制。

131

较集中地分布在初级职位,高级专业职位与总监及以上职位的人才占比均低于高水平人才,经理职位的人才占比相差不大。

### 五 上海市的人才优劣势分析

我们选择了十个主要行业(软件与IT服务行业、计算机网络与硬件行业、制造行业、公司服务行业、消费品行业、金融行业、医疗行业、教育行业、媒体行业和零售行业),分别从高水平人才和数字人才的角度分析上海市在长三角地区的行业优劣势,并引入人才集中度的概念来刻画人才优劣势。人才集中度表示某城市不同行业人才占比与长三角地区对应行业人才占比的比值。[1] 以上海市为例,某行业人才集中度等于1表示上海市在该行业的人才占比与长三角地区整体水平相当,大于1表示与长三角地区整体水平相比上海市在该行业存在人才优势,小于1表示与长三角地区整体水平相比上海市在该行业存在人才劣势。

图10.6和图10.7分别展示了上海市十大行业高水平人才集中度和数字人才集中度。十大行业的高水平人才集中度都接近1,意味着上海市与长三角地区的高水平人才行业分布非常接近,表明上海市的行业发展全面且均衡。而不同行业的数字人才集中度存在较大差别,上海市在ICT行业具有领先于长三角地区整体水平的人才集中度,在制造行业则与长三角地区整体水平持平,但在其他特色行业普遍低于长三角地区整体水平。

---

[1] 上海市高水平人才集中度=上海市某行业高水平人才占比/长三角地区某行业高水平人才占比,上海市数字人才集中度=上海市某行业数字人才占比/长三角地区某行业数字人才占比。

# 第十章 长三角地区重点城市的高水平人才和数字人才现状

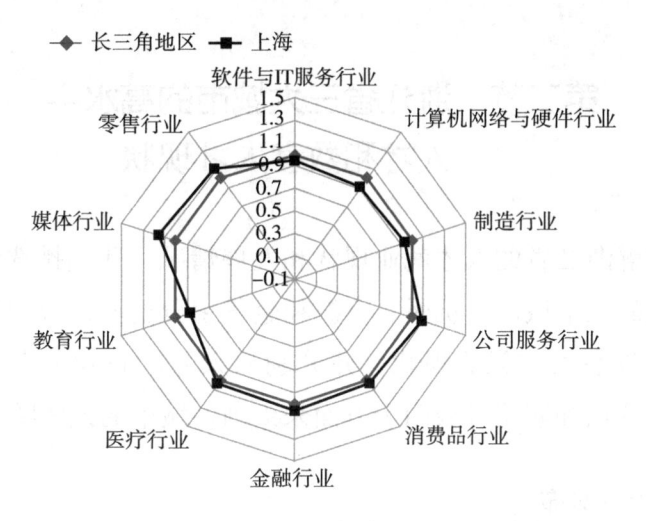

**图 10.6 上海市不同行业高水平人才集中度**

资料来源：笔者根据领英人才数据库长三角地区高水平人才数据计算绘制。

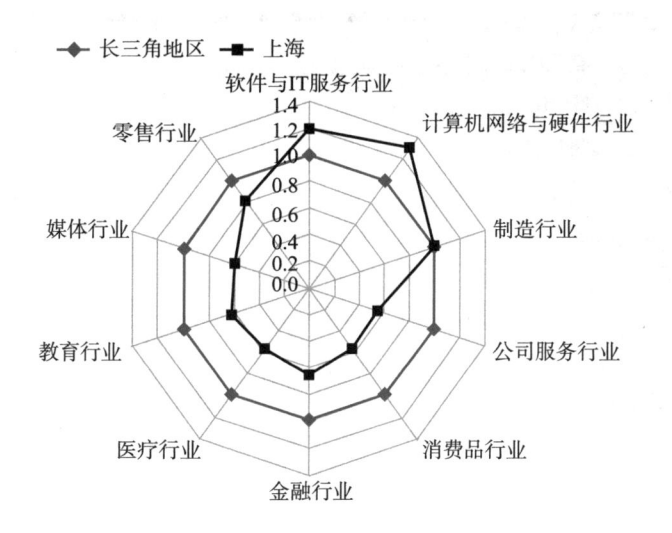

**图 10.7 上海市不同行业数字人才集中度**

资料来源：笔者根据领英人才数据库长三角地区高水平人才数据计算绘制。

## 第二节 浙江省三大城市的高水平
## 人才和数字人才现状

为了解浙江省的人才就业现状和发展情况，我们挑选浙江省具有代表性的三个城市：杭州、宁波和金华来分析不同级别城市高水平人才和数字人才就业现状，并分别从人才的行业分布、教育背景、技能特点和职位等级四个方面来刻画各城市的人才图景。

### 一 行业分布

如图 10.8 所示，浙江省三大城市的高水平人才主要分布在 ICT

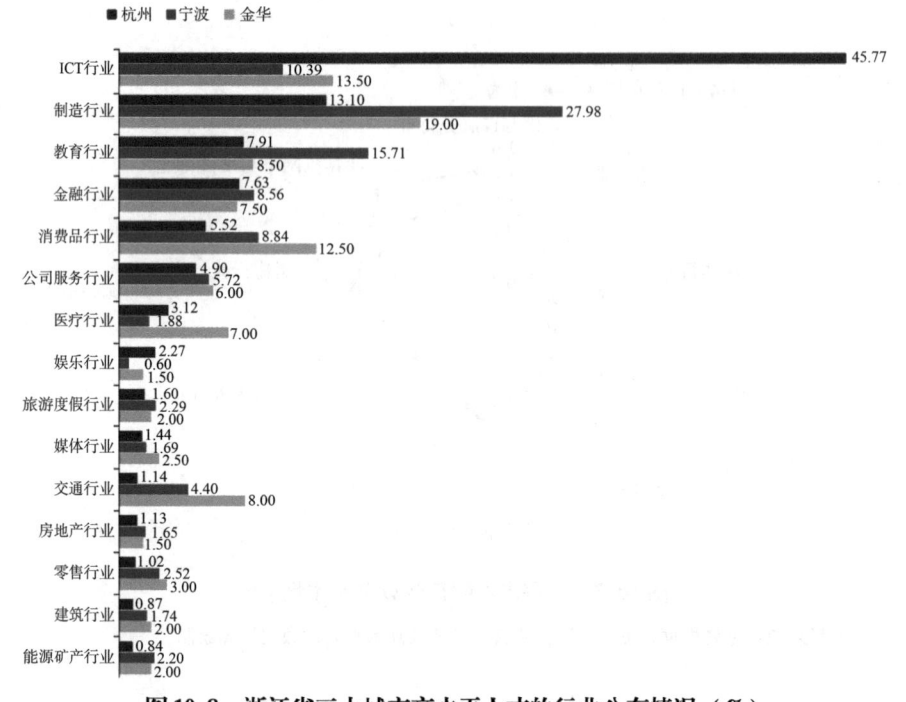

| 行业 | 杭州 | 宁波 | 金华 |
| --- | --- | --- | --- |
| ICT行业 | 45.77 | 10.39 | 13.50 |
| 制造行业 | 27.98 | 13.10 | 19.00 |
| 教育行业 | 15.71 | 7.91 | 8.50 |
| 金融行业 | 7.63 | 8.56 | 7.50 |
| 消费品行业 | 5.52 | 8.84 | 12.50 |
| 公司服务行业 | 4.90 | 5.72 | 6.00 |
| 医疗行业 | 3.12 | 1.88 | 7.00 |
| 娱乐行业 | 2.27 | 0.60 | 1.50 |
| 旅游度假行业 | 1.60 | 2.29 | 2.00 |
| 媒体行业 | 1.44 | 1.69 | 2.50 |
| 交通行业 | 1.14 | 4.40 | 8.00 |
| 房地产行业 | 1.13 | 1.65 | 1.50 |
| 零售行业 | 1.02 | 2.52 | 3.00 |
| 建筑行业 | 0.87 | 1.74 | 2.00 |
| 能源矿产行业 | 0.84 | 2.20 | 2.00 |

**图10.8 浙江省三大城市高水平人才的行业分布情况（%）**

资料来源：笔者根据领英人才数据库浙江省高水平人才数据计算绘制。

## 第十章 长三角地区重点城市的高水平人才和数字人才现状

行业与制造行业,另外在教育行业、金融行业、消费品行业也分布较多。杭州是ICT行业高水平人才占比最高的城市,达到45.77%。宁波在制造行业和教育行业的高水平人才占比最高,分别达到了27.98%和15.71%。金华虽然人才规模在三个城市中最小,但是在消费品行业、医疗行业、交通行业中都具有非常领先的高水平人才占比,体现出它对于三大特色行业的重视。

与高水平人才一样,浙江省数字人才分布行业中最具代表性的也是ICT行业和制造行业(如图10.9所示)。同样,杭州的数字人才更加偏重ICT行业,其数字人才占比达到43.24%,而宁波的数字人才更加偏重制造行业,其数字人才占比达到42.50%。此外,杭州在金融行业、医疗行业、教育行业和娱乐行业中具有更高比例

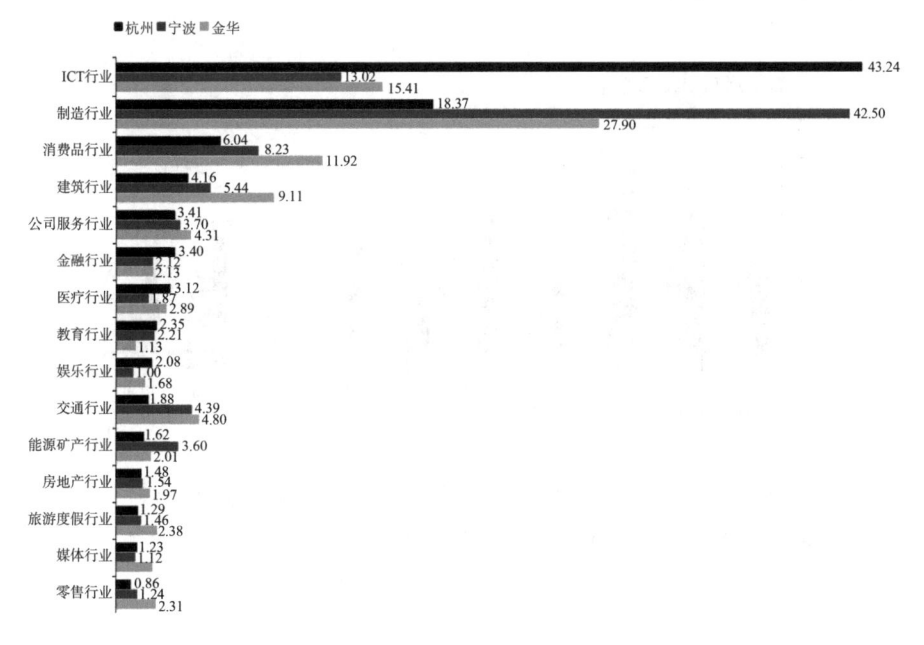

| 行业 | 杭州 | 宁波 | 金华 |
| --- | --- | --- | --- |
| ICT行业 | 43.24 | 13.02 | 15.41 |
| 制造行业 | 18.37 | 42.50 | 27.90 |
| 消费品行业 | 6.04 | 8.23 | 11.92 |
| 建筑行业 | 4.16 | 5.44 | 9.11 |
| 公司服务行业 | 3.41 | 3.70 | 4.31 |
| 金融行业 | 3.40 | 2.13 | 3.12 |
| 医疗行业 | 1.87 | 2.89 | 3.12 |
| 教育行业 | 2.35 | 2.21 | 1.13 |
| 娱乐行业 | 2.08 | 1.00 | 1.68 |
| 交通行业 | 1.88 | 4.39 | 4.80 |
| 能源矿产行业 | 1.62 | 3.60 | 2.01 |
| 房地产行业 | 1.48 | 1.54 | 1.97 |
| 旅游度假行业 | 1.29 | 1.46 | 2.38 |
| 媒体行业 | 1.23 | 1.12 | |
| 零售行业 | 0.86 | 1.24 | 2.31 |

**图10.9 浙江省三大城市数字人才的行业分布情况(%)**

资料来源:笔者根据领英人才数据库浙江省数字人才数据计算绘制。

### 数字化转型:数字人才与中国数字经济发展

的数字人才,而宁波在能源矿产行业中的数字人才占比突出,金华则在消费品行业、建筑行业、公司服务行业和其他一些传统行业中具有较高的数字人才占比。无论从高水平人才还是数字人才角度,浙江省的三大城市发展各有定位、各富特色。

我们进一步分析了浙江三大城市主要行业人才的数字化程度,如图10.10所示。从城市层面看,杭州人才的数字化程度最高,宁波其次,金华最低。从行业层面看,三大城市的ICT行业和制造行业人才均具有较高的数字化程度,除杭州外,宁波和金华其他行业人才的数字化程度均偏低。杭州很多特色行业人才都具有较高的数字化程度,比如消费品行业和医疗行业。但与长三角地区整体水平及上海市相比,浙江省三大城市各行业人才的数字化程度都存在不小的差距,需要进一步提高。

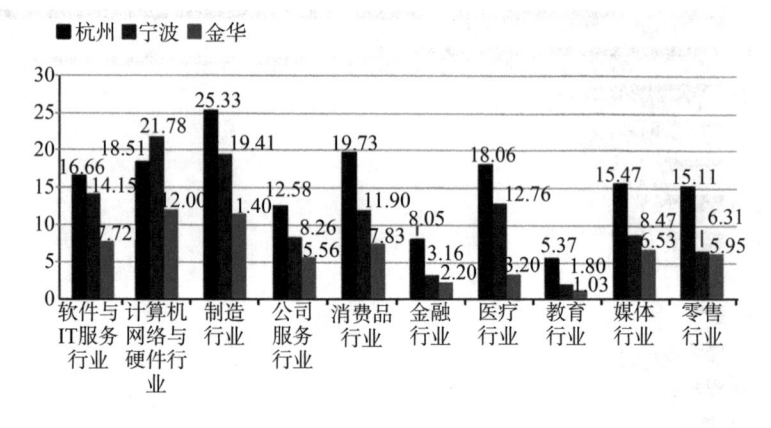

**图10.10 浙江省三大城市主要行业的人才数字化程度(%)**

资料来源:笔者根据领英人才数据库浙江省高水平人才、数字人才数据计算绘制。

### 二 教育背景

在毕业学校的来源方面(如图10.11所示),浙江省三大城市

## 第十章　长三角地区重点城市的高水平人才和数字人才现状

中，杭州毕业于国际及港澳台大学的高水平人才占比最高，宁波次之，金华最低。在国内其他地区的大学毕业的高水平人才占比上，金华最高，宁波次之，杭州最低，与毕业于国际及港澳台大学的高水平人才占比正好相反，暗示着这两类大学毕业的高水平人才可能存在一定的替代效应。在长三角地区的大学毕业的高水平人才占比上，杭州最高，金华次之，宁波最低。

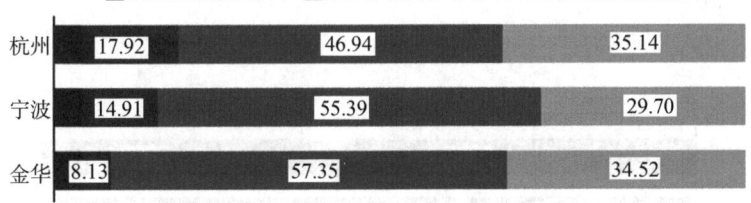

| 城市 | 国际及港澳台大学 | 国内其他地区的大学 | 长三角地区的大学 |
|---|---|---|---|
| 杭州 | 17.92 | 46.94 | 35.14 |
| 宁波 | 14.91 | 55.39 | 29.70 |
| 金华 | 8.13 | 57.35 | 34.52 |

**图10.11　浙江省三大城市高水平人才的毕业学校分布情况（%）**

资料来源：笔者根据领英人才数据库浙江省高水平人才数据计算绘制。

与高水平人才相比，浙江省三大城市数字人才的毕业学校来源偏向于长三角地区，其他两类大学毕业的数字人才占比降低（如图10.12所示）。就城市层面来说，宁波毕业于长三角地区的

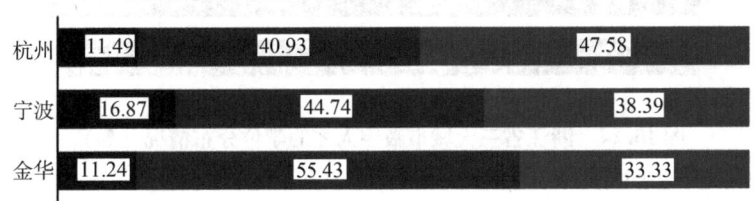

| 城市 | 国际及港澳台大学 | 国内其他地区的大学 | 长三角地区的大学 |
|---|---|---|---|
| 杭州 | 11.49 | 40.93 | 47.58 |
| 宁波 | 16.87 | 44.74 | 38.39 |
| 金华 | 11.24 | 55.43 | 33.33 |

**图10.12　浙江省三大城市数字人才的毕业学校分布情况（%）**

资料来源：笔者根据领英人才数据库浙江省数字人才数据计算绘制。

**数字化转型：数字人才与中国数字经济发展**

大学的数字人才占比超过金华，毕业于国际及港澳台大学的数字人才占比升至首位，表明宁波在数字人才建设方面取得了一定成就。

在学位分布上（如图 10.13、图 10.14 所示），浙江省三大城市中，杭州高水平人才的高学位占比更高，宁波次之，金华最低。与高水平人才相比，三大城市数字人才的学位水平排名不变，数字人才在博士学位上的占比偏低，而在硕士学位上的占比较高。

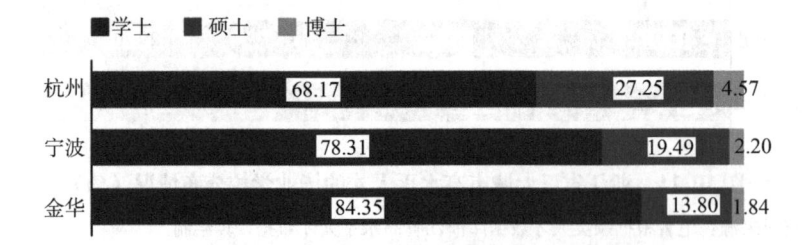

| 城市 | 学士 | 硕士 | 博士 |
|---|---|---|---|
| 杭州 | 68.17 | 27.25 | 4.57 |
| 宁波 | 78.31 | 19.49 | 2.20 |
| 金华 | 84.35 | 13.80 | 1.84 |

**图 10.13　浙江省三大城市高水平人才的学位分布情况（%）**

资料来源：笔者根据领英人才数据库浙江省高水平人才数据计算绘制。

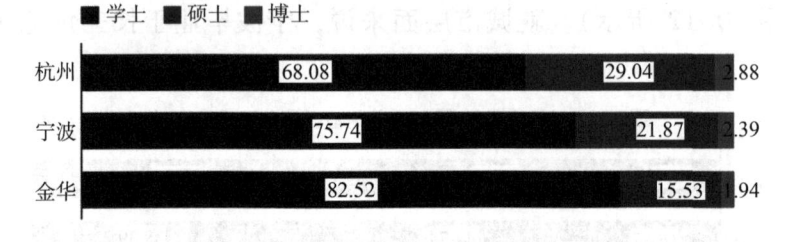

| 城市 | 学士 | 硕士 | 博士 |
|---|---|---|---|
| 杭州 | 68.08 | 29.04 | 2.88 |
| 宁波 | 75.74 | 21.87 | 2.39 |
| 金华 | 82.52 | 15.53 | 1.94 |

**图 10.14　浙江省三大城市数字人才的学位分布情况（%）**

资料来源：笔者根据领英人才数据库浙江省数字人才数据计算绘制。

在所学专业方面，浙江省三大城市都汇集了大量英语、经济、金融等专业背景的高水平人才，但它们又有显著不同之处：杭州

## 第十章 长三角地区重点城市的高水平人才和数字人才现状

吸纳更多计算机科学、电气/电子工程和软件工程等开发类专业的人才,这与它发达的信息技术产业现状有关;宁波则吸引了更多的机械工程等专业的人才,这与它发达的制造行业有关;而金华则汇聚了更多的市场营销等专业的人才,这与它发达的消费品行业有关。三大城市数字人才的专业排名也体现出这一不同之处,但计算机科学、信息科学等数字专业的排名大幅上升。这些异同之处表明浙江省各城市的行业和人才发展既紧密联系,又各有特色。

### 三 技能特点

#### (一) 整体技能特点

表10.5展示了浙江省三大城市高水平人才和数字人才排名前十的技能,依然是以各行业的通用技能为主。相比于高水平人才技能的行业普适性,数字人才的前十项技能更能凸显出各个城市的发展特色。其中,杭州明显更加偏重Java、Linux等ICT行业技能,宁波则更加偏重工程、制造等制造行业技能,而金华则更加偏重销售、营销等消费品行业技能。由此可见,在人才技能层面,浙江省三大城市也呈现了各自的发展特色。

表10.5 浙江省三大城市高水平人才和数字人才排名前十的技能

| 排名 | 高水平人才 | | | 数字人才 | | |
|---|---|---|---|---|---|---|
| | 杭州 | 宁波 | 金华 | 杭州 | 宁波 | 金华 |
| 1 | Office软件 | Office软件 | 客户服务 | 项目管理 | Office软件 | 管理 |
| 2 | 管理 | 管理 | Office软件 | Office软件 | 项目管理 | Office软件 |
| 3 | 项目管理 | 客户服务 | 管理 | 管理 | 管理 | 客户服务 |
| 4 | 客户服务 | 项目管理 | 战略规划 | Java | 客户服务 | 项目管理 |

续表

| 排名 | 高水平人才 | | | 数字人才 | | |
|---|---|---|---|---|---|---|
| | 杭州 | 宁波 | 金华 | 杭州 | 宁波 | 金华 |
| 5 | 领导力 | 谈判 | 销售 | 领导力 | 领导力 | 领导力 |
| 6 | 战略规划 | 战略规划 | 谈判 | 客户服务 | 战略规划 | 战略规划 |
| 7 | 研究 | 领导力 | 销售管理 | Linux | 产品开发 | 销售 |
| 8 | 销售 | 销售 | 领导力 | C++ | 工程 | 谈判 |
| 9 | 业务拓展 | 业务拓展 | 业务拓展 | Python | 制造 | 业务拓展 |
| 10 | Java | 销售管理 | 项目管理 | JavaScript | 谈判 | 营销 |

资料来源：笔者根据领英人才数据库浙江省高水平人才、数字人才数据计算绘制。

（二）细分行业技能特点

我们选取浙江省的两大主导行业——制造行业和软件与IT服务行业，进一步对比分析三大城市高水平人才和数字人才在行业层面的技能特点。

表10.6展示了三大城市制造行业和软件与IT服务行业高水平人才排名前十的技能。在三大城市的制造行业中，排名前十的技能都含有项目管理、Office软件、管理等通用技能，但不同城市对于行业技能具有不同的侧重。其中最具代表性的行业技能是制造，三大城市制造行业的前十项技能中都包括制造，但金华的制造技能排名最高，宁波次之，杭州最低。此外，相比于杭州和宁波，金华制造行业高水平人才的前十项技能中包含更多与制造相关的专业技能，例如持续改进、工程、精益生产和6 Sigma等，而通用技能较少。这表明金华制造行业高水平人才更加专注于行业专业技能，但可能缺乏配套的服务和辅助技能。在三大城市的软件与IT服务行业中，排名前十的技能都包括项目管理、Office软件、管理等通用技能和Java等专业技能，但仍然存在显著差别。与宁波和金华相比，杭州高水平人才技能中Java、Linux、Python等ICT专业技能的

## 第十章　长三角地区重点城市的高水平人才和数字人才现状

排名更高,表明杭州更加重视 ICT 基础产业的专业技术和开发;而宁波和金华通用技能的排名较高,ICT 专业技能较少且排名较低,表明这两个城市更加重视通用技能的应用。

表 10.6　　浙江省三大城市两大主要行业高水平人才排名前十的技能

| 排名 | 制造行业 | | | 软件与 IT 服务行业 | | |
|---|---|---|---|---|---|---|
| | 杭州 | 宁波 | 金华 | 杭州 | 宁波 | 金华 |
| 1 | 项目管理 | 项目管理 | 项目管理 | Java | Office 软件 | 项目管理 |
| 2 | Office 软件 | Office 软件 | 制造 | Linux | 管理 | Office 软件 |
| 3 | 管理 | 管理 | 持续改进 | Python | 项目管理 | 客户服务 |
| 4 | 客户服务 | 产品开发 | 工程 | 项目管理 | 领导力 | 管理 |
| 5 | 产品开发 | 制造 | 管理 | C++ | 客户服务 | 领导力 |
| 6 | 商业开发 | 谈判 | 精益生产 | Office 软件 | 英语 | Java |
| 7 | 谈判 | 客户服务 | Office 软件 | 管理 | Java | C# |
| 8 | 领导力 | 商业开发 | 项目管理 | JavaScript | 社交媒体 | 软件开发 |
| 9 | 制造 | 战略规划 | 6 Sigma | 软件开发 | 市场营销 | 战略规划 |
| 10 | 战略规划 | 销售管理 | 客户服务 | SQL | 研究 | JavaScript |

资料来源:笔者根据领英人才数据库浙江省高水平人才数据计算绘制。

表 10.7 展示了三大城市制造行业和软件与 IT 服务行业数字人才排名前十的技能。与高水平人才相比,制造行业数字人才排名前十的技能中同样包括了较多通用技能,但专业技能排名发生了显著变化。其中,制造技能在金华的排名发生了明显的下降,在宁波也下降了一个名次,但在杭州的排名发生了上升。工程技能排名也发生了明显变化,它在杭州和宁波均进入前十名,但在金华则跌出了前十名。这表明杭州数字制造人才的行业深耕程度最深、制造行业的数字化转型程度最深,宁波次之,金华最低。在软件与 IT 服务行业,与高水平人才技能相比,杭州数字人才 ICT 专业技能变化不

**数字化转型:数字人才与中国数字经济发展**

大,宁波的 ICT 专业技能数量增加且排名提高,但金华的 ICT 专业技能数量减少且排名降低。这进一步表明杭州更加重视 ICT 技术的开发,且行业的数字化程度较高,宁波也在积极加大行业的数字化融合深度,而金华的数字人才比较缺乏行业深耕的经验。

表10.7 浙江省三大城市两大主要行业数字人才排名前十的技能

| 排名 | 制造行业 ||| 软件与IT服务行业 |||
|---|---|---|---|---|---|---|
| | 杭州 | 宁波 | 金华 | 杭州 | 宁波 | 金华 |
| 1 | 项目管理 | 项目管理 | 管理 | Java | 项目管理 | Office 软件 |
| 2 | Office 软件 | Office 软件 | 项目管理 | Linux | Office 软件 | 管理 |
| 3 | 管理 | 管理 | Office 软件 | 项目管理 | 管理 | 领导力 |
| 4 | 客户服务 | 客户服务 | 客户服务 | JavaScript | Java | 客户服务 |
| 5 | 工程 | 产品开发 | 领导力 | Python | 领导力 | 项目管理 |
| 6 | 领导力 | 制造 | 销售 | 管理 | 客户服务 | 战略规划 |
| 7 | 产品开发 | 工程 | 战略规划 | Office 软件 | JavaScript | 销售 |
| 8 | 制造 | 领导力 | 谈判 | C++ | SQL | Java |
| 9 | 战略规划 | 战略规划 | 制造 | 软件开发 | 软件开发 | 营销 |
| 10 | 谈判 | 持续改进 | 商务拓展 | SQL | 战略规划 | 商务拓展 |

资料来源:笔者根据领英人才数据库浙江省数字人才数据计算绘制。

### 四 职位等级

如图 10.15 所示,在浙江省三大城市高水平人才的职位等级分布中,金华初级职位高水平人才占比最高,达到了 57.33%。杭州高级专业职位高水平人才占比最高,达到 31.69%,远远领先于宁波和金华,表明杭州积累了大量拥有丰富专业知识和工作经验的中坚人才。宁波经理职位高水平人才占比最高,达到 12.87%。三大城市在职位等级分布上存在一定的互补性。如图 10.16 所示,与高水平人才相比,三大城市数字人才更多分布在初级职位,高级专业职位的人才占比相对较低。

# 第十章　长三角地区重点城市的高水平人才和数字人才现状

■初级职位　■高级专业职位　■经理职位　■总监及以上职位

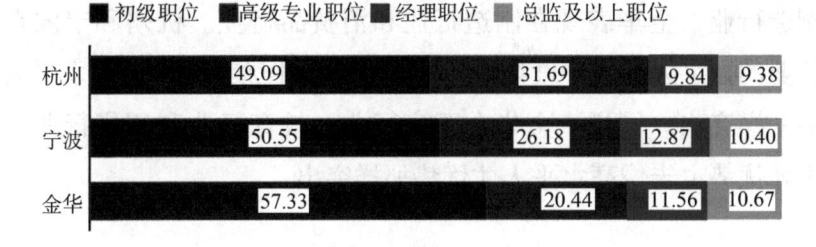

| 城市 | 初级职位 | 高级专业职位 | 经理职位 | 总监及以上职位 |
|---|---|---|---|---|
| 杭州 | 49.09 | 31.69 | 9.84 | 9.38 |
| 宁波 | 50.55 | 26.18 | 12.87 | 10.40 |
| 金华 | 57.33 | 20.44 | 11.56 | 10.67 |

**图10.15　浙江省三大城市高水平人才的职位等级分布情况（%）**

资料来源：笔者根据领英人才数据库浙江省高水平人才数据计算绘制。

■初级职位　■高级专业职位　■经理职位　■总监及以上职位

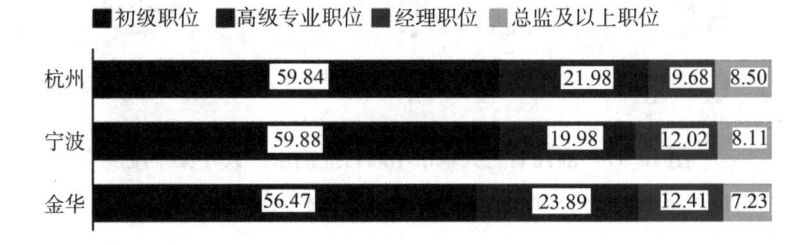

| 城市 | 初级职位 | 高级专业职位 | 经理职位 | 总监及以上职位 |
|---|---|---|---|---|
| 杭州 | 59.84 | 21.98 | 9.68 | 8.50 |
| 宁波 | 59.88 | 19.98 | 12.02 | 8.11 |
| 金华 | 56.47 | 23.89 | 12.41 | 7.23 |

**图10.16　浙江省三大城市数字人才的职位等级分布情况（%）**

资料来源：笔者根据领英人才数据库浙江省数字人才数据计算绘制。

## 五　浙江省三大城市人才优劣势分析

我们选择了十个主要行业，分别从高水平人才和数字人才的角度分析浙江省三大城市在长三角地区的人才集中度与优劣势。图10.17和图10.18分别展示了杭州、宁波、金华十大行业高水平人才集中度和数字人才集中度。基于高水平人才角度，相比于长三角整体水平，杭州具有优势的行业为软件与IT服务行业、计算机网络与硬件行业和教育行业，宁波的优势行业包括教育行业和制造行业，金华的优势行业包括消费品行业、医疗行业、教育行业和零售行业。基于数字人才角度，人才集中度发生了显著变化。杭州的数字人才优势表现在软件与IT服务行业、计算机网络与硬件行业，宁波表现

数字化转型:数字人才与中国数字经济发展

在制造行业,金华表现在制造行业和消费品行业。杭州和宁波在教育行业的数字人才集中度均低于1,数字人才优势并未像高水平人才优势一样突出。同样,金华在医疗行业、教育行业和零售行业的数字人才优势也未像高水平人才优势那样突出。

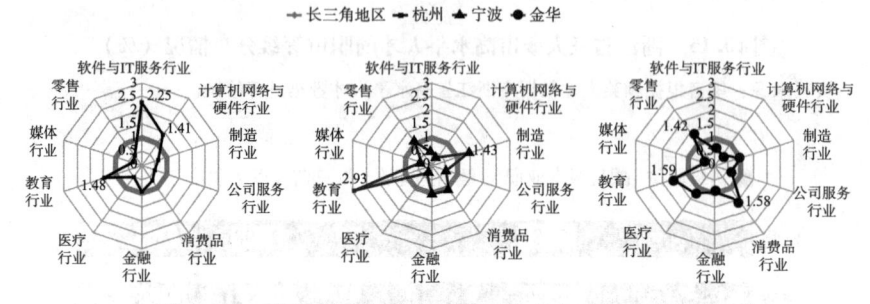

**图 10.17　浙江省三大城市不同行业高水平人才集中度**

资料来源:笔者根据领英人才数据库浙江省高水平人才数据计算绘制。

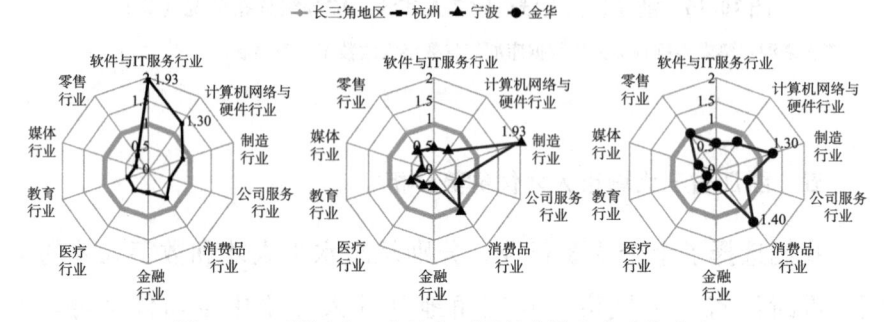

**图 10.18　浙江省三大城市不同行业数字人才集中度**

资料来源:笔者根据领英人才数据库浙江省数字人才数据计算绘制。

## 第三节　江苏省四大城市的高水平人才和数字人才现状

为了解江苏省的人才就业现状和发展情况,我们挑选江苏省具

## 第十章 长三角地区重点城市的高水平人才和数字人才现状

有代表性的四个城市——南京、苏州、无锡和常州来分析不同城市高水平人才和数字人才就业现状,并从人才的行业分布、教育背景、技能特点和职位等级四个方面来刻画各城市的人才图景。

### 一 行业分布

江苏省四大城市高水平人才和数字人才的行业分布分别如图10.19、图10.20所示。其中,江苏省高水平人才从事的第一梯队行业为制造行业和ICT行业,南京以33.87%的占比居于ICT行业首位,常州则以53.63%的占比高居制造行业首位。医疗行业、消费品行业、公司服务行业、教育行业、金融行业处于第二梯队。与浙江省不同的是,通过比较江苏省的四个代表性城市,我们发现不

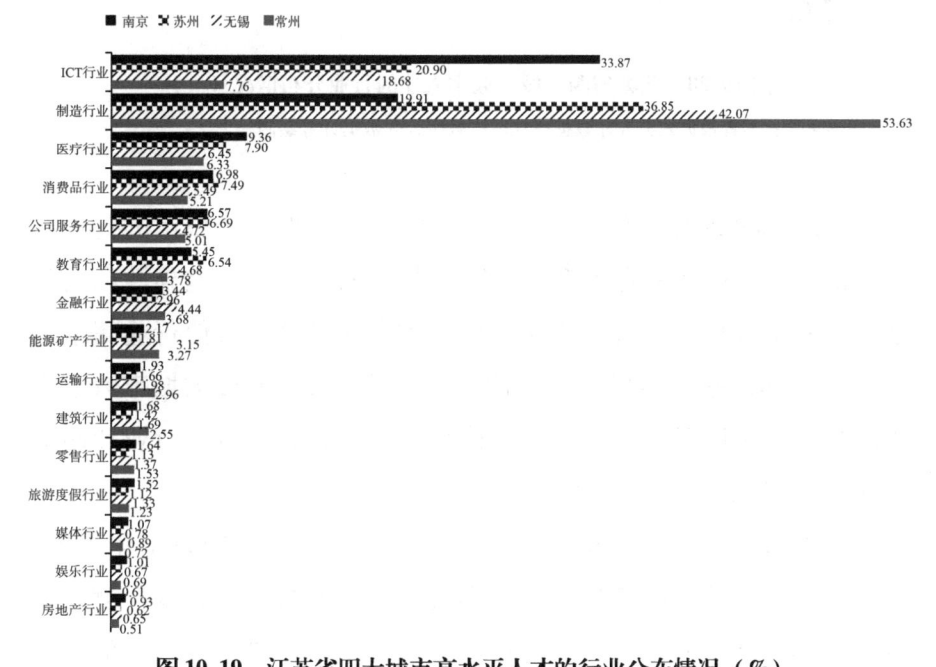

**图10.19 江苏省四大城市高水平人才的行业分布情况(%)**

资料来源:笔者根据领英人才数据库江苏省高水平人才数据计算绘制。

145

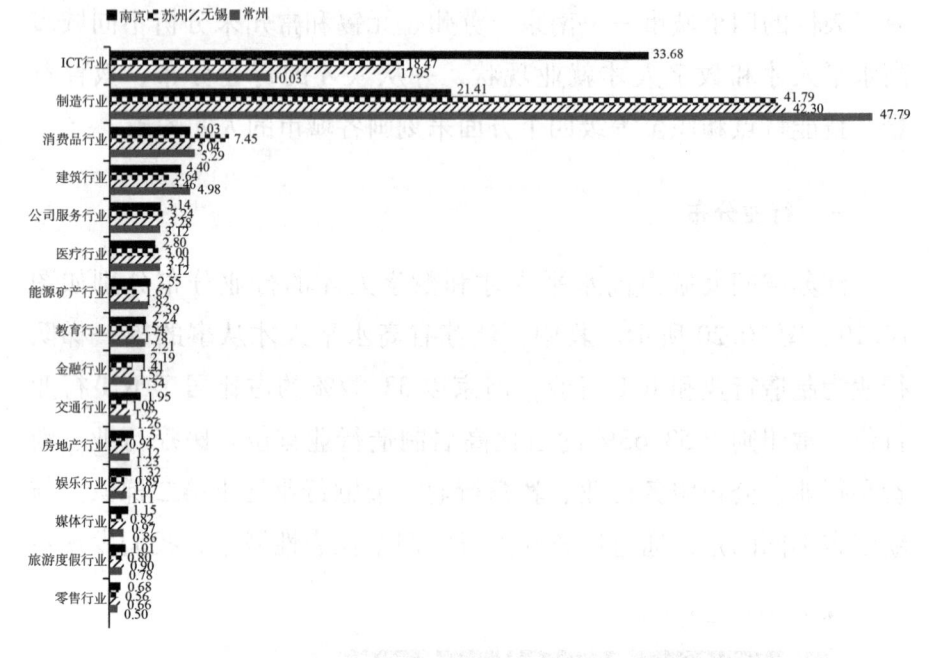

**数字化转型：数字人才与中国数字经济发展**

图10.20　江苏省四大城市数字人才的行业分布情况（%）

资料来源：笔者根据领英人才数据库江苏省数字人才数据计算绘制。

同城市之间的高水平人才行业分布非常接近，即各个城市的行业布局非常相似，这在一定程度上说明江苏省的城市缺乏差异性和互补性。尤其是常州，制造行业高水平人才占比极高，其他行业高水平人才（尤其是服务类行业）占比普遍较低。江苏省四大城市数字人才的行业分布情况与高水平人才比较类似，尤其是ICT行业和制造行业的数字人才分布非常接近。

图10.21展示了江苏省四大城市主要行业人才的数字化程度。四大城市在ICT行业和制造行业都具有较高的数字化程度。就制造行业而言，苏州人才的数字化程度最高，南京次之，常州最低。就其他行业而言，南京在医疗行业数字化程度最高，苏州在消费品行业和媒体行业数字化程度最高。

第十章　长三角地区重点城市的高水平人才和数字人才现状

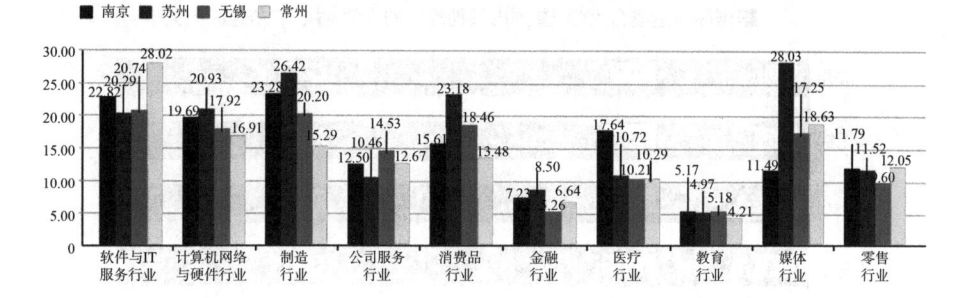

图 10.21　江苏省四大城市主要行业人才的数字化程度（%）

资料来源：笔者根据领英人才数据库江苏省高水平人才、数字人才数据计算绘制。

## 二　教育背景

我们从毕业学校、学位、所学专业三个维度出发来分析江苏省四大城市高水平人才和数字人才的教育背景。

在毕业学校的来源方面（如图 10.22、图 10.23 所示），苏州高水平人才毕业于国际及港澳台大学和长三角地区的大学的占比为四个城市中最高，分别达到 19.53% 和 42.77%；数字人才毕业于国际及港澳台大学及国内其他地区的大学的占比亦为四个城市中最高，

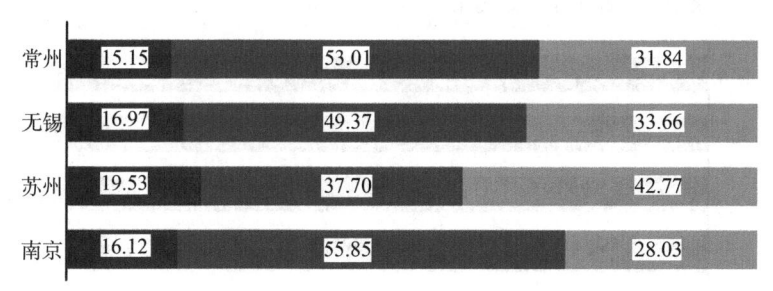

图 10.22　江苏省四大城市高水平人才的毕业学校分布情况（%）

资料来源：笔者根据领英人才数据库江苏省高水平人才数据计算绘制。

147

**数字化转型：数字人才与中国数字经济发展**

■国际及港澳台大学　■国内其他地区的大学　■长三角地区的大学

| 城市 | 国际及港澳台大学 | 国内其他地区的大学 | 长三角地区的大学 |
|---|---|---|---|
| 常州 | 8.39 | 39.11 | 52.51 |
| 无锡 | 11.68 | 35.53 | 52.80 |
| 苏州 | 13.01 | 47.08 | 39.91 |
| 南京 | 10.47 | 33.05 | 56.48 |

**图10.23　江苏省四大城市数字人才的毕业学校分布情况（%）**

资料来源：笔者根据领英人才数据库江苏省数字人才数据计算绘制。

体现出苏州的高速发展对于人才的吸引力。南京高水平人才毕业于国内其他地区的大学的占比在四个城市中最高，达到55.85%，但毕业于长三角地区的大学的占比反而最低，仅为28.03%。与之相反，南京数字人才毕业于长三角地区的大学的占比为四城市中最高，达到56.48%，体现出数字化转型给南京带来了新的活力。

在学位分布上（如图10.24、图10.25所示），南京高水平人才拥有最高水平的学位结构，苏州次之。与高水平人才相比，江苏省四大城市中数字人才的学位水平依然保持同样的先后顺序，但很

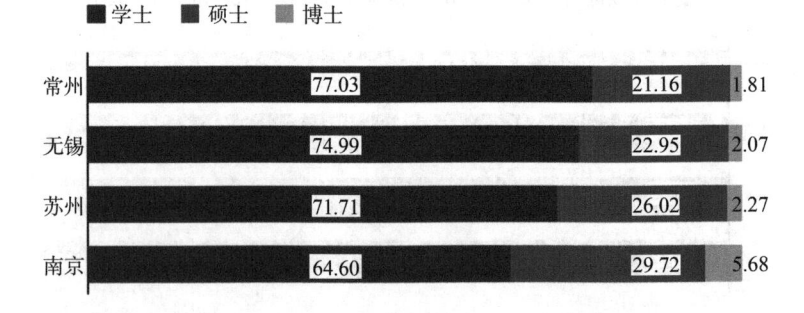

■学士　■硕士　■博士

| 城市 | 学士 | 硕士 | 博士 |
|---|---|---|---|
| 常州 | 77.03 | 21.16 | 1.81 |
| 无锡 | 74.99 | 22.95 | 2.07 |
| 苏州 | 71.71 | 26.02 | 2.27 |
| 南京 | 64.60 | 29.72 | 5.68 |

**图10.24　江苏省四大城市高水平人才的学位分布情况（%）**

资料来源：笔者根据领英人才数据库江苏省高水平人才数据计算绘制。

# 第十章　长三角地区重点城市的高水平人才和数字人才现状

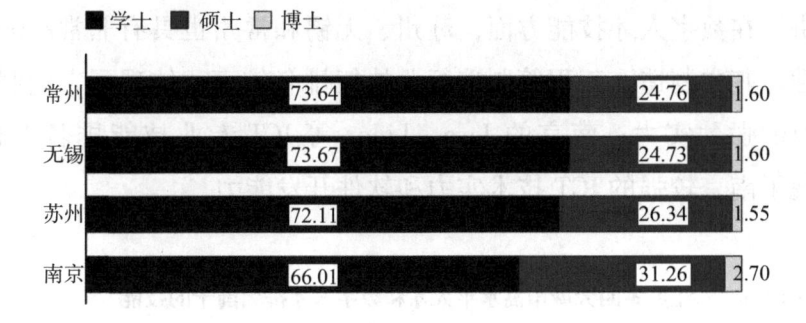

| | 学士 | 硕士 | 博士 |
|---|---|---|---|
| 常州 | 73.64 | 24.76 | 1.60 |
| 无锡 | 73.67 | 24.73 | 1.60 |
| 苏州 | 72.11 | 26.34 | 1.55 |
| 南京 | 66.01 | 31.26 | 2.70 |

**图 10.25　江苏省四大城市数字人才的学位分布情况（%）**

资料来源：笔者根据领英人才数据库江苏省数字人才数据计算绘制。

明显博士学位的占比降低，而硕士学位的占比提高。

在所学专业方面，江苏省四大城市之间也具有较高的同质性。高水平人才排名前十的所学专业均包括计算机科学专业、工商管理专业、英语语言文学专业、机械工程专业、电子电气工程专业、经济学专业、国际商务专业，且计算机科学专业、机械工程专业等与 ICT 行业和制造行业相关的专业排名非常高，与江苏省的两大强势行业相呼应。数字人才的工商管理专业、英语专业等行业通用专业排名降低，而计算机相关专业、机械工程专业等行业关联专业的排名显著提高，体现出数字人才对于行业深耕经验的需求。

### 三　技能特点

（一）整体技能特点

表 10.8 展示了江苏省四大城市高水平人才和数字人才排名前十的技能。四大城市排名前十的高水平人才技能具有非常高的相似性，尤其是排名前五的高水平人才技能仅有顺序上的细微差别。因此，可以说江苏省四大城市的高水平人才具有相当高的同质性。南京排名前十的高水平人才技能中没有制造，独有研发、英语和公共

## 数字化转型:数字人才与中国数字经济发展

演讲。在数字人才技能方面,苏州、无锡和常州也具有非常高的相似性,其中制造、工程等制造行业技能排名较高,体现了它们制造行业的强劲实力;南京的 Java、Linux 等 ICT 专业技能排名更高,体现了南京较强的 ICT 技术实力和软件开发能力。

表10.8 江苏省四大城市高水平人才和数字人才排名前十的技能

| 排名 | 高水平人才 | | | | 数字人才 | | | |
|---|---|---|---|---|---|---|---|---|
| | 南京 | 苏州 | 无锡 | 常州 | 南京 | 苏州 | 无锡 | 常州 |
| 1 | Office 软件 | 项目管理 | Office 软件 | Office 软件 | 项目管理 | 项目管理 | 项目管理 | 项目管理 |
| 2 | 管理 | Office 软件 | 项目管理 | 管理 | Office 软件 | 管理 | Office 软件 | Office 软件 |
| 3 | 项目管理 | 管理 | 管理 | 项目管理 | 管理 | Office 软件 | 管理 | 管理 |
| 4 | 客户服务 | 客户服务 | 客户服务 | 客户服务 | 领导力 | 制造 | 制造 | 客户服务 |
| 5 | 领导力 | 领导力 | 领导力 | 领导力 | 客户服务 | 工程 | 工程 | 制造 |
| 6 | 战略规划 | 制造 | 战略规划 | 战略规划 | Java | 产品开发 | 客户服务 | 领导力 |
| 7 | 研发 | 战略规划 | 制造 | 谈判 | 战略规划 | 客户服务 | 领导力 | 工程 |
| 8 | 英语 | 产品开发 | 谈判 | 销售 | Linux | 领导力 | 产品开发 | 产品开发 |
| 9 | 销售 | 谈判 | 销售 | 商业拓展 | 工程 | 持续改进 | 持续改进 | 战略规划 |
| 10 | 公共演讲 | 持续改进 | 产品开发 | 制造 | C++ | 精益制造 | 精益制造 | 持续改进 |

资料来源:笔者根据领英人才数据库江苏省高水平人才、数字人才数据计算绘制。

(二)细分行业技能特点

我们选取制造行业和计算机网络与硬件行业作为代表性行业,进一步分析江苏省四大城市行业层面的人才技能特点。

如表10.9所示,在制造行业高水平人才所掌握的技能中,江苏省四大城市排名前十的技能非常相近,仅在顺序上有较大差别,相比之下南京制造行业的制造技能排名低于其他三个城市。在计算机网络与硬件行业,四大城市的高水平人才技能也有许多相似之处,尤其是苏州、无锡和常州三个城市。相比之下,南京更加重视

## 第十章　长三角地区重点城市的高水平人才和数字人才现状

ICT 行业开发类技能，而苏州、无锡和常州则比较重视跨职能领导力和一些工程类技能。

表10.9　江苏省四大城市两大主要行业高水平人才排名前十的技能

| 排名 | 制造行业 ||||  计算机网络与硬件行业 ||||
|---|---|---|---|---|---|---|---|---|
| | 南京 | 苏州 | 无锡 | 常州 | 南京 | 苏州 | 无锡 | 常州 |
| 1 | 项目管理 | 项目管理 | 项目管理 | 项目管理 | 项目管理 | 项目管理 | 制造 | 项目管理 |
| 2 | 管理 | 制造 | 制造 | 制造 | 电讯 | 制造 | Six Sigma | 管理 |
| 3 | Office 软件 | 持续改造 | 持续改造 | 管理 | Linux | Six Sigma | 项目管理 | 制造 |
| 4 | 制造 | 管理 | 工程学 | Office 软件 | C | 管理 | 测试 | Office 软件 |
| 5 | 产品开发 | 产品开发 | 管理 | 产品开发 | C++ | 产品开发 | 跨职能领导力 | 产品开发 |
| 6 | 工程学 | 精益生产 | 精益生产 | 工程学 | Office 软件 | 跨职能领导力 | 统计过程控制 | 电子技术 |
| 7 | 持续改造 | 工程学 | Office 软件 | 持续改造 | Java | 精益化生产 | 产品开发 | 跨职能领导力 |
| 8 | 领导力 | Six Sigma | 产品开发 | 精益生产 | 管理 | 测试 | 半导体 | 客户服务 |
| 9 | 精益生产 | Office 软件 | Six Sigma | Six Sigma | 软件开发 | 工程学 | 工程学 | 工程学 |
| 10 | 客户服务 | 供应链管理 | 客户服务 | 谈判 | Python | Office 软件 | 故障分析 | 持续改造 |

资料来源：笔者根据领英人才数据库江苏省高水平人才数据计算绘制。

如表10.10所示，江苏省四大城市制造行业数字人才排名前十的技能依然极其相似，相比之下南京的专业技能排名更低一些，比如精益制造，而通用技能排名更高一些，比如战略规划。在计算机网络与硬件行业，苏州、无锡、常州的数字人才技能也有许多相似之处，都偏向于制造、半导体等计算机硬件制造技能，而南京更加偏向于 Linux、C 等计算机底层开发技能。

表10.10　江苏省四大城市两大主要行业数字人才排名前十的技能

| 排名 | 制造行业 | | | | 计算机网络与硬件行业 | | | |
|---|---|---|---|---|---|---|---|---|
| | 南京 | 苏州 | 无锡 | 常州 | 南京 | 苏州 | 无锡 | 常州 |
| 1 | 项目管理 | 项目管理 | 项目管理 | 项目管理 | 项目管理 | 项目管理 | 制造 | 项目管理 |
| 2 | Office 软件 | 制造 | 制造 | Office 软件 | 电信 | 制造 | 项目管理 | 管理 |
| 3 | 管理 | 管理 | Office 软件 | 管理 | Linux | 管理 | Office 软件 | Office 软件 |
| 4 | 工程 | 工程 | 工程 | 制造 | C | 产品开发 | Six Sigma | 制造 |
| 5 | 制造 | Office 软件 | 管理 | 工程 | Java | Office 软件 | 管理 | 领导力 |
| 6 | 产品开发 | 产品开发 | 持续改进 | 产品开发 | 管理 | Six Sigma | 半导体 | 产品开发 |
| 7 | 客户服务 | 持续改进 | 产品开发 | 客户服务 | Office 软件 | 工程 | 工程 | 客户服务 |
| 8 | 领导力 | 精益制造 | 精益制造 | 持续改进 | C++ | 跨职能领导力 | 产品开发 | 工程 |
| 9 | 持续改进 | six sigma | 客户服务 | 领导力 | 软件开发 | 测试 | 测试 | 跨职能领导力 |
| 10 | 战略规划 | 客户服务 | six sigma | 精益制造 | Python | 半导体 | 电子学 | 战略规划 |

资料来源：笔者根据领英人才数据库江苏省数字人才数据计算绘制。

### 四　职位等级

江苏省四大城市的高水平人才在职位等级分布上存在较大差异（如图10.26所示）。南京的初级职位人才占比最高，经理职位和总监及以上职位人才占比最低；苏州的初级职位人才占比最低，高级专业职位人才占比最高；常州经理职位和总监及以上职位人才占比最高，但高级专业职位人才占比最低。总体来说，不同城市之间的人才职位等级存在一定的互补性。

相比于高水平人才，四大城市数字人才在中高等级职位的人才占比都大大降低了，而初级职位的人才占比则大大增加（如图10.27所示）。

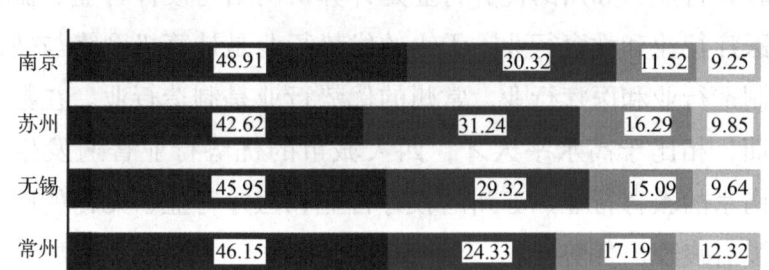

# 第十章 长三角地区重点城市的高水平人才和数字人才现状

■初级职位 ■高级专业职位 ■经理职位 ■总监及以上职位

| 城市 | 初级职位 | 高级专业职位 | 经理职位 | 总监及以上职位 |
|---|---|---|---|---|
| 南京 | 48.91 | 30.32 | 11.52 | 9.25 |
| 苏州 | 42.62 | 31.24 | 16.29 | 9.85 |
| 无锡 | 45.95 | 29.32 | 15.09 | 9.64 |
| 常州 | 46.15 | 24.33 | 17.19 | 12.32 |

**图 10.26 江苏省四大城市高水平人才的职位等级分布情况（%）**

资料来源：笔者根据领英人才数据库江苏省高水平人才数据计算绘制。

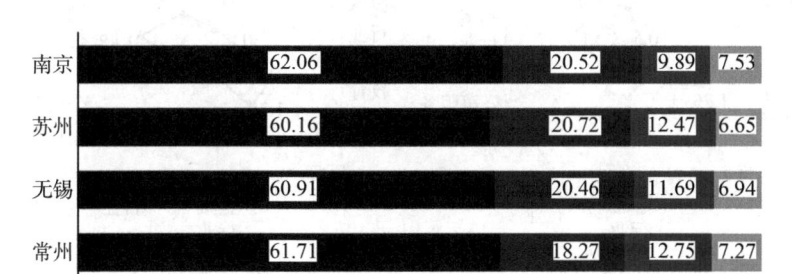

■初级职位 ■高级专业职位 ■经理职位 ■总监及以上职位

| 城市 | 初级职位 | 高级专业职位 | 经理职位 | 总监及以上职位 |
|---|---|---|---|---|
| 南京 | 62.06 | 20.52 | 9.89 | 7.53 |
| 苏州 | 60.16 | 20.72 | 12.47 | 6.65 |
| 无锡 | 60.91 | 20.46 | 11.69 | 6.94 |
| 常州 | 61.71 | 18.27 | 12.75 | 7.27 |

**图 10.27 江苏省四大城市数字人才的职位等级分布情况（%）**

资料来源：笔者根据领英人才数据库江苏省数字人才数据计算绘制。

## 五 江苏省四大城市人才优劣势分析

我们选择了十个主要行业，分别从高水平人才和数字人才的角度分析江苏省四大城市在长三角地区的人才集中度与优劣势。图 10.28 和图 10.29 分别展示了各城市十大行业的高水平人才集中度和数字人才集中度。在高水平人才方面，相比于长三角地区整体水平，南京的优势行业是软件与 IT 服务行业、计算机网络与硬件行

**数字化转型：数字人才与中国数字经济发展**

业和教育行业，苏州的优势行业是计算机网络与硬件行业、制造行业、医疗行业和教育行业，无锡的优势行业是计算机网络与硬件行业、制造行业和医疗行业，常州的优势行业是制造行业。在数字人才方面，相比于高水平人才，四大城市的优势行业普遍发生了缩减，南京的教育行业、苏州的教育行业和医疗行业、无锡的医疗行业均没有表现出优势。

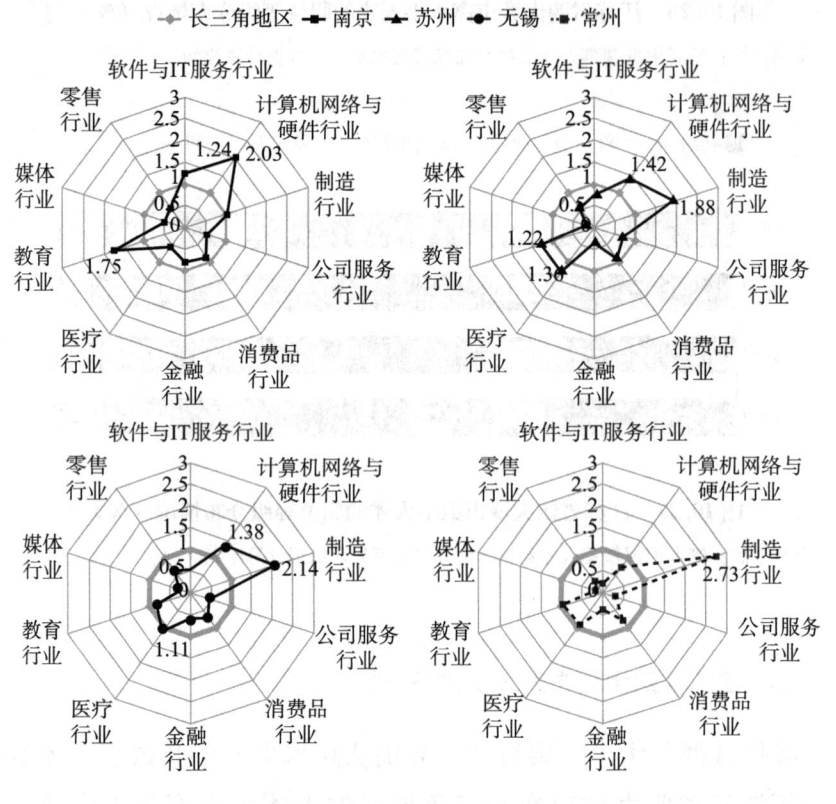

**图 10.28　江苏省四大城市不同行业高水平人才集中度**

资料来源：笔者根据领英人才数据库江苏省高水平人才数据计算绘制。

# 第十章 长三角地区重点城市的高水平人才和数字人才现状

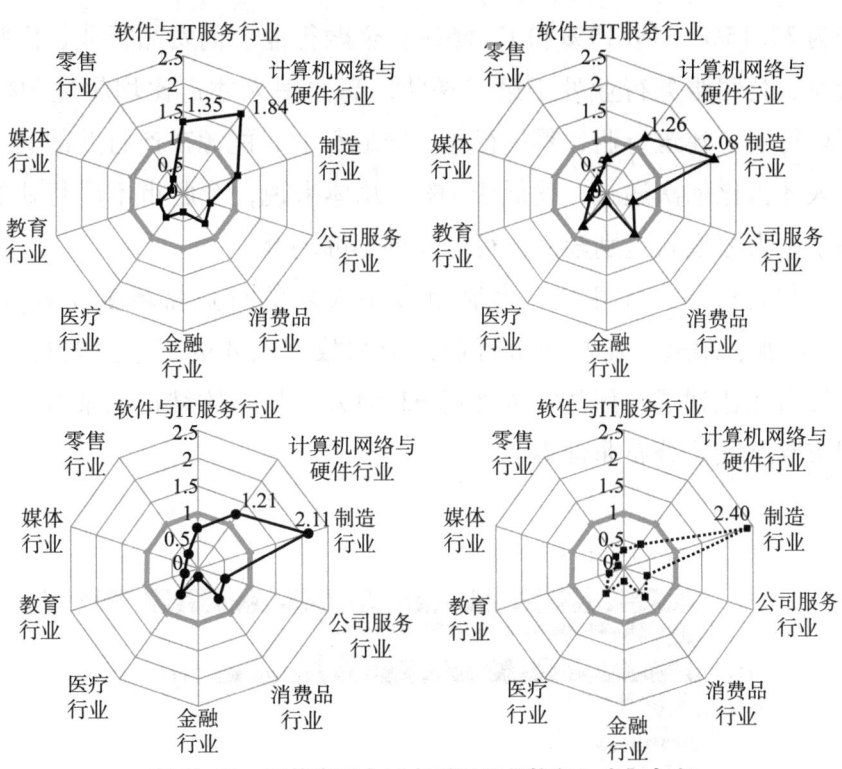

**图10.29 江苏省四大城市不同行业数字人才集中度**

资料来源：笔者根据领英人才数据库江苏省数字人才数据计算绘制。

## 第四节 安徽省合肥市的高水平人才和数字人才现状

根据长三角地区的人才分布情况，我们以合肥市为例分析安徽省的高水平人才和数字人才就业现状和发展情况。

### 一 行业分布

合肥市的人才行业分布如图10.30所示，高水平人才从事的第

155

**数字化转型:数字人才与中国数字经济发展**

一梯队行业为 ICT 行业、教育行业和制造行业,高水平人才占比分别为 33.15%、19.13% 和 17.66%;金融行业、消费品行业、医疗行业、公司服务行业处于第二梯队,高水平人才占比均超过 3%;娱乐行业、建筑行业、零售行业、交通行业、能源矿产行业的高水平人才占比依次递减,均低于 1%。总体来说,合肥市不同行业的高水平人才投入差别较大,行业发展不够均衡。

与高水平人才相比,合肥市数字人才的行业排名变化较大。ICT 行业、制造行业和建筑行业是吸纳数字人才的三个主要行业,合计占比达到了全部数字人才的 63.54%。从整体结构上来看,合肥市数字人才分布非常集中。

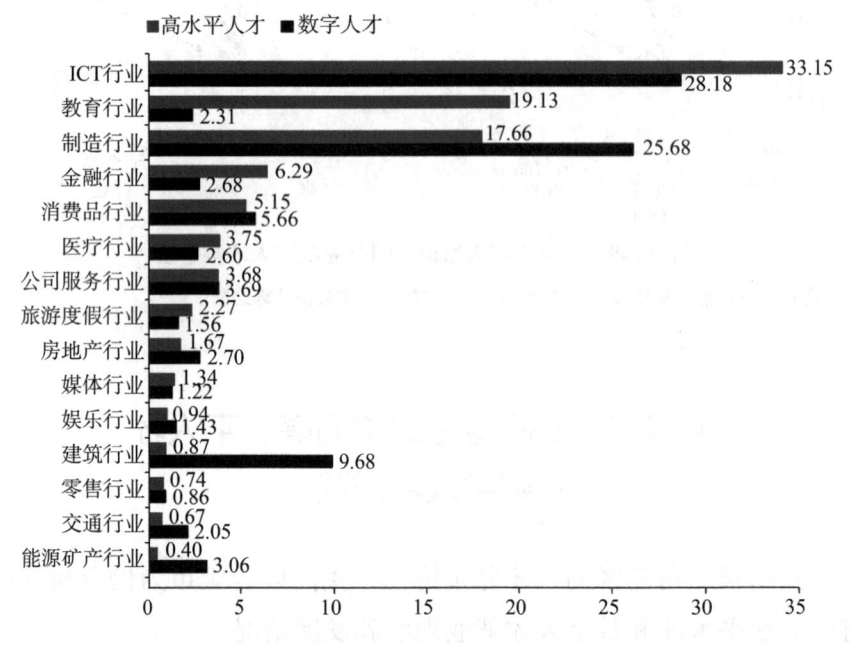

| 行业 | 高水平人才 | 数字人才 |
| --- | --- | --- |
| ICT行业 | 33.15 | 28.18 |
| 教育行业 | 19.13 | 2.31 |
| 制造行业 | 17.66 | 25.68 |
| 金融行业 | 6.29 | 2.68 |
| 消费品行业 | 5.15 | 5.66 |
| 医疗行业 | 3.75 | 2.60 |
| 公司服务行业 | 3.68 | 3.69 |
| 旅游度假行业 | 2.27 | 1.56 |
| 房地产行业 | 1.67 | 2.70 |
| 媒体行业 | 1.34 | 1.22 |
| 娱乐行业 | 0.94 | 1.43 |
| 建筑行业 | 0.87 | 9.68 |
| 零售行业 | 0.74 | 0.86 |
| 交通行业 | 0.67 | 2.05 |
| 能源矿产行业 | 0.40 | 3.06 |

图 10.30 合肥市高水平人才和数字人才的行业分布情况(%)

资料来源:笔者根据领英人才数据库安徽省高水平人才、数字人才数据计算绘制。

## 第十章 长三角地区重点城市的高水平人才和数字人才现状

我们进一步分析合肥市主要行业人才的数字化程度,如图10.31所示。合肥市人才数字化程度最高的行业是制造行业,数字化程度达到20.04%,其次是零售行业、消费品行业、公司服务行业等,金融行业和教育行业人才的数字化程度偏低,教育行业的数字化程度仅为1.66%。

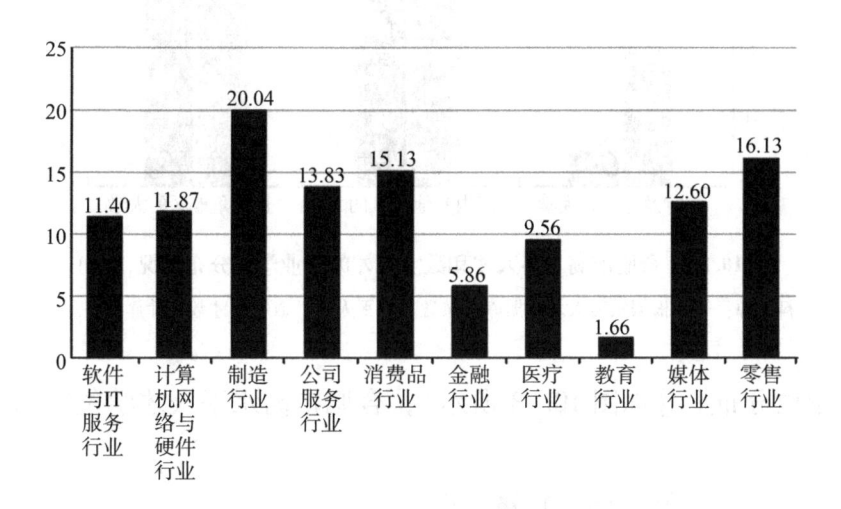

**图10.31 合肥市主要行业人才的数字化程度(%)**

资料来源:笔者根据领英人才数据库安徽省高水平人才、数字人才数据计算绘制。

### 二 教育背景

在毕业学校的来源方面(如图10.32所示),合肥市高水平人才中35.14%毕业于长三角地区的大学,46.94%毕业于国内其他地区的大学,17.92%毕业于国际及港澳台大学。与之相比,合肥市数字人才更多毕业于长三角地区的大学,更加偏向于长三角地区本地化;毕业于国际及港澳台大学和国内其他地区的大学的比例稍低。

**数字化转型:数字人才与中国数字经济发展**

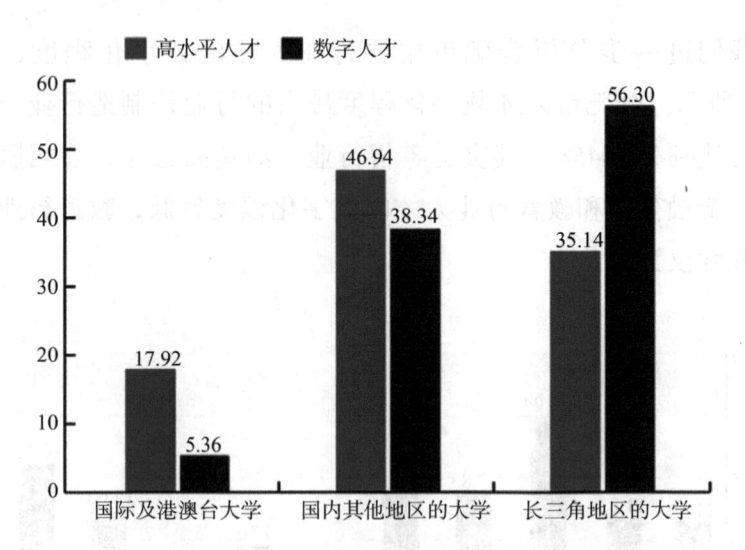

图10.32 合肥市高水平人才和数字人才的毕业学校分布情况(%)

资料来源:笔者根据领英人才数据库安徽省高水平人才、数字人才数据计算绘制。

在学位分布上(如图10.33所示),合肥市高水平人才学位结构与

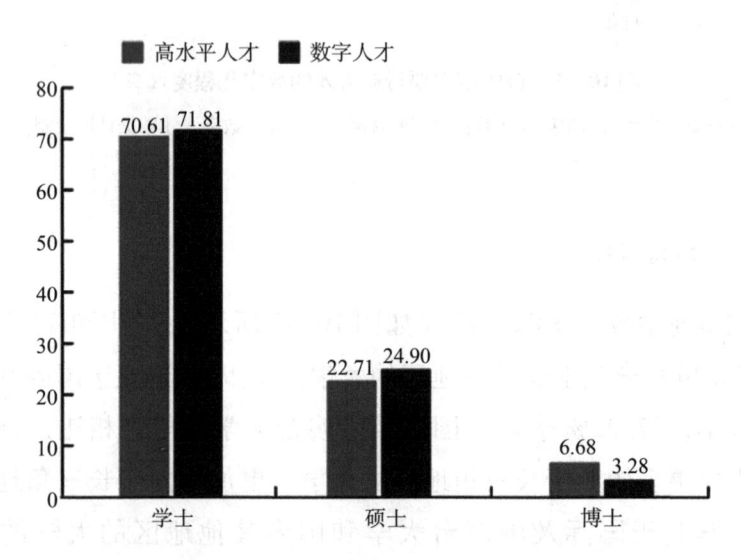

图10.33 合肥市高水平人才和数字人才的学位分布情况(%)

资料来源:笔者根据领英人才数据库安徽省高水平人才、数字人才数据计算绘制。

### 第十章 长三角地区重点城市的高水平人才和数字人才现状

长三角地区水平相差较大，70%以上的人才为学士学位，硕士学位人才占比仅为22.71%，而博士学位人才占比相对较高，为6.68%。与高水平人才相比，合肥市数字人才学位分布结构相似，学士学位人才占据超过70%，但在博士学位层次的人才占比相对较低。

在所学专业方面，与长三角地区整体水平相比，合肥市高水平人才所学专业排名前十的包含了更多的基础学科专业，比如物理学、经济学、金融学等，表明合肥市非常重视基础性研究，印证了合肥市教育行业的高排名。从数字人才排名前十的专业来看，物理学、化学等基础学科专业依然占据较高排名，但与ICT、制造等特定行业紧密相关的专业排名大大上升，比如计算机科学、电气和电子工程、机械工程等。

#### 三 技能特点

（一）整体技能特点

表10.11展示了合肥市高水平人才和数字人才排名前十的技能，与长三角地区整体情况基本一致，以各行业的通用技能为主。数字人才与高水平人才排名前五的技能差别不大，但专业技能的排名更高，比如Java、工程等专业技能排名均进入前十。

表10.11　合肥市高水平人才和数字人才排名前十的技能

| | | |
|---|---|---|
| 1 | Office软件 | Office软件 |
| 2 | 管理 | 项目管理 |
| 3 | 客户服务 | 管理 |

续表

| 4 | 项目管理 | 客户服务 |
|---|---|---|
| 5 | 领导力 | 领导力 |
| 6 | 战略规划 | 战略规划 |
| 7 | 研究 | Java |
| 8 | 销售 | 销售 |
| 9 | 谈判 | 工程学 |
| 10 | 数据分析 | 研究 |

资料来源：笔者根据领英人才数据库安徽省高水平人才、数字人才数据计算绘制。

## （二）细分行业技能特点

我们选取计算机网络与硬件行业、软件与IT服务行业、制造行业、金融行业，进一步对比分析了合肥市高水平人才和数字人才在不同细分行业的技能特点。

表10.12展示了不同细分行业高水平人才排名前十的技能。在这四个细分行业中，排名前十的高水平人才技能都含有Office软件、管理等通用技能，而不同细分行业对于技能的需求各有侧重。计算机网络与硬件行业、软件与IT服务行业更关注Java、Python等软硬件开发技能；金融行业更加注重金融数据分析相关的专业技能；制造行业高水平人才则需要更多的制造和工程技能背景。

表10.12　合肥市四大细分行业高水平人才排名前十的技能

| 排名 | 计算机网络与硬件行业 | 金融行业 | 制造行业 | 软件与IT服务行业 |
|---|---|---|---|---|
| 1 | Office软件 | Office软件 | 管理 | Java |
| 2 | 项目管理 | 客户服务 | 项目管理 | 项目管理 |
| 3 | Java | 管理 | Office软件 | C++ |
| 4 | Linux | 领导力 | 领导力 | Python |
| 5 | C | 数据分析 | 客户服务 | 管理 |

## 第十章 长三角地区重点城市的高水平人才和数字人才现状

续表

| 排名 | 计算机网络与硬件行业 | 金融行业 | 制造行业 | 软件与 IT 服务行业 |
|---|---|---|---|---|
| 6 | C++ | 金融分析 | 谈判 | Office 软件 |
| 7 | 管理 | 团队协作 | 商业开发 | Linux |
| 8 | 软件开发 | 英语 | 战略规划 | 领导力 |
| 9 | 客户服务 | 公众演讲 | 工程学 | C |
| 10 | Python | 研究 | 制造 | JavaScript |

资料来源：笔者根据领英人才数据库安徽省高水平人才数据计算绘制。

表 10.13 展示了四个细分行业数字人才排名前十的技能。与高水平人才相比，数字人才更加偏重软件编程、算法、软件开发、数据分析、商业建模等数字技能。不同细分行业对通用技能和专业技能的要求仍然很高，体现出数字人才既需要具备 ICT 专业技能，也需要有行业技能。

表 10.13　合肥市四大细分行业高水平人才排名前十的技能

| 排名 | 计算机网络与硬件行业 | 金融行业 | 制造行业 | 软件与 IT 服务行业 |
|---|---|---|---|---|
| 1 | 项目管理 | Office 软件 | 项目管理 | Java |
| 2 | Office 软件 | 管理 | Office 软件 | 项目管理 |
| 3 | 管理 | 客户服务 | 管理 | Office 软件 |
| 4 | Linux | 项目管理 | 客户服务 | 管理 |
| 5 | C++ | 领导力 | 领导力 | Linux |
| 6 | C | 战略规划 | 工程 | JavaScript |
| 7 | 领导力 | 数据分析 | 制造 | 领导力 |
| 8 | Java | 公众演讲 | 战略规划 | C++ |
| 9 | 客户服务 | 金融分析 | 产品开发 | SQL |
| 10 | 软件开发 | 研究 | 销售 | 客户服务 |

资料来源：笔者根据领英人才数据库安徽省数字人才数据计算绘制。

### 四 职位等级

在合肥市高水平人才的职位等级分布中,初级职位占比为53.44%,与长三角地区整体水平相比,更多的高水平人才处在初级职位(如图10.34所示)。与高水平人才相比,合肥市的数字人才更加集中分布在初级职位,占比高达63.57%。而高级专业职位、经理职位和总监及以上职位的数字人才占比均低于高水平人才。

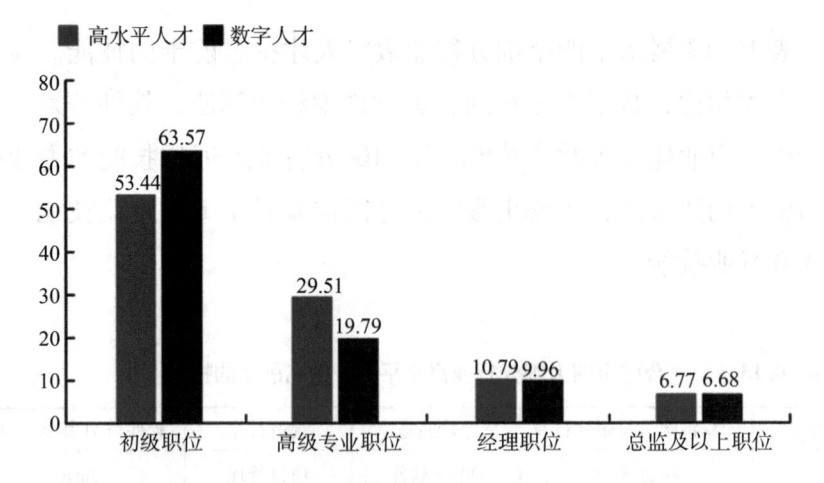

**图10.34 合肥市高水平人才和数字人才的职位等级分布情况(%)**

资料来源:笔者根据领英人才数据库安徽省高水平人才、数字人才数据计算绘制。

### 五 人才优劣势分析

我们选择了十个主要行业,分别从高水平人才和数字人才的角度分析合肥市在长三角地区的人才集中度与优劣势。图10.35和图10.36分别展示了合肥市十大行业中高水平人才集中度和数字人才集中度。十大行业的高水平人才集中度差异较大,教育行业、软件与IT服务行业、计算机网络和硬件行业的人才集中度均大于1,表

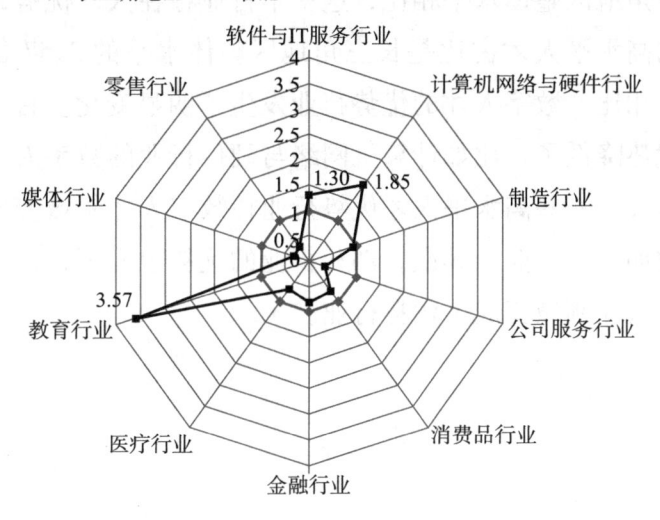

# 第十章 长三角地区重点城市的高水平人才和数字人才现状

**图 10.35 合肥市高水平人才集中度比较**

资料来源：笔者根据领英人才数据库长三角地区数字人才数据计算绘制。

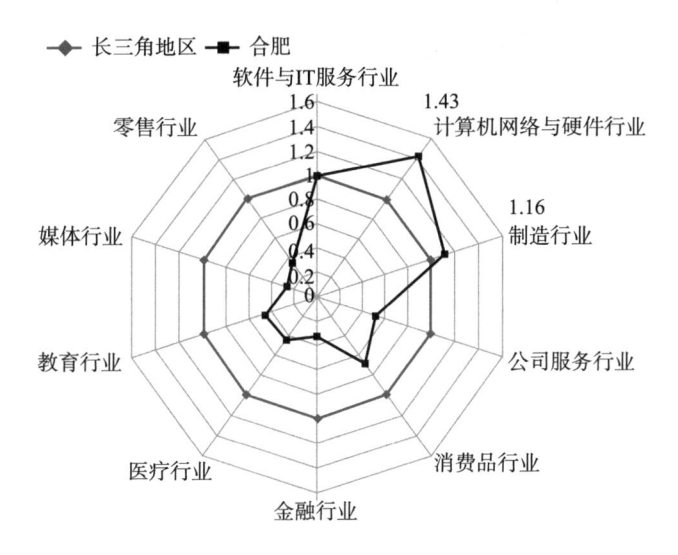

**图 10.36 合肥市数字人才集中度比较**

资料来源：笔者根据领英人才数据库长三角地区数字人才数据计算绘制。

明与长三角地区整体水平相比,这三个行业存在人才优势,其中教育行业的高水平人才占比是长三角地区整体水平的 3.57 倍。与高水平人才相比,数字人才的优势行业发生了明显变化。首先,部分行业的优势降低了,比如计算机网络与硬件行业的数字人才集中度降低了,甚至一些高水平人才优势行业在数字人才领域变成了劣势行业,比如教育行业。其次,部分行业的优势上升了,比如制造行业在数字人才领域变成了优势行业。

# 第十一章

# 长三角地区高水平人才和数字人才的流动情况

针对长三角地区的人才流动,我们考察了三个维度:(1)长三角地区人才在国际及港澳台范围内的流动,(2)长三角地区人才在国内①的流动,(3)长三角地区人才在长三角地区内的流动。本章从以上三个维度出发,分别对高水平人才和数字人才的流动情况进行了深入分析。

## 第一节 国际及港澳台流动情况分析

如表 11.1 所示,长三角地区高水平人才的国际及港澳台流入来源排名前五的分别为美国、英国、中国台湾、法国和中国香港,流入人才合计占比为 55.50%;其中美国和英国所占比重分别为 26.39% 和 10.24%。高水平人才的国际及港澳台流出目的地前五分别为美国、英国、中国香港、法国和澳大利亚,流出人才合计占比为 51.76%;美国和英国的占比分别为 26.39% 和 7.39%。长三角地区数字人才的国际及港澳台流入来源排名前五的合计占比为

---

① 本章所指的国内,不包含港澳台及长三角地区。

55.86%，流出目的地排名前五的合计占比为55.98%，均稍高于高水平人才，而且与美国的数字人才往来也更加密切。

表11.1 长三角地区高水平人才和数字人才的国际及港澳台流入流出地及百分比  单位：%

| 排名 | 国际及港澳台人才流入 | | 国际及港澳台人才流出 | |
| --- | --- | --- | --- | --- |
| | 高水平人才 | 数字人才 | 高水平人才 | 数字人才 |
| 1 | 美国（26.39） | 美国（28.00） | 美国（26.39） | 美国（31.33） |
| 2 | 英国（10.24） | 英国（8.62） | 英国（7.39） | 法国（7.58） |
| 3 | 中国台湾（6.51） | 法国（8.44） | 中国香港（6.64） | 英国（5.79） |
| 4 | 法国（6.29） | 中国台湾（5.90） | 法国（6.03） | 德国（5.73） |
| 5 | 中国香港（6.07） | 中国香港（4.90） | 澳大利亚（5.31） | 澳大利亚（5.55） |

资料来源：笔者根据领英人才数据库长三角地区高水平人才、数字人才数据计算绘制。

在国际及港澳台人才流动情况中，我们计算了人才流入人数与人才流出人数之比（以下简称"人才流入流出比"），人才流入流出比大于1表示某地区/城市在监测时间范围内处于人才净流入状态，人才流入流出比小于1表示处于人才净流出状态。如图11.1所示，2014-2017年，在长三角地区整体层面国际及港澳台人才是净流入的状态，不过每个城市的情况各有不同。上海具有最大的国际及港澳台人才流入和流出的绝对数值，但是二者之比却只稍微超过长三角地区平均水平，不存在太大的优势，这可能是因为上海的国际及港澳台人才需求偏向于饱和。最突出的城市是浙江的金华和江苏的常州，这两个城市处于高速发展期，对国际及港澳台人才的吸引力和保留率都居于前列。而国际及港澳台人才流入流出比最小的两个城市是南京和合肥，这可能是因为二者的教育行业都比较发

## 第十一章　长三角地区高水平人才和数字人才的流动情况

达，在人才方面的定位都是培养和供给人才。

在数字人才方面，长三角地区整体层面国际及港澳台人才是净流入的状态。在城市层面，国际及港澳台数字人才净流入的城市为上海、杭州、苏州和常州。在江苏，国际及港澳台数字人才净流入比最高的城市为常州，人才流入流出比达到了1.3；浙江净流入比最高的城市是杭州；合肥处于人才净流出的状态，人才流入流出比只有0.85。与高水平人才相比，长三角地区数字人才的净流出幅度大大降低，在大部分人才流出城市中人才流入流出比接近于1，这也表明数字人才在长三角地区的保留率较高。

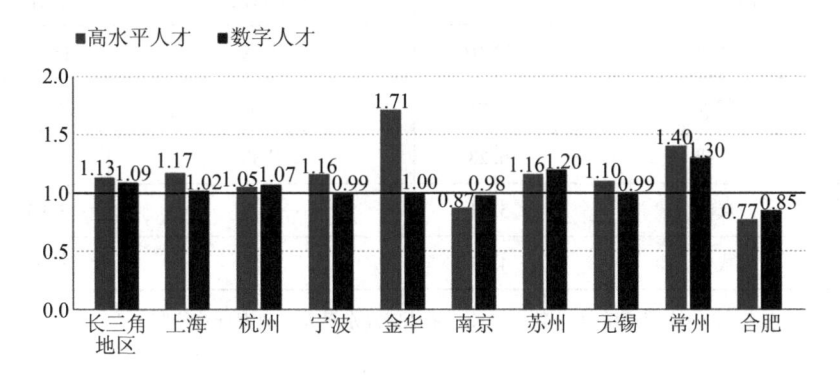

图11.1　长三角地区及重点城市高水平人才和
数字人才的国际及港澳台流入流出比（%）

资料来源：笔者根据领英人才数据库长三角地区高水平人才、数字人才数据计算绘制。

## 第二节　国内流动情况分析

如表11.2所示，长三角地区高水平人才的国内流入来源排名前五的城市为北京、深圳、广州、武汉和成都，流入人才合计占比为46.57%，其中北京和深圳所占比重分别为23.08%和7.93%。

高水平人才的国内流出目的地排名前五的城市为北京、深圳、广州、成都和武汉，流出人才合计占比为42.34%，其中北京和深圳的占比分别为18.38%和10.93%。总体来说，高水平人才流入来源地和流出目的地比较平衡。数字人才的国内流动情况与高水平人才非常相似（见表11.3），但流入流出地更加集中一些，前五名来源地流入人才合计占比为54.85%，前五名流出地流出人才合计占比为61.41%，均高于高水平人才。

表11.2　　　　长三角地区高水平人才的国内流入流出情况　　　　单位：%

| 流入来源地 | 占比 | 流出目的地 | 占比 |
| --- | --- | --- | --- |
| 北京 | 23.08 | 北京 | 18.38 |
| 深圳 | 7.93 | 深圳 | 10.93 |
| 广州 | 6.28 | 广州 | 5.43 |
| 武汉 | 5.11 | 成都 | 3.93 |
| 成都 | 4.17 | 武汉 | 3.67 |

资料来源：笔者根据领英人才数据库长三角地区高水平人才数据计算绘制。

表11.3　　　　长三角地区数字人才的国内流入流出情况　　　　单位：%

| 流入来源地 | 占比 | 流出目的地 | 占比 |
| --- | --- | --- | --- |
| 北京 | 29.8 | 北京 | 27.84 |
| 深圳 | 9.93 | 深圳 | 16.41 |
| 广州 | 5.60 | 广州 | 6.84 |
| 武汉 | 5.19 | 成都 | 5.31 |
| 成都 | 4.33 | 武汉 | 5.01 |

资料来源：笔者根据领英人才数据库长三角地区数字人才数据计算绘制。

# 第十一章　长三角地区高水平人才和数字人才的流动情况

如图 11.2 所示，通过分析国内与长三角地区的人才流动情况，我们发现长三角地区对国内高水平人才存在吸引力，人才流入流出比为 1.06。其中吸引力最强的城市是上海，人才流入流出比达到 1.41；其次为杭州，其他的 7 个城市都在向国内流失人才，且金华和合肥的流出程度最严重。同时，长三角地区对国内的数字人才存在非常明显的吸引力，数字人才流入流出比达到 1.35。其中吸引力最大的城市是杭州，人才流入流出比达到 1.74，超过上海。与高水平人才相反，宁波和苏州的国内数字人才保持净流入状态，但金华、南京、无锡、常州和合肥都在向国内流失数字人才，且流失比重均比较高，与高水平人才流出幅度相近。

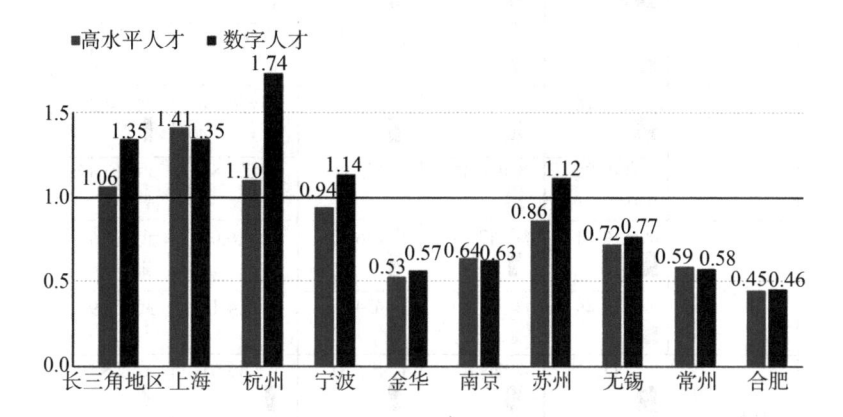

**图 11.2　长三角地区及重点城市高水平人才和数字人才的国内流入/流出比**

资料来源：笔者根据领英人才数据库长三角地区高水平人才、数字人才数据计算绘制。

城市层面的国内人才流入流出地排名如图 11.3 和图 11.4 所示。总体来说，北京和深圳是与长三角地区各个城市人才往来最频繁的两个国内城市，广州、武汉、成都三大城市与长三角地区的人才交流也非常密切。此外，浙江、江苏、安徽三省中不属于长三角地区的城市与长三角地区的人才往来也比较频繁，包括浙江温州、江苏徐州、安徽蚌埠等。

| | 排名 | | | | |
|---|---|---|---|---|---|
| | 1 | 2 | 3 | 4 | 5 |
| 宁波 | 北京12.58 | 深圳8.61 | 温州7.62 | 武汉4.30 | 成都3.64 |
| | 深圳11.20 | 北京9.18 | 温州4.98 | 广州4.35 | 武汉3.58 |
| 金华 | 深圳9.77 | 温州9.04 | 广州7.89 | 北京6.02 | 成都3.76 |
| | 深圳11.07 | 温州5.73 | 北京4.15 | 西安3.56 | 南昌2.96 |
| 南京 | 北京18.27 | 深圳6.69 | 徐州5.71 | 武汉4.73 | 广州4.16 |
| | 北京18.02 | 深圳8.15 | 徐州5.94 | 广州4.52 | 成都3.47 |
| 苏州 | 北京12.16 | 深圳8.96 | 武汉6.48 | 广州4.81 | 西安4.22 |
| | 北京10.95 | 深圳8.37 | 广州3.90 | 武汉3.84 | 西安3.15 |
| 无锡 | 北京13.51 | 深圳7.18 | 广州6.32 | 徐州6.03 | 武汉4.64 |
| | 北京12.24 | 深圳5.60 | 成都4.77 | 广州4.15 | 武汉3.94 |
| 常州 | 北京11.73 | 深圳8.67 | 徐州5.61 | 广州5.61 | 武汉5.10 |
| | 深圳8.96 | 北京8.96 | 徐州3.88 | 成都3.58 | 广州3.28 |
| 合肥 | 北京17.44 | 深圳7.83 | 广州7.65 | 蚌埠6.41 | 武汉4.63 |
| | 北京12.56 | 深圳8.24 | 广州4.40 | 蚌埠4.32 | 武汉3.92 |

■人才流入　■人才流出

**图11.3　重点城市高水平人才的国内流入流出地排名（%）**

资料来源：笔者根据领英人才数据库长三角地区高水平人才数据计算绘制。

# 第十一章 长三角地区高水平人才和数字人才的流动情况

■人才流入　■人才流出

|  | 排名 1 | 2 | 3 | 4 | 5 |
|---|---|---|---|---|---|
| 上海 | 北京34.21 | 深圳9.81 | 广州6.29% | 武汉4.71 | 成都4.05 |
|  | 北京31.57 | 深圳15.43 | 广州6.67 | 成都5.12 | 武汉4.41 |
| 杭州 | 北京30.78 | 深圳10.75 | 武汉6.06 | 广州5.44 | 成都4.45 |
|  | 北京20.60 | 深圳10.03 | 广州8.15 | 成都5.58 | 武汉4.72 |
| 宁波 | 北京14.04 | 深圳12.28 | 成都5.26 | 保定5.26 | 温州5.26 |
|  | 深圳16.00 | 北京13.00 | 广州9.00 | 天津6.00 | 厦门3.00 |
| 金华 | 东莞11.54 | 北京11.54 | 深圳7.69 | 成都7.69 | 温州7.69 |
|  | 深圳10.87 | 武汉6.52 | 长沙6.52 | 南昌6.52 | 北京6.52 |
| 南京 | 北京28.96 | 深圳7.24 | 徐州5.43 | 成都5.43 | 广州4.52 |
|  | 北京28.37 | 深圳13.47 | 徐州4.87 | 广州4.30 | 成都4.01 |
| 苏州 | 北京16.93 | 深圳10.97 | 成都6.90 | 武汉5.33 | 天津4.39 |
|  | 北京12.98 | 深圳9.82 | 武汉7.02 | 西安4.56 | 徐州3.51 |
| 无锡 | 北京20.24 | 武汉7.14 | 深圳5.95 | 广州5.95 | 徐州4.76 |
|  | 北京14.68 | 深圳11.01 | 武汉6.42 | 广州4.59 | 西安3.67 |
| 常州 | 深圳25.00 | 北京10.71 | 广州10.71 | 武汉10.71 | 徐州7.14 |
|  | 深圳12.50 | 广州6.25 | 昆明4.17 | 西安4.17 | 长沙4.17 |
| 合肥 | 北京22.22 | 深圳17.28 | 武汉11.11 | 广州6.17 | 成都3.70 |
|  | 北京22.03 | 深圳12.43 | 广州3.39 | 武汉2.82 | 温州2.26 |

**图 11.4　重点城市数字人才的国内流入流出地排名（%）**

资料来源：笔者根据领英人才数据库长三角地区数字人才数据计算绘制。

171

## 第三节 长三角地区内流动情况分析

我们进一步分析长三角地区内各城市之间的人才流动情况（如图11.5所示），对高水平人才吸引力最高的城市是上海，高水平人才流入流出比达到1.50，其次是金华。南京和合肥的高水平人才流入流出比最低，高水平人才流失比较严重。对长三角地区内数字人才吸引力最高的城市是杭州，数字人才流入流出比达到1.68；其次是上海。另一个数字人才净流入的城市是苏州，其他城市均处于数字人才净流出状态。南京、合肥和常州的数字人才流入流出比较低，数字人才流失比较严重。尽管常州对国际及港澳台人才具有较高的吸引力，但是它缺乏对长三角地区和国内人才的吸引力，在高水平人才和数字人才流动中均处于净流出状态。

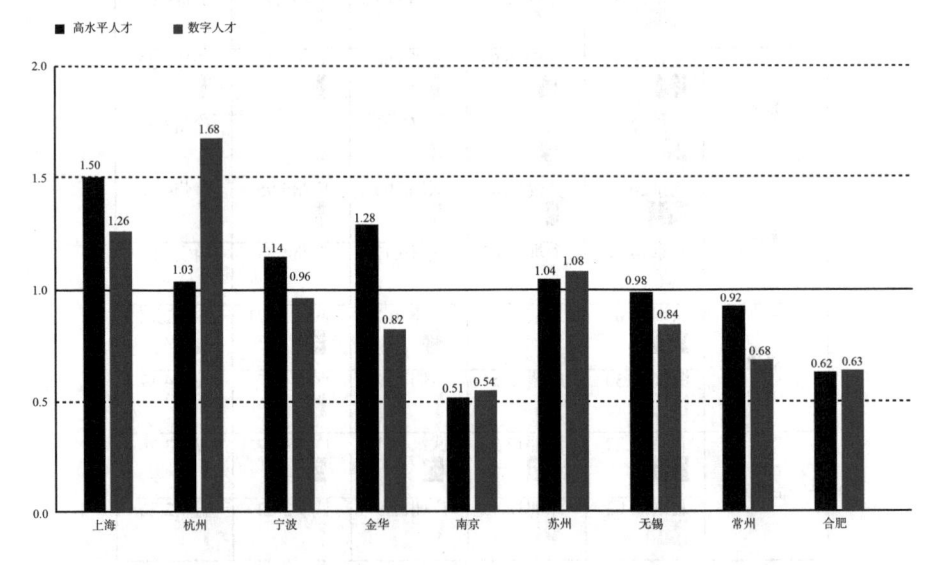

图11.5 重点城市高水平人才和数字人才的长三角地区内流入流出比

资料来源：笔者根据领英人才数据库长三角地区高水平人才、数字人才数据计算绘制。

# 第十一章 长三角地区高水平人才和数字人才的流动情况

我们挑选了四个代表性城市：上海、杭州、南京和苏州，以进一步分析城市层面的流动细节和主要行业的人才流入流出情况。

## 一 上海

如表11.4和图11.6所示，上海高水平人才在长三角地区内流入最多的5个来源地分别为苏州、南京、杭州、合肥和无锡，流入人才合计占比为78.41%。相似地，上海高水平人才在长三角地区内流出最多的5个目的地分别为杭州、苏州、南京、合肥和宁波，流出人才合计占比为77.80%。总体来说，上海高水平人才在长三角地区内的流入来源地和流出目的地都非常集中。从上海高水平人才在长三角地区内流动的行业分布来看，流入人才和流出人才的主要行业占比非常接近。相比于流入人才，上海在ICT行业和制造行业两大主导行业中流出人才占比略高，而在其他特色行业中流出人才占比略低。

表11.4　　上海高水平人才在长三角地区内的流动情况　　单位：%

| 流入来源地 | 占比 | 流出目的地 | 占比 |
| --- | --- | --- | --- |
| 苏州 | 22.64 | 杭州 | 29.06 |
| 南京 | 20.97 | 苏州 | 23.35 |
| 杭州 | 20.07 | 南京 | 12.24 |
| 合肥 | 8.20 | 合肥 | 7.27 |
| 无锡 | 6.53 | 宁波 | 5.88 |

资料来源：笔者根据领英人才数据库长三角地区高水平人才数据计算绘制。

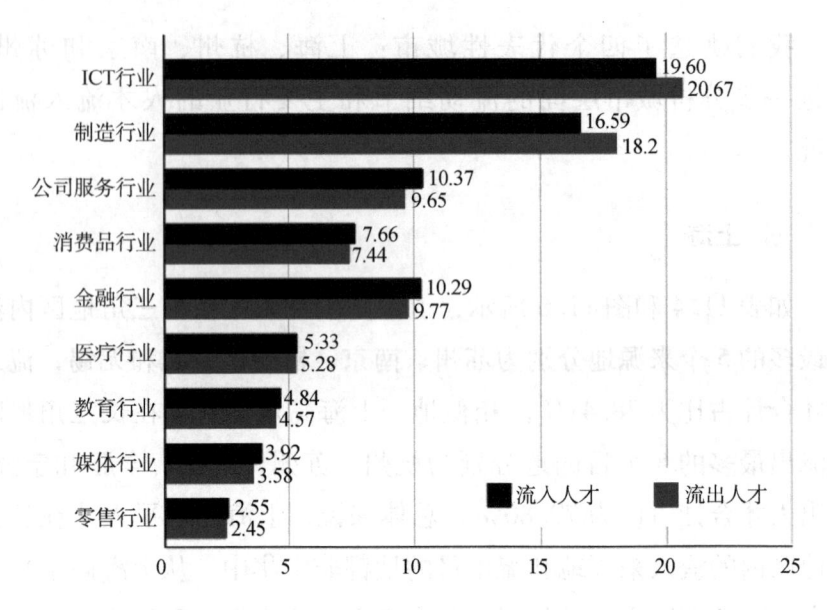

数字化转型：数字人才与中国数字经济发展

| 行业 | 流入人才 | 流出人才 |
|---|---|---|
| ICT行业 | 19.60 | 20.67 |
| 制造行业 | 16.59 | 18.2 |
| 公司服务行业 | 10.37 | 9.65 |
| 消费品行业 | 7.66 | 7.44 |
| 金融行业 | 10.29 | 9.77 |
| 医疗行业 | 5.33 | 5.28 |
| 教育行业 | 4.84 | 4.57 |
| 媒体行业 | 3.92 | 3.58 |
| 零售行业 | 2.55 | 2.45 |

**图 11.6 上海高水平人才在长三角地区内的行业流动情况（%）**

资料来源：笔者根据领英人才数据库长三角地区高水平人才数据计算绘制。

## 二 杭州

如表 11.5 和图 11.7 所示，杭州高水平人才在长三角地区内流入最多的 5 个来源地分别为上海、宁波、南京、金华和苏州，流入人才合计占比为 68.41%，其中上海和宁波占比分别为 39.06% 和 10.98%。杭州高水平人才在长三角地区内流出最多的 5 个目的地分别为上海、宁波、金华、嘉兴和绍兴，流出人才合计占比为 75.61%，其中上海和宁波的占比分别为 41.98% 和 15.63%。从数值上看，杭州高水平人才流出目的地比流入来源地更加集中一些；从地理位置上看，杭州高水平人才流入来源地分布也更加分散。同时，杭州高水平人才在长三角区域内流入和流出的主要行业占比差别也比较大。在杭州最具代表性的 ICT 行业，流入人才占比大大超过了流出人才，人才集聚效应明显，而在其他行业中流入人才占比

## 第十一章 长三角地区高水平人才和数字人才的流动情况

均低于流出人才。

表11.5　　　杭州高水平人才在长三角地区内的流动情况　　　单位：%

| 流入来源地 | 占比 | 流出目的地 | 占比 |
| --- | --- | --- | --- |
| 上海 | 39.06 | 上海 | 41.98 |
| 宁波 | 10.98 | 宁波 | 15.63 |
| 南京 | 7.68 | 金华 | 7.81 |
| 金华 | 5.00 | 嘉兴 | 5.34 |
| 苏州 | 5.69 | 绍兴 | 4.85 |

资料来源：笔者根据领英人才数据库长三角地区高水平人才数据计算绘制。

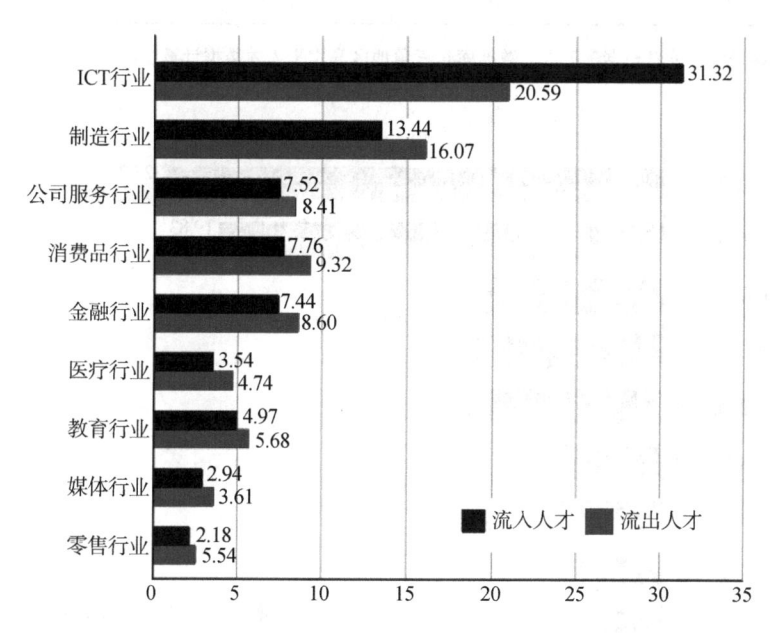

| 行业 | 流入人才 | 流出人才 |
| --- | --- | --- |
| ICT行业 | 31.32 | 20.59 |
| 制造行业 | 13.44 | 16.07 |
| 公司服务行业 | 7.52 | 8.41 |
| 消费品行业 | 7.76 | 9.32 |
| 金融行业 | 7.44 | 8.60 |
| 医疗行业 | 3.54 | 4.74 |
| 教育行业 | 4.97 | 5.68 |
| 媒体行业 | 2.94 | 3.61 |
| 零售行业 | 2.18 | 5.54 |

**图11.7　杭州高水平人才在长三角地区内的行业流动情况（%）**

资料来源：笔者根据领英人才数据库长三角地区高水平人才数据计算绘制。

数字化转型:数字人才与中国数字经济发展

### 三 南京

如表11.6和图11.8所示,南京高水平人才在长三角地区内流入

表11.6　　　　南京高水平人才在长三角地区内的流动情况　　　单位:%

| 流入来源地 | 占比 | 流出目的地 | 占比 |
| --- | --- | --- | --- |
| 上海 | 29.59 | 上海 | 38.72 |
| 苏州 | 18.11 | 苏州 | 21.40 |
| 合肥 | 10.70 | 无锡 | 9.67 |
| 无锡 | 9.37 | 杭州 | 7.02 |
| 杭州 | 8.04 | 常州 | 5.31 |

资料来源:笔者根据领英人才数据库长三角地区高水平人才数据计算绘制。

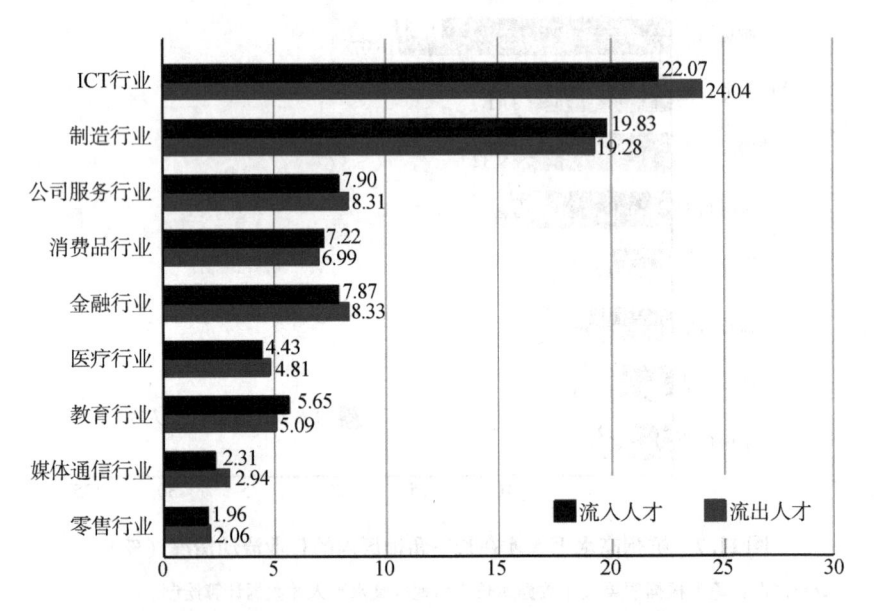

| 行业 | 流入人才 | 流出人才 |
| --- | --- | --- |
| ICT行业 | 22.07 | 24.04 |
| 制造行业 | 19.83 | 19.28 |
| 公司服务行业 | 7.90 | 8.31 |
| 消费品行业 | 7.22 | 6.99 |
| 金融行业 | 7.87 | 8.33 |
| 医疗行业 | 4.43 | 4.81 |
| 教育行业 | 5.65 | 5.09 |
| 媒体通信行业 | 2.31 | 2.94 |
| 零售行业 | 1.96 | 2.06 |

图11.8　南京高水平人才在长三角地区内的行业流动情况(%)

资料来源:笔者根据领英人才数据库长三角地区高水平人才数据计算绘制。

## 第十一章 长三角地区高水平人才和数字人才的流动情况

最多的5个来源地分别为上海、苏州、合肥、无锡和杭州,流入人才合计占比为75.81%,其中上海和苏州的占比分别为29.59%和18.11%。南京高水平人才在长三角地区内流出最多的5个目的地分别为上海、苏州、无锡、杭州和常州,流出人才合计占比为82.12%,其中上海和苏州的占比分别为38.72%和21.40%。与杭州类似,南京高水平人才的流出目的地也比流入来源地分布更加集中。从流动人才的行业分布来看,尽管ICT行业是南京高水平人才占比最高的行业,但ICT行业流出人才占比却高于流入人才占比,表明南京ICT人才在不断流失。

### 四 苏州

如表11.7和图11.9所示,苏州高水平人才在长三角地区内流入最多的5个来源地包括上海、南京、无锡、常州和杭州,流入人才合计占比为82.90%,其中上海和南京的占比分别为35.00%和26.14%,苏州高水平人才在长三角地区内流出最多的5个目的地分别为上海、南京、无锡、杭州和常州,流出人才合计占比为85.71%,其中上海和南京的占比分别为53.10%和11.68%。因此,与

表11.7　　　苏州高水平人才在长三角地区内的流动情况　　　单位:%

| 流入来源地 | 占比 | 人才流出目的地 | 占比 |
| --- | --- | --- | --- |
| 上海 | 35.00 | 上海 | 53.10 |
| 南京 | 26.41 | 南京 | 11.68 |
| 无锡 | 9.78 | 无锡 | 9.86 |
| 常州 | 6.68 | 杭州 | 6.59 |
| 杭州 | 5.03 | 常州 | 4.48 |

资料来源:笔者根据领英人才数据库长三角地区高水平人才数据计算绘制。

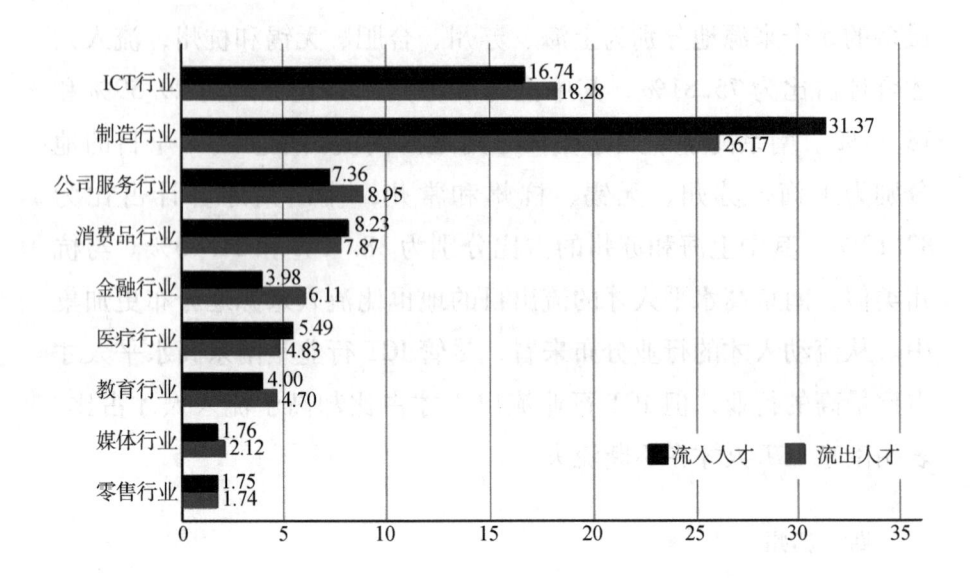

**数字化转型：数字人才与中国数字经济发展**

| 行业 | 流入人才 | 流出人才 |
|---|---|---|
| ICT行业 | 16.74 | 18.28 |
| 制造行业 | 31.37 | 26.17 |
| 公司服务行业 | 7.36 | 8.95 |
| 消费品行业 | 8.23 | 7.87 |
| 金融行业 | 3.98 | 6.11 |
| 医疗行业 | 5.49 | 4.83 |
| 教育行业 | 4.00 | 4.70 |
| 媒体行业 | 1.76 | 2.12 |
| 零售行业 | 1.75 | 1.74 |

图 11.9 苏州高水平人才在长三角地区内的行业流动情况（%）

资料来源：笔者根据领英人才数据库长三角地区高水平人才数据计算绘制。

人才流入相比，苏州的人才流出更加集中，其过半的流出人才去往上海。从高水平人才流动的行业分布来看，在苏州的强势行业制造行业中，流入人才占比显著高于流出人才占比，形成较强的集聚效应，但在ICT行业、公司服务行业、金融行业等重要行业中，流出人才占比均更高。

## 第四节 高水平人才流动群体的职位等级分析

我们进一步对高水平人才流动群体的职位等级进行了分析。上海高水平人才流动群体的职位等级分布如图11.10所示，与流入人才相比，上海的流出人才在两个较高等级职位（经理职位和总监及以上职位）上的占比均更高。这在一定程度上说明，上海偏向于吸

## 第十一章　长三角地区高水平人才和数字人才的流动情况

收初中级职位的高水平人才,而偏向于输出中高级职位的高水平人才。

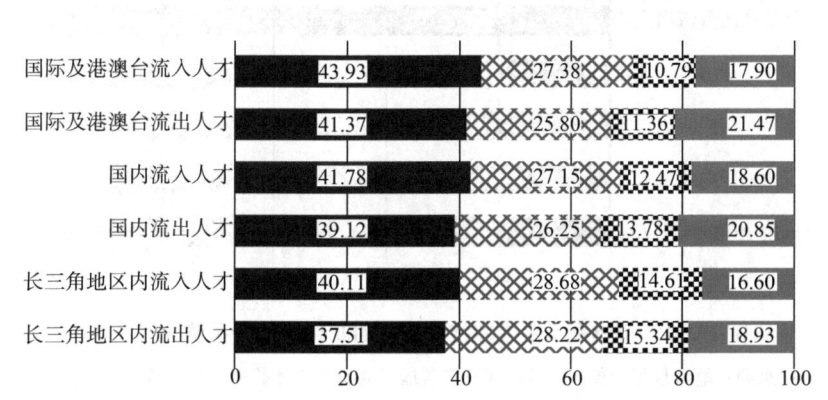

■ 初级职位　✕ 高级专业职位　✿ 经理职位　■ 总监及以上职位

| 类别 | 初级职位 | 高级专业职位 | 经理职位 | 总监及以上职位 |
|---|---|---|---|---|
| 国际及港澳台流入人才 | 43.93 | 27.38 | 10.79 | 17.90 |
| 国际及港澳台流出人才 | 41.37 | 25.80 | 11.36 | 21.47 |
| 国内流入人才 | 41.78 | 27.15 | 12.47 | 18.60 |
| 国内流出人才 | 39.12 | 26.25 | 13.78 | 20.85 |
| 长三角地区内流入人才 | 40.11 | 28.68 | 14.61 | 16.60 |
| 长三角地区内流出人才 | 37.51 | 28.22 | 15.34 | 18.93 |

**图 11.10　上海高水平人才流动群体的职位等级分布情况（%）**

资料来源：笔者根据领英人才数据库长三角地区高水平人才数据计算绘制。

杭州高水平人才流动群体的职位等级分布如图 11.11 所示。在国际及港澳台高水平流动人才方面,杭州更加偏向于流入高级专业及以上职位的人才,而偏向于流出初级职位的人才,但在国内高水平流动人才方面则偏向于流入初级职位的人才。在长三角地区内高水平流动人才方面,杭州的人才流入和流出均比较均匀。

南京高水平人才流动群体的职位等级分布如图 11.12 所示。在国际及港澳台高水平流动人才的职位等级特征方面,南京与杭州类似,其流入人才中高级专业及以上职位的人才占比较高,而流出人才中初级职位人才占比较高。其国内和长三角地区内高水平流动人才也与国际及港澳台情况类似,很大程度上说明南京在长三角地区以输出初级职位人才为主。

**数字化转型：数字人才与中国数字经济发展**

■ 初级职位  × 高级专业职位  ✤ 经理职位  ■ 总监及以上职位

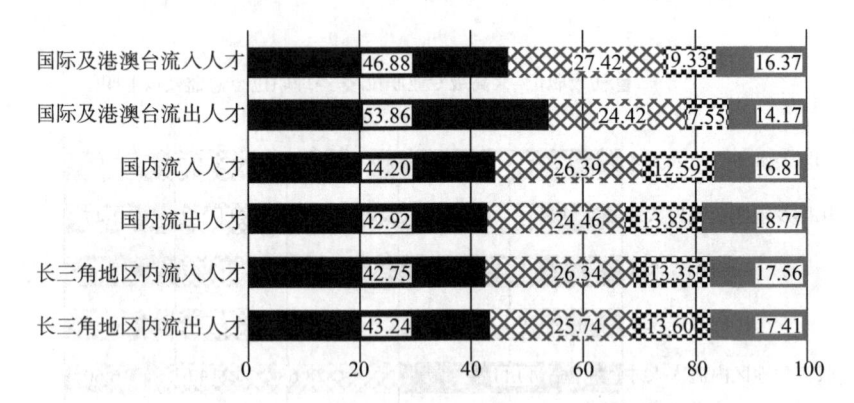

| 群体 | 初级职位 | 高级专业职位 | 经理职位 | 总监及以上职位 |
|---|---|---|---|---|
| 国际及港澳台流入人才 | 46.88 | 27.42 | 9.33 | 16.37 |
| 国际及港澳台流出人才 | 53.86 | 24.42 | 7.55 | 14.17 |
| 国内流入人才 | 44.20 | 26.39 | 12.59 | 16.81 |
| 国内流出人才 | 42.92 | 24.46 | 13.85 | 18.77 |
| 长三角地区内流入人才 | 42.75 | 26.34 | 13.35 | 17.56 |
| 长三角地区内流出人才 | 43.24 | 25.74 | 13.60 | 17.41 |

**图 11.11　杭州高水平人才流动群体的职位等级分布情况（%）**

资料来源：笔者根据领英人才数据库长三角地区高水平人才数据计算绘制。

■ 初级职位  × 高级专业职位  ✤ 经理职位  ■ 总监及以上职位

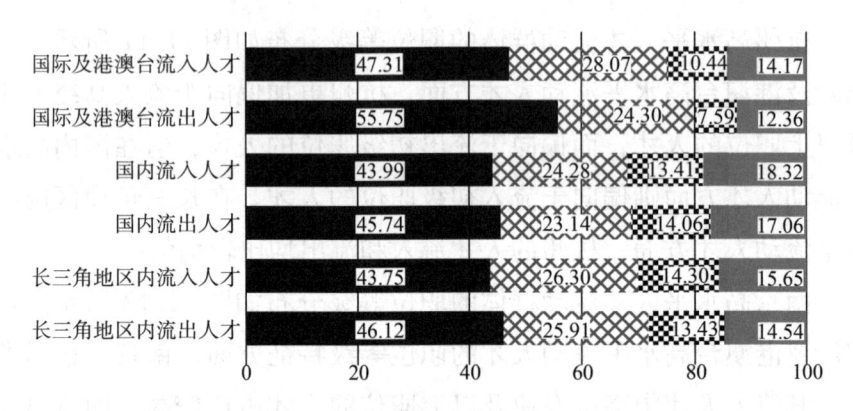

| 群体 | 初级职位 | 高级专业职位 | 经理职位 | 总监及以上职位 |
|---|---|---|---|---|
| 国际及港澳台流入人才 | 47.31 | 28.07 | 10.44 | 14.17 |
| 国际及港澳台流出人才 | 55.75 | 24.30 | 7.59 | 12.36 |
| 国内流入人才 | 43.99 | 24.28 | 13.41 | 18.32 |
| 国内流出人才 | 45.74 | 23.14 | 14.06 | 17.06 |
| 长三角地区内流入人才 | 43.75 | 26.30 | 14.30 | 15.65 |
| 长三角地区内流出人才 | 46.12 | 25.91 | 13.43 | 14.54 |

**图 11.12　南京高水平人才流动群体的职位等级分布情况（%）**

资料来源：笔者根据领英人才数据库长三角地区高水平人才数据计算绘制。

## 第十一章 长三角地区高水平人才和数字人才的流动情况

苏州高水平人才流动群体的职位等级分布如图 11.13 所示。苏州在国际及港澳台高水平人才流动方面流出了较高比例的总监及以上职位人才和初级职位人才，吸收了较高比例的高级专业职位和经理职位人才，但数值差别不大。总监及以上职位人才的缺口通过长三角地区内的高水平流入人才补充，初级职位人才的缺口则通过国内的高水平流入人才补充。总体来说，苏州在三类流动人才的职位等级分布上都比较均衡。

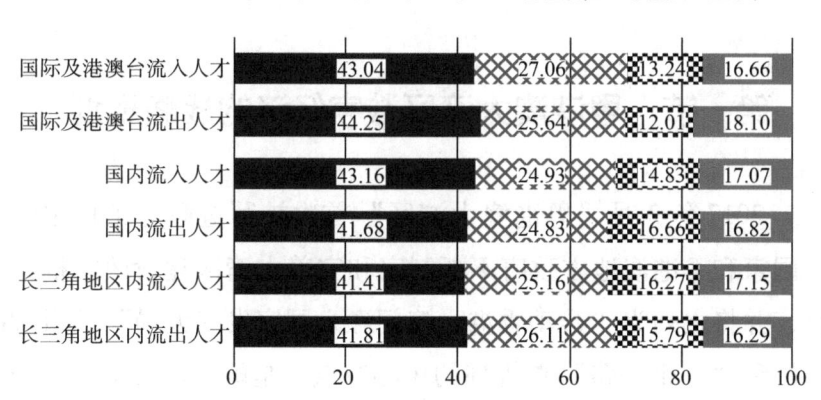

■ 初级职位　× 高级专业职位　◆ 经理职位　■ 总监及以上职位

| 类别 | 初级职位 | 高级专业职位 | 经理职位 | 总监及以上职位 |
| --- | --- | --- | --- | --- |
| 国际及港澳台流入人才 | 43.04 | 27.06 | 13.24 | 16.66 |
| 国际及港澳台流出人才 | 44.25 | 25.64 | 12.01 | 18.10 |
| 国内流入人才 | 43.16 | 24.93 | 14.83 | 17.07 |
| 国内流出人才 | 41.68 | 24.83 | 16.66 | 16.82 |
| 长三角地区内流入人才 | 41.41 | 25.16 | 16.27 | 17.15 |
| 长三角地区内流出人才 | 41.81 | 26.11 | 15.79 | 16.29 |

**图 11.13　苏州高水平人才流动群体的职位等级分布情况（%）**

资料来源：笔者根据领英人才数据库长三角地区高水平人才数据计算绘制。

第十二章

# 粤港澳大湾区数字经济的发展

## 第一节 粤港澳大湾区数字经济的战略规划

自2017年3月"粤港澳大湾区"首次被写进政府工作报告以来,国家和粤港澳地方政府不断制定和完善大湾区建设政策框架和协议,并将之列为"推动香港、澳门融入国家发展大局"的重大战略举措和"一带一路"总规划的核心节点,是国家建设世界级城市群和参与全球竞争的重要空间载体。2018年10月港珠澳大桥的开通将香港到珠海、澳门的距离缩短至45分钟,进一步提升了粤港澳大湾区内部联通性,对于推动区域协调发展具有战略意义。然而,在全球竞争日益激烈、贸易保护主义不断抬头的当今时代,传统的经济形态难以满足湾区日益增长的发展空间需求。推动新型湾区建设应与传统工业城市群有所差别,尤其需要新型经济的推动,发展新产业,生成新业态,创造新商业模式。

数字经济的兴起为粤港澳大湾区发展带来了新的机遇。它以数字化知识和信息作为关键生产要素、以现代信息网络为重要载体、以信息通信技术的有效使用作为效率提升和经济结构优化的重要推

## 第十二章 粤港澳大湾区数字经济的发展

动力，通过创新技术带动引领产业转型和变革。在粤港澳大湾区建设中，数字经济能够通过大数据、"互联网＋"、人工智能、智能制造等多个领域拓展发展空间，帮助粤港澳大湾区更便捷地找寻资源配置和生产要素组合，帮助各城市突出自身特色与功能定位，最大程度发挥集聚效应、分工效应、协作效应和规模效应。目前，从国家层面的战略规划到粤港澳大湾区各省市的布局规划，都在大力推进粤港澳大湾区数字经济的协同发展。

### 一 国家层面战略规划

2017年7月1日，为充分发挥粤港澳大湾区的综合优势，深化合作，推进大湾区建设，高水平参与国际合作，国家发改委、广东省人民政府、香港特别行政区政府、澳门特别行政区政府一同制定了《深化粤港澳合作推进大湾区建设框架协议》，将大湾区建设正式写入国家战略规划。2018年4月，国务院印发《进一步深化中国（广东）自由贸易试验区改革开放方案》，明确了广东自贸试验区"两区一枢纽"的战略定位，确立了广东自贸试验区建设开放型经济新体制先行区、建设高水平对外开放门户枢纽、打造粤港澳大湾区合作示范区的新使命和新任务。2019年2月18日，国务院印发《粤港澳大湾区发展规划纲要》，提到要"依托香港、澳门、广州、深圳等中心城市的科研资源优势和高新技术产业基础，充分发挥国家级新区、国家自主创新示范区、国家高新区等高端要素集聚平台作用，联合打造一批产业链条完善、辐射带动力强、具有国际竞争力的战略性新兴产业集群，增强经济发展新动能"，其中特别提到要积极发展数字经济和共享经济，促进经济转型升级和社会发展。

## 二 各省市及地区的数字经济相关规划

### （一）广东省

广东省在 2013 年已率先布局、加快发展以数据为关键要素的数字经济，在全国率先成立广东省实施大数据战略专家委员会。2016 年广东省政府获国家有关部委批准建设"珠江三角洲国家大数据综合试验区"，努力打造"一区两核三带"的大数据发展格局。同年，广东省政府发布了《广东省人民政府关于深化制造行业与互联网融合发展的实施意见》，重点从制造行业与互联网融合平台建设、培育制造行业与互联网融合新模式、提升制造行业与互联网融合水平等方面推进"两化"融合。平台建设方面，加快建设和完善制造企业互联网"双创"平台、工业云平台、工业电子商务平台。新模式方面，从设计、制造、生产和供应链管理等多个维度推动新模式的形成与发展。融合水平方面，提升融合基础创新能力、制造行业与互联网协同创新能力、绿色制造能力等。

2018 年广东省发布《广东省数字经济发展规划（2018—2025 年）》（征求意见稿），争取用 5—8 年时间，将广东建设成为国家数字经济发展先导区、数字丝绸之路战略枢纽和全球数字经济创新中心。紧抓国家"一带一路"倡议机遇，面向沿线国家发展大数据、云计算、智能制造等数字经济需求，促进与"一带一路"沿线国家数字基础设施互联互通，推进大数据、云计算等国际产能合作和装备制造合作，加快境外合作园区建设，鼓励和支持大型企业"走出去"和"引进来"，以数字经济的国际化发展推动数字丝绸之路建设。

### （二）香港特别行政区

香港特别行政区多年来一直获评为全球最自由经济体及最具竞

## 第十二章　粤港澳大湾区数字经济的发展

争力的经济体之一。但一段时间以来，香港产业结构过于单一，服务业占 GDP 的 90% 以上。为推动其制造行业发展，香港积极推动"互联网+"与产业融合，推动再工业化，借以融入大湾区智能产业链的构建和发展。这种深度融合将是香港经济转型的机遇，"数字经济"正成为香港发展的新动力。在香港的《2018 年施政报告》中，5G、智慧城市与大数据、人工智能等多个数字经济领域都有部署。

在 5G 通信方面，为促使 5G 服务早日面世，预先作好规划推出充足的频谱。政府主动开放合适的政府场所及平台给流动服务营办商安装基站，同时透过资助计划，将光纤网络扩展至新界及离岛的偏远乡村，作为扩大 5G 覆盖的骨干。在智慧城市与大数据方面，大力推进政府数据开放，为科研提供所需的原材料，促进智慧城市发展。在科技创新方面，吸引重点行业的知名机构（如德勤、阿里巴巴等）落户香港，并在香港科学园建设专注于医疗科技和人工智能及机器人科技的两个科技创新平台。在人才方面，推出科技人才入境计划及科技专才培育计划，支持研资局推出杰出学者计划，在引入、培训及留住人才方面三管齐下，壮大本地创科人才库。与内地相关部门共同研究适当措施，促进内地与香港的科研人才流动，推动粤港澳大湾区成为国际科技创新中心。

（三）澳门特别行政区

澳门在数字经济领域表现出"后发先至"的势头。在《2018 年施政报告》和《澳门特别行政区五年发展规划（2016—2020年）》中，澳门都已经明确拟定了智慧城市战略，并与阿里巴巴集团等国内外知名机构合作，将云计算作为其智慧城市构建的基础。并进一步推动政府数据开放和大数据应用，开展建设云计算中心及政府数据整合的工作。凭借云计算和大数据平台的支撑，以及部门间更顺畅的数据交换，在政务、交通、旅游、医疗、安全等领域推动智慧化。

在大数据方面，配合国家"十三五"规划实施大数据战略，建立开放数据库，就城市运作及管理的海量数据定制有关数据的收集及开放标准，以实现咨询共享，带动城市建设及产业的升级换代。在"互联网+"方面，推动传统产业与互联网融合，为新兴产业的成长增添活力。推广移动互联网的应用，研究大数据及云计算在澳门发展的策略，探索物联网的可能性，推动运用信息技术优化城市管理、改善居民生活素质及促进经济发展。

整体来看，澳门正通过城市服务数字化，自上而下地推动各个行业、不同领域的企业在互联网技术上的应用，并把人才作为特区数字经济发展的重中之重。通过推行"海外人才回流考察行动计划"，吸引人才投入特区建设。完善人才资料库的功能，为舒缓行业人才紧缺提供参考依据，2018年推出《澳门中长期人才培养计划——五年行动方案》。

## 第二节　粤港澳大湾区数字经济发展现状

粤港澳大湾区是国家改革开放的战略要地，在40年的发展历程中取得了举世瞩目的成就。在工业化和信息化的潮流之下，数字经济已经成为粤港澳大湾区GDP的重要组成部分，是推动智能时代中国数字经济发展的重要区域。

### 一　广东省

广东省作为全国经济第一大省和制造行业大省，以信息资本投入传统产业而带来的增长份额较大。根据国家信息化百人会的测

# 第十二章 粤港澳大湾区数字经济的发展

算,2016年广东省数字经济发展在规模和增速方面均引领全国发展,数字规模经济达到2.71万亿元,位居全国首位,增速高于全国平均水平。同时,广东省GDP中数字经济所占比重超过30%,其中基础型数字经济规模达8000亿元以上,排在全国首位,融合型数字经济达10000亿元以上,排在全国第二位。

从省内数据来看,2016年全省制造企业的互联网销售率、互联网采购率均超过40%,居全国前列。截至2017年年底通过评定的国家级两化融合贯标试点企业64家,占全国的10%。云计算、物联网、大数据在制造行业企业的应用率均超过20%。服务行业的数字化水平较高,在教育、医疗服务、娱乐、金融、零售、餐饮住宿、交通、旅游等服务业数字化领域均处于全国先进水平,信息消费规模和电子商务交易额居全国首位,跨境电子商务交易量占全国的近七成,移动支付占全国的三成。以互联网与制造行业融合为主体的融合型数字经济发展趋势明显,正逐步成为制造行业转型升级的新动能。

## 二 香港特别行政区

内地(尤其是广东省)数字经济的快速发展为香港带来了新机遇、新动力,使香港能搭乘国家数字经济快车,助推新经济发展。2017年以来,香港数字科技创新氛围逐渐浓厚。去年6月,24名在港中国科学院院士、中国工程院院士给习近平主席写信,表达了报效祖国的迫切愿望和发展创新科技的巨大热情。习近平主席对此高度重视并作出批示:"促进香港同内地加强科技合作,支持香港成为国际创新科技中心,支持香港科技界为建设科技强国、为实现中华民族伟大复兴贡献力量。"目前,香港拥有超过100个人工智能领域的在研项目,香港高校亦具备世界领先的智能科技领域的研究能力。利用自身优势，香港正在成为智能产业的研发中心，并与珠三角的智能制造产业链连接，实现在港的研发和孵化，合力打造粤港澳大湾区的智能产业链及粤港澳世界级科技湾区，成为推动智能时代中国数字经济发展的重要区域。

香港政府致力于经济转型并大力发展智慧城市建设。2017年12月，香港政府公布《香港智慧城市蓝图》，从智慧出行、智慧生活、智慧环境、智慧市民、智慧政府和智慧经济六大方面推行相关政策和措施，涉及近20个计划，首阶段3项措施包括建设数码个人身份、智慧灯柱及政府云端与大数据分析平台。《香港智慧城市蓝图》全盘勾划了未来五年的发展计划，目标是将香港建设成为世界领先智慧城市，利用创新及科技提升城市管理成效，改善市民生活及增强香港的吸引力，实现可持续发展。

### 三 澳门特别行政区

全国数字经济的快速发展给澳门也带来了新的机遇。由澳门官方统计数据可知，2013—2017年，澳门互联网用户增长超过50%，移动电话用户数增长超过30%，在推动运用信息技术优化城市管理方面大步前进，互联网和数字经济也赶上了快车轨道。澳门创新创业环境向好，新成立公司数目从2014年的515家增长到2017年的803家，同时公司资本也大大提高，为澳门高科技、高技术研发和创新带来了人力和活力。此外，澳门金融行业尤其私人部门信贷行业蓬勃发展，为高技术创新型、特别是初创型公司提供经济资本和保障。

澳门重视智慧城市建设。2017年8月，澳门特区政府与阿里巴巴集团签署《构建智慧城市战略合作框架协议》。该协议重视云计算、大数据等互联网技术，阿里巴巴将通过云计算技术、专才培训等不同领域协助澳门特区政府提升城市治理和决策效率，促进澳门

第十二章　粤港澳大湾区数字经济的发展

全新智慧城市和经济数字化转型。此外，阿里云也正与澳门大学合作，计划在其科技学院课程中加入大数据、云计算等教学内容，培养数字人才。

除此之外，澳门在推动城市数字经济和可持续发展上有许多积极的具体行动。例如，2018年9月全球数字经济发展峰会"新技术·新业态·新消费"在澳门举行。同年11月，由世界数字经济组织主办，一年一届的世界数字经济组织合作高峰论坛在澳门举行。这些数字经济峰会的举行对全国乃至世界的数字经济可持续发展产生了重大的影响。

## 第三节　粤港澳大湾区的就业情况

我们基于《中国统计年鉴（2018）》《广东省统计年鉴（2018）》《中国城市统计年鉴（2017）》和香港、澳门官方统计数据中的就业数据对粤港澳大湾区的就业情况进行了分析，包括劳动力的地域分布情况以及在代表性行业的分布情况等。2017年粤港澳大湾区劳动力从业人数约2000万人，比上年同比增长0.24%，比2015年增长0.34%，可见粤港澳大湾区对劳动力具有较强吸引力。

### 一　城市分布

从整体来看，以珠江为界，粤港澳大湾区劳动力分布大体上呈现出东强西弱的状态，如图12.1所示。具体来看，深圳劳动力数量最多，约464万人；其次是香港特别行政区，约382万人；第三是广州，约330万人。这三座城市是粤港澳大湾区的三大核心城市，在经济总量、常住人口总量、劳动力规模、产业发展层次、城市发展水平等方面都已进入国际一流城市行列。

**数字化转型：数字人才与中国数字经济发展**

与2016年相比，2017年粤港澳大湾区劳动力增长速度最快的城市是东莞和珠海，增长率均超过4%，分别为4.83%和4.21%，远超其他城市。另外，惠州、广州和深圳三个城市的劳动力也处于增长状态。然而，肇庆、江门、佛山、中山四个城市的劳动力人数年度变化率均为负值。这些结果表明粤港澳大湾区东部城市（珠江东岸城市）对劳动力吸引力更高，湾区西部城市（珠江西岸城市）除珠海外均在流失劳动力，说明粤港澳大湾区的劳动力呈现出自西向东的集聚趋势。另外，澳门和香港的劳动力也呈现出明显的下降趋势，2016年、2017年劳动力变化率分别为-2.73%和-2.55%，意味着随着粤港澳区域经济一体化和"大桥经济带"的利好预期，劳动力呈现出向内地回流的趋势。

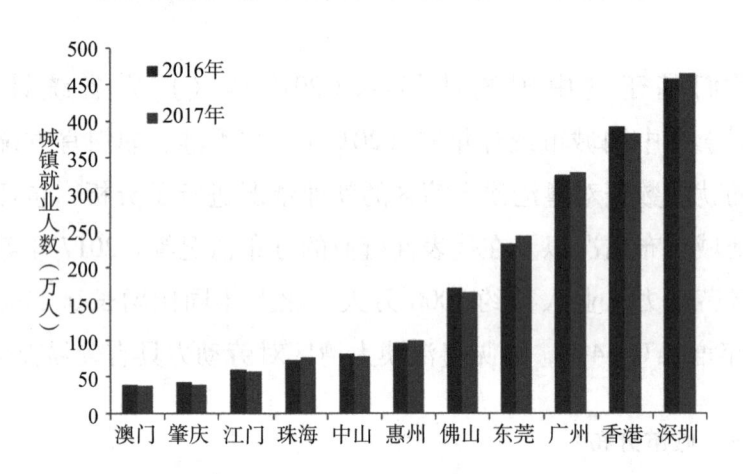

**图12.1 2016—2017年粤港澳大湾区各城市劳动力分布**

资料来源：笔者根据《中国统计年鉴2018》《广东省统计年鉴2018》《中国城市统计年鉴2017》及香港、澳门官方统计数据中的相关就业数据计算绘制。

**二 行业分布**

如图12.2，从行业视角看，2017年粤港澳大湾区制造业劳动

## 第十二章 粤港澳大湾区数字经济的发展

力数量排在首位,超过 800 万人,占粤港澳大湾区劳动力比重超过 40%。此外,粤港澳大湾区劳动力占比排在前五位的代表性行业还包括批发和零售业、建筑业、交通仓储和邮政业、教育业。与全国水平相比,粤港澳大湾区在制造业的劳动力具有非常明显的优势,比全国平均水平高出 16.01%。其次为批发和零售业,比全国平均水平高出 1.68%。另外,在交通运输仓储和邮政业,房地产业,租赁和商务服务业,信息传输、软件和信息技术服务业中粤港澳大湾区的劳动力也具有明显的优势。

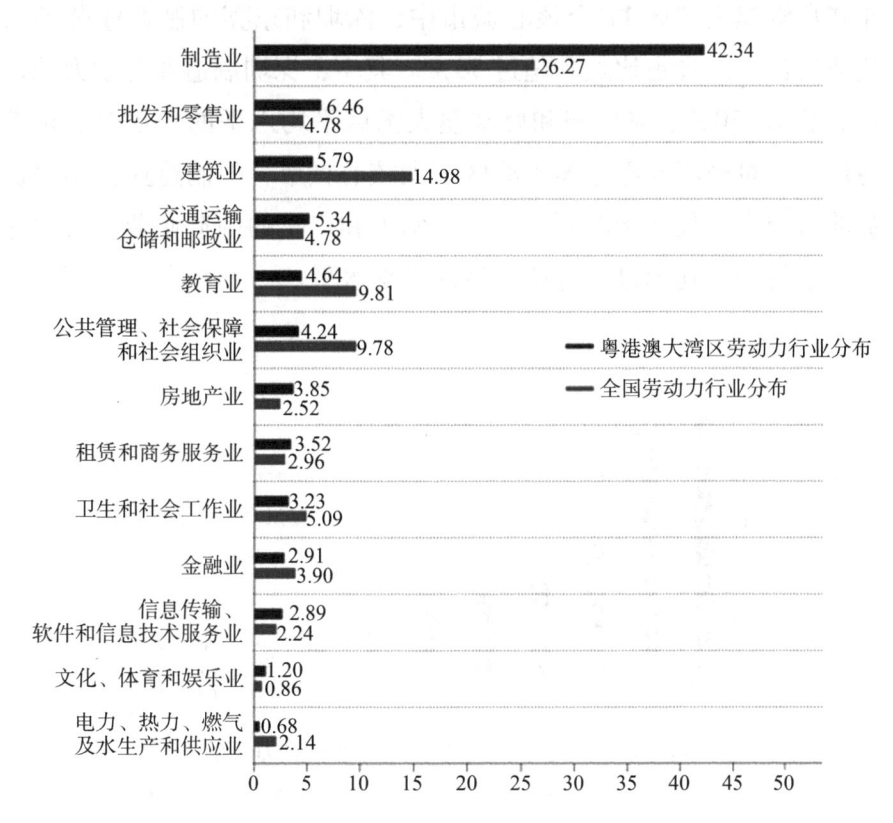

| 行业 | 粤港澳大湾区 | 全国 |
| --- | --- | --- |
| 制造业 | 42.34 | 26.27 |
| 批发和零售业 | 6.46 | 4.78 |
| 建筑业 | 5.79 | 14.98 |
| 交通运输仓储和邮政业 | 5.34 | 4.78 |
| 教育业 | 4.64 | 9.81 |
| 公共管理、社会保障和社会组织业 | 4.24 | 9.78 |
| 房地产业 | 3.85 | 2.52 |
| 租赁和商务服务业 | 3.52 | 2.96 |
| 卫生和社会工作业 | 3.23 | 5.09 |
| 金融业 | 2.91 | 3.90 |
| 信息传输、软件和信息技术服务业 | 2.89 | 2.24 |
| 文化、体育和娱乐业 | 1.20 | 0.86 |
| 电力、热力、燃气及水生产和供应业 | 0.68 | 2.14 |

**图 12.2 2017 年粤港澳大湾区劳动力和全国劳动力的行业分布比较(%)**

资料来源:笔者根据《中国统计年鉴 2018》《广东省统计年鉴 2018》《中国城市统计年鉴 2017》及香港、澳门官方统计数据中的相关就业数据计算绘制。

### 三 重点行业劳动力

从粤港澳大湾区的劳动力行业分布中，我们选择了四个具有代表性的行业进行重点分析：制造业、批发和零售业、金融业和信息行业。

#### （一）制造业

制造业是粤港澳大湾区经济发展的重要支撑力量，其劳动力数量占粤港澳大湾区劳动力总量的42.86%。如图12.3所示，2017年在粤港澳大湾区11个核心城市中，深圳和东莞的制造业劳动力优势突出，二者占比之和超过50%。其中，深圳制造业劳动力的占比高达28.30%，是广州和粤港澳大湾区平均水平的3倍多。东莞劳动力数量虽不及粤港澳大湾区三大核心城市，但制造业劳动力优势非常突出，仅次于深圳。此外，佛山和广州的制造业劳动力也存在一定优势，均超过粤港澳大湾区平均水平。

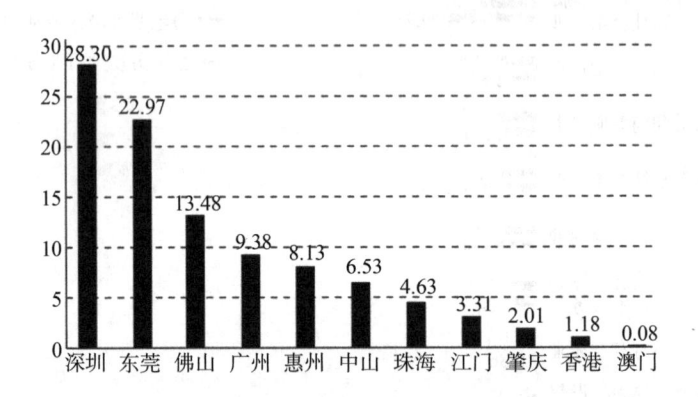

**图12.3 2017年粤港澳大湾区制造行业劳动力分布（%）**

资料来源：笔者根据《中国统计年鉴2018》《广东省统计年鉴2018》《中国城市统计年鉴2017》及香港、澳门官方统计数据中的相关就业数据计算绘制。

## 第十二章 粤港澳大湾区数字经济的发展

### （二）批发和零售业

批发和零售业是粤港澳大湾区的特色优势行业，其劳动力占比为6.46%，显著超过全国平均水平。如图12.4所示，2017年粤港澳大湾区城市中，香港、广州和深圳在批发和零售业的劳动力占比位居前三位，远超过湾区其他城市，三者占比之和超过70%。其中批发和零售业劳动力分布在香港的占比超过30%，位居首位；澳门的劳动力总量最少，但在批发和零售业的劳动力占比较高，位居前列；这体现出二者在消费品和零售领域的发展特色和优势，可能与特别行政区特殊的经济政策紧密相关。

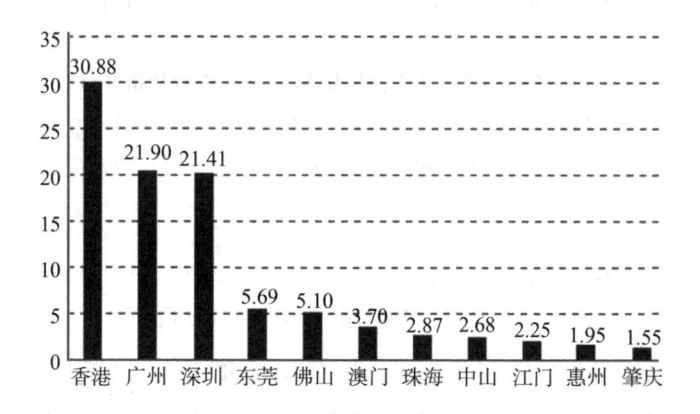

**图12.4　2017年粤港澳大湾区批发和零售业劳动力分布（%）**

|  |  |
| --- | --- |
| 香港 | 30.88 |
| 广州 | 21.90 |
| 深圳 | 21.41 |
| 东莞 | 5.69 |
| 佛山 | 5.10 |
| 澳门 | 3.70 |
| 珠海 | 2.87 |
| 中山 | 2.68 |
| 江门 | 2.25 |
| 惠州 | 1.95 |
| 肇庆 | 1.55 |

资料来源：笔者根据《中国统计年鉴2018》《广东省统计年鉴2018》《中国城市统计年鉴2017》及香港、澳门官方统计数据中的相关就业数据计算绘制。

### （三）信息行业

如图12.5所示，2017年粤港澳大湾区城市中，深圳、广州、香港是信息行业的三大领军城市，三者劳动力占比之和超过80%，信息化发展水平非常高。值得注意的是，珠海的劳动力数量较少，但信息行业劳动力在珠海的数量排名第四，仅次于三大

**数字化转型：数字人才与中国数字经济发展**

核心城市，这体现出珠海对于发展信息产业和数字经济的重视和投入。

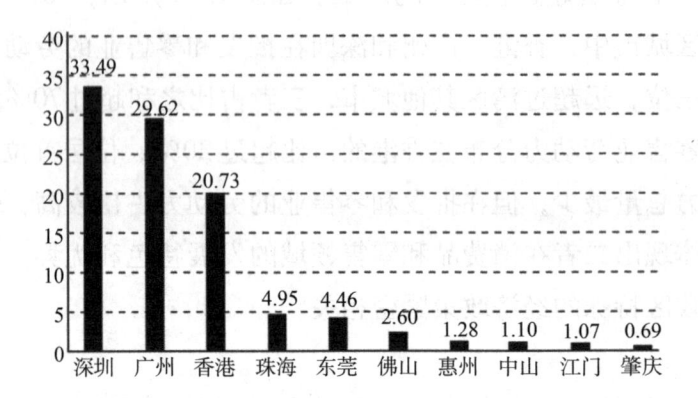

```
40 ┤
35 ┤ 33.49
30 ┤      29.62
25 ┤
20 ┤           20.73
15 ┤
10 ┤
 5 ┤                4.95  4.46
 0 ┤                           2.60  1.28  1.10  1.07  0.69
    深圳  广州  香港  珠海  东莞  佛山  惠州  中山  江门  肇庆
```

**图 12.5　2017 年粤港澳大湾区信息行业劳动力分布（%）①**

资料来源：笔者根据《中国统计年鉴 2018》《广东省统计年鉴 2018》《中国城市统计年鉴 2017》及香港、澳门官方统计数据中的相关就业数据计算绘制。

（四）金融业

如图 12.6 所示，2017 年粤港澳大湾区城市中，三大核心城市金融业的劳动力数量遥遥领先于其他城市。这三大核心城市构筑了坚实的金融基础，为粤港澳大湾区的经济发展提供了强大的保障和支撑。其中，香港金融业的劳动力数量最高，占粤港澳大湾区金融业劳动力的比重高达 46.60%，远高于排名第二的深圳（17.06%）和第三的广州（12.94%），突出体现出其国际金融中心的地位。

---

① 澳门官方统计中无信息行业数据，故澳门信息行业劳动力分布情况做缺失处理。

第十二章 粤港澳大湾区数字经济的发展

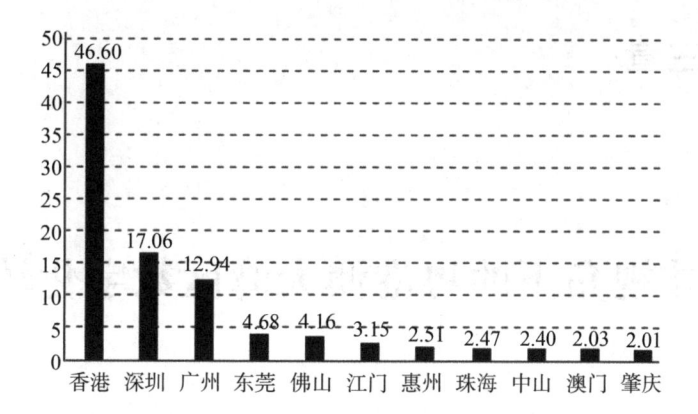

**图 12.6 2017 年粤港澳大湾区金融业劳动力分布（%）**

资料来源：笔者根据《中国统计年鉴 2018》《广东省统计年鉴 2018》《中国城市统计年鉴 2017》及香港、澳门官方统计数据中的相关就业数据计算绘制。

第十三章

# 人才视角下的粤港澳大湾区数字化转型

为了更好地呈现粤港澳大湾区的人才现状和发展趋势，我们从高水平人才和数字人才两个层次进行深入分析。与长三角地区的研究一致，高水平人才是指在整体劳动力中具备高学位、高技能的劳动力群体，本研究选取了本科及以上学位的人才样本。数字人才是指具备 ICT 专业技能和 ICT 补充技能的人才。[①] 我们从粤港澳大湾区的领英人才数据库中抽取约 43.9 万符合高水平人才定义的用户作为高水平人才样本。然后，我们又从高水平人才样本中筛选出约 11.8 万符合数字人才定义的用户作为数字人才样本。因此，本研究中对数字人才样本的分析结果一定程度上能够反映出高水平人才的数字化情况。基于高水平人才和数字人才样本数据，我们分析了粤港澳大湾区高水平人才和数字人才的区域分布、行业分布、教育背景、技能特点等特征，并从行业、教育、技能、职位等多个维度分析人才的数字化程度。

---

[①] 清华经管互联网发展与治理研究中心：《中国经济的数字化转型：人才与就业》，http://cidg.sem.tsinghua.edu.cn/details/achdetails.html?id=130。

# 第十三章 人才视角下的粤港澳大湾区数字化转型

## 第一节 高水平人才和数字人才的区域分布

如图 13.1 所示，从人才分布的城市来看，高水平人才主要集中在深圳、广州和香港，占比依次为 28.66%、26.69% 和 23.36%。同高水平人才城市分布规律类似，数字人才占比最高的三个城市依次为深圳、广州和香港，占比分别为 34.78%、24.78% 和 22.93%。与高水平人才相比，数字人才在深圳最为集中，在其他城市的占比则明显下降。

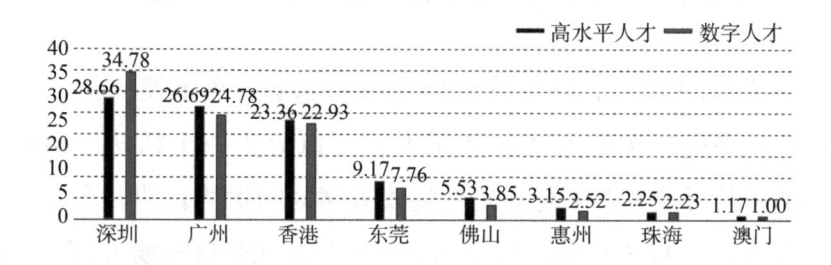

**图 13.1 粤港澳大湾区高水平人才和数字人才的区域分布（%）**[①]

资料来源：笔者根据领英粤港澳大湾区高水平人才、数字人才数据计算绘制。

我们定义各城市中数字人才占高水平人才的百分比为该城市的数字化程度，粤港澳大湾区的平均数字化程度为 26.98%。如图 13.2 所示，在这八个城市中，深圳、珠海、香港位列前三位，但珠海和香港均低于粤港澳大湾区平均水平，深圳的数字化水平远远高于其他城市。佛山的数字化程度最低，不到 20%。广州尽管高水平人才的储备数量均比较高，但数字化程度较低。

---

① 因数据局限，我们只选取了广州、深圳、珠海、东莞、佛山、惠州、香港、澳门八大城市来对粤港澳大湾区的高水平人才和数字人才展开分析。

**数字化转型：数字人才与中国数字经济发展**

―― 粤港澳大湾区平均数字化程度　　―― 城市数字化程度

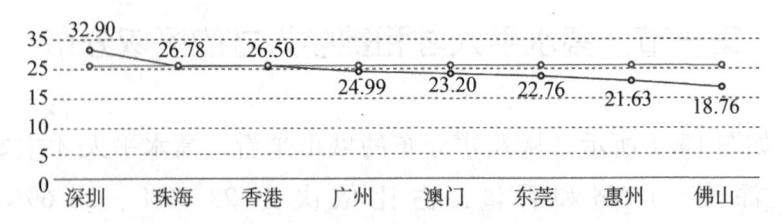

深圳 32.90　珠海 26.78　香港 26.50　广州 24.99　澳门 23.20　东莞 22.76　惠州 21.63　佛山 18.76

图 13.2　粤港澳大湾区各城市的数字化程度（%）

资料来源：笔者根据领英人才数据库粤港澳大湾区高水平人才、数字人才数据计算绘制。

## 第二节　高水平人才和数字人才的行业分布

如图 13.3 所示，从人才的行业分布来看，粤港澳大湾区行业发展比较平衡，按照人才的数量大致可以分为四个梯队。制造行业、消费品行业和 ICT 行业是粤港澳大湾区的优势行业，高水平人才占比均超过 12%；金融行业和公司服务行业是粤港澳大湾区的次优势行业，高水平人才占比均超过 6%；旅游度假行业、零售行业、交通行业、教育行业、媒体行业、非营利行业是粤港澳大湾区的特色行业，高水平人才占比均高于 3%；建筑行业、房地产行业、医疗行业、娱乐行业、设计行业、能源矿产行业、法律行业、保健行业是粤港澳大湾区的相对弱势行业；高水平人才占比低于 3%。与高水平人才相比，数字人才的行业分布排名大体一致，但在 ICT 行业中人才占比接近 40%，远超高水平人才在 ICT 行业的占比，集聚性非常明显，其他行业的数字人才占比则明显降低。

与粤港澳大湾区的劳动力数据相比，高水平人才和数字人才在制造行业的占比均大大降低，表明粤港澳大湾区在制造行业上相对缺乏高水平技术导向，而且数字化融合程度不高，偏向于劳动力密

## 第十三章 人才视角下的粤港澳大湾区数字化转型

集型发展模式。但在信息行业和金融行业中，高水平人才和数字人才占比均明显上升，既体现出两大行业对人才素质的要求，也体现出粤港澳大湾区在两大行业中的人才资源投入和发展水平。

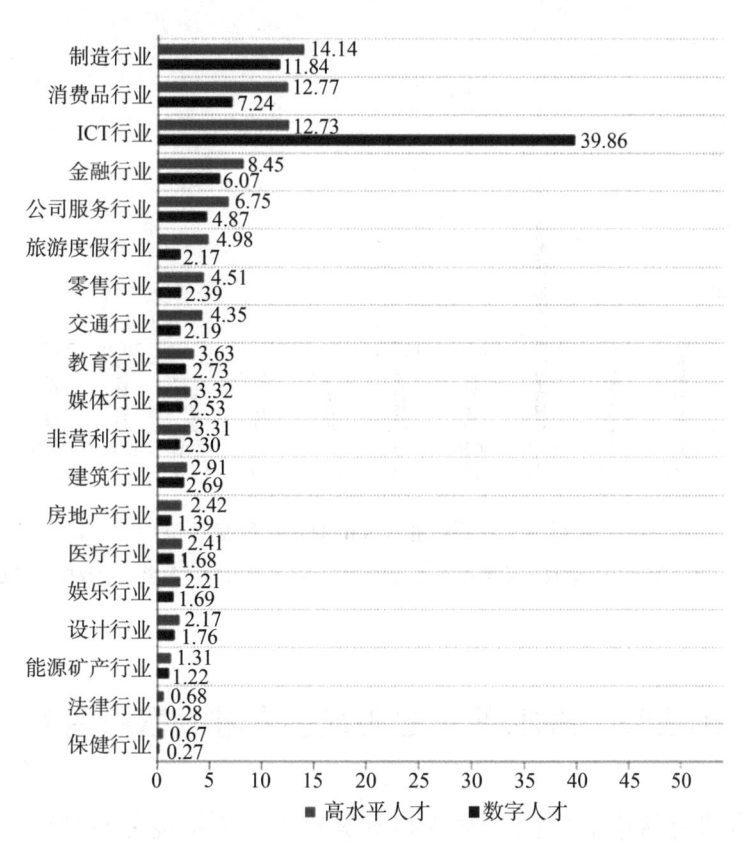

| 行业 | 高水平人才 | 数字人才 |
|---|---|---|
| 制造行业 | 14.14 | 11.84 |
| 消费品行业 | 12.77 | 7.24 |
| ICT行业 | 12.73 | 39.86 |
| 金融行业 | 8.45 | 6.07 |
| 公司服务行业 | 6.75 | 4.87 |
| 旅游度假行业 | 4.98 | 2.17 |
| 零售行业 | 4.51 | 2.39 |
| 交通行业 | 4.35 | 2.19 |
| 教育行业 | 3.63 | 2.73 |
| 媒体行业 | 3.32 | 2.53 |
| 非营利行业 | 3.31 | 2.30 |
| 建筑行业 | 2.91 | 2.69 |
| 房地产行业 | 2.42 | 1.39 |
| 医疗行业 | 2.41 | 1.68 |
| 娱乐行业 | 2.21 | 1.69 |
| 设计行业 | 2.17 | 1.76 |
| 能源矿产行业 | 1.31 | 1.22 |
| 法律行业 | 0.68 | 0.28 |
| 保健行业 | 0.67 | 0.27 |

**图13.3 粤港澳大湾区高水平人才和数字人才的行业分布（%）**

资料来源：笔者根据领英人才数据库粤港澳大湾区高水平人才、数字人才数据计算绘制。

如图13.4所示，我们计算了粤港澳大湾区主要行业高水平人才中数字人才所占比例，以分析行业的数字化程度。其中，ICT行业数字化程度高达84.45%，远超其他行业，体现出粤港澳大湾区非常高的基础型数字经济发展水平。制造行业数字化程度达到22.59%，虽远低于ICT行业，但仍然是粤港澳大湾区数字化融合程度最高的传统行业。其他传统优势行业如零售行业、金融行业、公司服务行业等数字化程度均比较低。这表明粤港澳大湾区基础型数字经济优势明显，融合型数字经济发展还相对滞后，需要进一步加强。

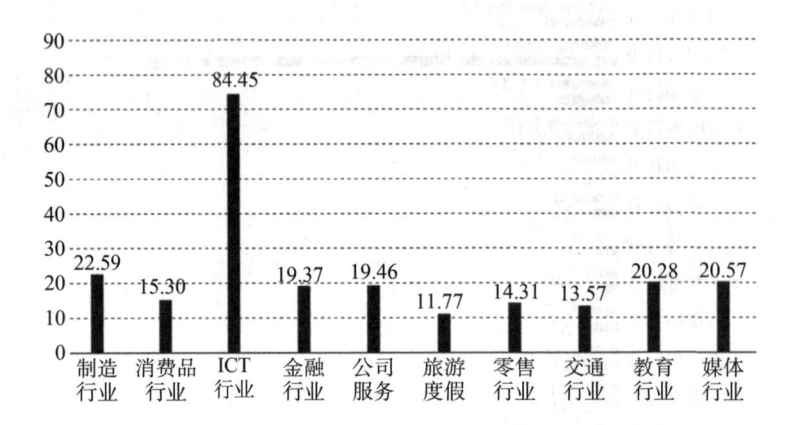

**图13.4 主要行业人才的数字化程度（%）**

制造行业 22.59；消费品行业 15.30；ICT行业 84.45；金融行业 19.37；公司服务 19.46；旅游度假 11.77；零售行业 14.31；交通行业 13.57；教育行业 20.28；媒体行业 20.57

资料来源：笔者根据领英人才数据库粤港澳大湾区高水平人才、数字人才数据计算绘制。

## 第三节 高水平人才和数字人才的教育背景

本研究从毕业学校、学位和所学专业三个维度分析粤港澳大湾区高水平人才和数字人才的教育背景。

### 一 毕业学校

如图13.5所示，在粤港澳大湾区的高水平人才和数字人才中，毕业于国内（不含粤港澳大湾区）大学的比例最高，占比超过40%，超过30%的人才毕业于粤港澳大湾区的大学，另外有相当多的人才具有国际大学（含中国台湾地区）的教育背景，占比超过24%。

# 第十三章 人才视角下的粤港澳大湾区数字化转型

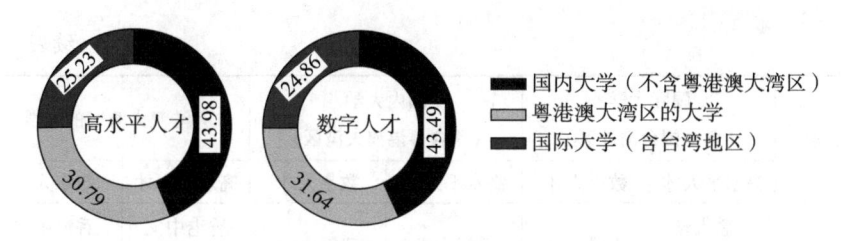

**图13.5 粤港澳大湾区高水平人才和数字人才毕业学校分布(%)**

资料来源：笔者根据领英人才数据库粤港澳大湾区高水平人才数据计算绘制。

我们进一步分析了粤港澳大湾区高水平人才和数字人才的毕业学校排名，二者排名前十的院校类似（见表13.1）。从高水平人才的毕业学校来看，前十所国际大学（含中国台湾地区）中，英国院校占到了7所，澳大利亚2所，加拿大1所，均为国际知名院校。前十所国内大学（不含粤港澳大湾区）主要来源于北京、湘鄂地区和东部沿海地区，其中有3所分布在北京，3所分布在武汉，另外4所分别分布在浙江、上海、福建和湖南，不受地理距离的限制，且均为国内知名院校。而粤港澳大湾区的大学多为香港院校，6所香港公立名校占据了前6名，剩余4所均位于广东，其中3所大学位于广州，1所大学位于深圳。总体而言，粤港澳大湾区高水平人才和数字人才的毕业学校知名度较高，意味着这些人才具备良好的教育背景。

**表13.1 粤港澳大湾区高水平人才和数字人才毕业学校排名**

| 排名 | 国际大学（含中国台湾地区） || 国内大学（不含粤港澳大湾区） || 粤港澳大湾区的大学 ||
|---|---|---|---|---|---|---|
|  | 高水平人才 | 数字人才 | 高水平人才 | 数字人才 | 高水平人才 | 数字人才 |
| 1 | 伦敦政治经济学院 | 伦敦大学学院 | 北京大学 | 北京大学 | 香港大学 | 香港理工大学 |

续表

| 排名 | 国际大学（含中国台湾地区） | | 国内大学（不含粤港澳大湾区） | | 粤港澳大湾区的大学 | |
|---|---|---|---|---|---|---|
| | 高水平人才 | 数字人才 | 高水平人才 | 数字人才 | 高水平人才 | 数字人才 |
| 2 | 伦敦大学学院 | 华威大学 | 武汉大学 | 武汉大学 | 香港中文大学 | 香港中文大学 |
| 3 | 新南威尔士大学 | 考文垂大学 | 清华大学 | 华中科技大学 | 香港理工大学 | 香港城市大学 |
| 4 | 华威大学 | 帝国理工学院 | 华中科技大学 | 清华大学 | 香港城市大学 | 香港大学 |
| 5 | 爱丁堡龙比亚大学 | 新南威尔士大学 | 中国人民大学 | 浙江大学 | 香港科技大学 | 香港科技大学 |
| 6 | 曼彻斯特大学 | 英属哥伦比亚大学 | 浙江大学 | 厦门大学 | 香港浸会大学 | 香港浸会大学 |
| 7 | 英属哥伦比亚大学 | 伦敦政治经济学院 | 厦门大学 | 中国人民大学 | 中山大学 | 中山大学 |
| 8 | 莫纳什大学 | 曼彻斯特大学 | 复旦大学 | 复旦大学 | 广东外语外贸大学 | 广东外语外贸大学 |
| 9 | 帝国理工学院 | 莫纳什大学 | 中南大学 | 上海交通大学 | 深圳大学 | 华南理工大学 |
| 10 | 考文垂大学 | 爱丁堡龙比亚大学 | 中南财经政法大学 | 四川大学 | 华南理工大学 | 深圳大学 |

资料来源：笔者根据领英人才数据库粤港澳大湾区高水平人才数据计算绘制。

## 二 学位

如图13.6所示，粤港澳大湾区的高水平人才以学士学位为主，其占比达到67.37%。硕士学位的占比为29.69%，博士学位的占比仅为2.94%。与高水平人才相比，数字人才各学位分布比较相似，但学士以上学位的数字人才占比明显高于高水平人才，说明数字人才对学位的要求相对更高，也反映出数字经济对人才质量的要求。

第十三章　人才视角下的粤港澳大湾区数字化转型

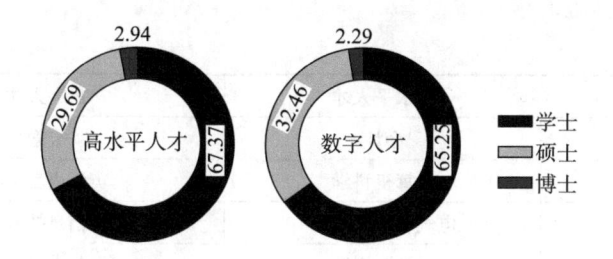

图 13.6　粤港澳大湾区高水平人才和数字人才的学位分布（%）

资料来源：笔者根据领英粤港澳大湾区高水平人才、数字人才数据计算绘制。

### 三　所学专业

在所学专业方面，我们分析了高水平人才和数字人才的所学专业排名。如表13.2所示，粤港澳大湾区高水平人才排名前十的所学专业以工商管理、经济、金融、市场营销、会计、国际商务等经管类专业为主；人文类专业排名也比较高，英语语言文学居于第2位。另外，计算机科学、电气和电子工程等技术型专业也在粤港澳大湾区占据比较重要的地位，意味着ICT行业的发展具有较好的专业基础。数字人才技能与高水平人才类似，经管类专业排名依然较高，但ICT相关专业排名明显上升，进一步表明粤港澳大湾区ICT行业的发展具有较好的人才专业基础。

表 13.2　粤港澳大湾区高水平人才与数字人才的所学专业

| 排名 | 高水平人才 | 数字人才 |
| --- | --- | --- |
| 1 | 工商管理 | 工商管理 |
| 2 | 英语语言文学 | 计算机科学 |
| 3 | 经济 | 电气与电子工程 |
| 4 | 金融 | 经济 |
| 5 | 市场营销 | 市场营销 |

续表

| 排名 | 高水平人才 | 数字人才 |
|---|---|---|
| 6 | 会计 | 金融 |
| 7 | 计算机科学 | 英语语言文学 |
| 8 | 电气和电子工程 | 信息技术 |
| 9 | 会计与金融 | 信息科学 |
| 10 | 国际商务 | 会计 |

资料来源：笔者根据领英人才数据库粤港澳大湾区高水平人才、数字人才数据计算绘制。

## 第四节 高水平人才和数字人才的技能特点和职位等级

### 一 技能特点

技能是衡量和评价人才的关键元素，分析人才所具有的技能能够更清晰地展示出粤港澳大湾区所具备的技能优势和产业优势。从领英高水平人才样本中，我们提取了所有的人才技能并加以分析。如表13.3所示，无论高水平人才还是数字人才，软实力型人才技能均在粤港澳大湾区排名较高，包括管理、领导力等。而销售、营销等零售行业技能的高排名反映出粤港澳大湾区在消费品和零售行业的高发展水平。另外，按照人才技能的职能划分，战略管理人才技能中排名较高的是战略规划，产品研发人才技能排名较高的是项目管理，运营类人才技能排名较高的则是客户服务，各项职能比较完善。

表13.3　粤港澳大湾区高水平人才与数字人才排名前十的技能

| 排名 | 高水平人才 | 数字人才 |
|---|---|---|
| 1 | 管理 | 项目管理 |
| 2 | Office 软件 | 管理 |

## 第十三章 人才视角下的粤港澳大湾区数字化转型

续表

| 排名 | 高水平人才 | 数字人才 |
|---|---|---|
| 3 | 客户服务 | Office 软件 |
| 4 | 项目管理 | 客户服务 |
| 5 | 领导力 | 领导力 |
| 6 | 战略规划 | 商务拓展 |
| 7 | 商务拓展 | 战略规划 |
| 8 | 销售 | 市场营销 |
| 9 | 市场营销 | 销售 |
| 10 | 谈判 | 商业策略 |

资料来源：笔者根据领英人才数据库粤港澳大湾区高水平人才、数字人才数据计算绘制。

不同行业对于人才技能存在不同的需求，分析行业内的人才技能有助于了解粤港澳大湾区在各行业的发展情况。如表13.4所示，我们选择了六个代表性行业[1]来分析高水平人才和数字人才所具有的技能。各行业的人才技能大体上可以分为两类：第一类是各行业都需要的一些通用技能，包括领导、管理、商业战略、Office 软件等；第二类是各行业的特殊技能，简称为行业技能，这类技能在某些行业的需求更高。比如，在消费品行业就业的高水平人才拥有更多营销相关的技能；金融行业则吸纳较多具有银行业务、投资理财、风险管理等相关技能的高水平人才。因此，粤港澳大湾区各个行业既有共同的人才技能基础，又发展出各有特色的人才技能特点。如表13.5所示，与高水平人才相比，在多数行业中数字人才排名前十的技能变化不大，但在制造行业中变化非常明显，制造和工程两大行业技能均进入前十名，体现出数字人才在制造行业的深度融合。

---

[1] 六大代表性行业中，软件与IT服务行业、计算机网络与硬件行业为ICT两大基础行业。

**数字化转型：数字人才与中国数字经济发展**

表13.4　　　粤港澳大湾区主要行业高水平人才排名前十的技能

| 排名 | 消费品行业 | 公司服务行业 | 金融行业 | 制造行业 | 软件与IT服务行业 | 计算机网络与硬件行业 |
|---|---|---|---|---|---|---|
| 1 | 管理 | 管理 | 管理 | 管理 | 项目管理 | 管理 |
| 2 | 客户服务 | Office软件 | Office软件 | 项目管理 | 管理 | 项目管理 |
| 3 | Office软件 | 项目管理 | 项目管理 | Office软件 | Office软件 | Office软件 |
| 4 | 市场营销 | 客户服务 | 金融分析 | 客户服务 | 领导力 | 电信 |
| 5 | 销售 | 领导力 | 客户服务 | 商务拓展 | 客户服务 | 商务拓展 |
| 6 | 项目管理 | 商务拓展 | 银行业务 | 产品开发 | 商务拓展 | 客户服务 |
| 7 | 商务拓展 | 战略规划 | 领导力 | 谈判 | 市场营销 | 领导力 |
| 8 | 营销策略 | 商业策略 | 风险管理 | 销售管理 | 战略规划 | 产品管理 |
| 9 | 战略规划 | 市场营销 | 商业策略 | 销售 | Java | 销售 |
| 10 | 销售管理 | 金融分析 | 投资银行 | 战略规划 | 销售 | 战略规划 |

资料来源：笔者根据领英人才数据库粤港澳大湾区高水平人才数据计算绘制。

表13.5　　　粤港澳大湾区主要行业数字人才排名前十的技能

| 排名 | 消费品行业 | 公司服务行业 | 金融行业 | 制造行业 | 软件与IT服务行业 | 计算机网络与硬件行业 |
|---|---|---|---|---|---|---|
| 1 | 管理 | 管理 | 管理 | 项目管理 | 项目管理 | 管理 |
| 2 | 项目管理 | 项目管理 | 项目管理 | 管理 | 管理 | 项目管理 |
| 3 | 产品开发 | Office软件 | Office软件 | Office软件 | Office软件 | Office软件 |
| 4 | Office软件 | 领导力 | 商业分析 | 产品开发 | 领导力 | 电信 |
| 5 | 市场营销 | 商务拓展 | 领导力 | 制造 | 客户服务 | 商务拓展 |
| 6 | 客户服务 | 商业策略 | 金融分析 | 客户服务 | 商务拓展 | 客户服务 |
| 7 | 商务拓展 | 客户服务 | 风险管理 | 商务拓展 | 市场营销 | 领导力 |
| 8 | 营销策略 | 战略规划 | 商业策略 | 工程 | 战略规划 | 产品管理 |
| 9 | 领导力 | 市场营销 | 银行业务 | 领导力 | Java | 销售 |
| 10 | 销售 | 策略 | 商务拓展 | 战略规划 | 销售 | 战略规划 |

资料来源：笔者根据领英人才数据库粤港澳大湾区数字人才数据计算绘制。

第十三章 人才视角下的粤港澳大湾区数字化转型

### 二 职位等级

由图 13.7 可知，粤港澳大湾区的高水平人才大多分布在初级职位，占比超过 40%。高级专业职位的高水平人才占比超过 20%，经理职位的高水平人才占比达到 16.01%，总监及以上职位的高水平人才占比接近 18%。与高水平人才相比，数字人才的职位等级分布呈现相似的结构，但在初级职位更加集中，占比接近 50%，在经理职位占比较低，仅有 13.21%。

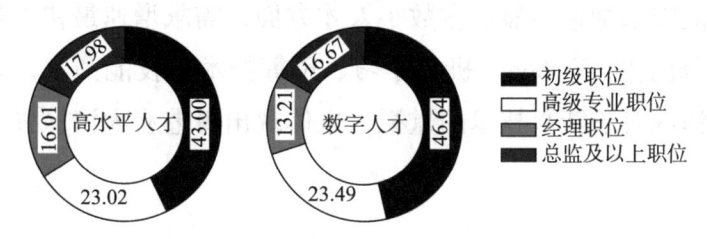

**图 13.7 粤港澳大湾区高水平人才和数字人才的职位等级分布（%）**

资料来源：笔者根据领英人才数据库粤港澳大湾区高水平人才、数字人才数据计算绘制。

## 第五节 粤港澳大湾区的高水平人才和数字人才需求

### 一 高水平人才和数字人才需求

（一）粤港澳大湾区需求增速最快的十大职位和十大技能

表 13.6 展示了粤港澳大湾区 2014—2017 年高水平人才和数字人才需求增速最快的十大职位和十大人才技能。高水平人才需求增速最快的十大职位涉及多个专业职能和领域，包括法律顾问和信息技术主管，且大都属于中高层职位，表明粤港澳大湾区的产业发展正在向多元化、专业化、成熟化转变。数字人才需求增速最快的十

**数字化转型：数字人才与中国数字经济发展**

大职位更加体现出其数字化特征，比如数字营销经理，体现出数字技术对于传统行业的渗透。此外，无论高水平人才还是数字人才，研究类高级人才的需求上升明显，比如高水平人才中的博士后研究员和数字人才中的数据科学家，表明粤港澳大湾区对于科研和研发的重视。

在高水平人才方面，需求增速最快的技能具有明显的特点。首先，公共演讲、活动策划等会务类技能需求增速飞快，体现出粤港澳大湾区内部沟通的需求增强。其次，社交媒体、社交媒体营销等数字技能需求增速明显。在数字人才方面，需求增速最快的技能以搜索引擎优化、Python、机器学习、R等技术性技能为主，表明粤港澳大湾区对于新兴技术的重视，也体现出粤港澳大湾区强大的开发能力。

表13.6　　粤港澳大湾区需求增速最快的十大职位和十大技能

| 排名 | 职位 | | 技能 | |
| --- | --- | --- | --- | --- |
| | 高水平人才 | 数字人才 | 高水平人才 | 数字人才 |
| 1 | 投资经理 | 解决方案架构师 | 数据分析 | 搜索引擎优化 |
| 2 | 营销主管 | 业务总监 | 公共演讲 | 公共演讲 |
| 3 | 商务拓展总监 | 业务发展主管 | 社交媒体 | Python |
| 4 | 办公室助理 | 数据科学家 | 活动策划 | 数据分析 |
| 5 | 法律顾问 | 首席运营官 | 通信 | 网站分析 |
| 6 | 博士后研究员 | 分析经理 | VBA | 用户界面设计 |
| 7 | 营销助理 | 客户总监 | 社交媒体营销 | 搜索引擎营销 |
| 8 | 信息技术主管 | 产品总监 | 事件管理 | 机器学习 |
| 9 | 首席运营官 | 风险总监 | 咨询 | 整合行销 |
| 10 | 商务拓展经理 | 数字营销经理 | 编辑 | R |

资料来源：笔者根据领英人才数据库粤港澳大湾区高水平人才、数字人才数据计算绘制。

# 第十三章 人才视角下的粤港澳大湾区数字化转型

（二）粤港澳大湾区主要行业需求强度最高的十大职位

如表13.7所示，我们进一步统计了粤港澳大湾区不同行业中需求强度①最高的十大职位，以分析职位对行业的驱动作用。粤港澳大湾区各个行业对职位的需求有同有异。第一，各个行业对通用类职位都有较强需求。比如，客户经理进入各行业需求强度前十名。第二，与人才技能的行业排名类似，各行业对职位需求侧重点存在差异。消费品行业对营销和销售类职位需求较强；软件与IT服务行业对开发人员、研发人员等技术人员职位有较强的需求；计算机网络与硬件行业对应用工程师、研发工程师等职位需求较强；金融行业对财务顾问、基金会计师、理财专员类职位需求较强；公司服务行业对人力资源、招聘类职位需求更强。

表13.7 粤港澳大湾区主要行业需求强度最高的十大职位

| 排名 | 制造行业 | 消费品行业 | 软件与IT服务行业 | 计算机网络与硬件行业 | 金融行业 | 公司服务行业 |
| --- | --- | --- | --- | --- | --- | --- |
| 1 | 大客户经理 | 客户经理 | 移动应用开发人员 | 应用工程师 | 财务顾问 | 数据顾问 |
| 2 | 销售顾问 | 营销经理 | 大客户经理 | 销售经理 | 基金会计师 | 销售员 |
| 3 | 销售员 | 客户关系管理助理 | 商务拓展总监 | 营销经理 | 承销商 | 人力资源助理 |
| 4 | 商务拓展经理 | 采购助理 | 招聘HR | 销售总监 | 理财服务专员 | 项目经理 |
| 5 | 销售经理 | 运营专员 | 研发科学家 | 项目经理 | 客户经理 | 招聘顾问 |
| 6 | 业务专员 | 声学工程师 | 商务拓展经理 | 研发工程师 | 业务专员 | 信息技术顾问 |
| 7 | 销售工程师 | 信息技术经理 | 客户经理 | 软件工程师 | 客户服务专员 | 销售经理 |

① 职位需求强度的计算方法：招聘中的该职位数量/就职中的该职位数量。

209

**数字化转型：数字人才与中国数字经济发展**

续表

| 排名 | 制造行业 | 消费品行业 | 软件与IT服务行业 | 计算机网络与硬件行业 | 金融行业 | 公司服务行业 |
|---|---|---|---|---|---|---|
| 8 | 销售助理 | 销售经理 | 人力资源业务伙伴 | 产品经理 | 产品经理 | 猎头顾问 |
| 9 | 客户经理 | 销售员 | 产品经理 | 客户经理 | 财务顾问 | 客户经理 |
| 10 | 项目经理 | 业务专员 | 软件工程师 | 品牌战略经理 | 行政助理 | 会计师 |

资料来源：笔者根据领英粤港澳大湾区高水平人才、数字人才数据计算绘制。

## 二 数字化转型优势分析

为了解粤港澳大湾区各城市的行业发展特色，我们选择了人才分布占比排名前十的行业（软件与IT服务行业、计算机网络与硬件行业、制造行业、消费品行业、金融行业、公司服务行业、旅游度假行业、零售行业、交通行业、教育行业），分别从高水平人才和数字人才的角度分析各城市在粤港澳大湾区的行业优劣势，并引入人才集中度的概念来刻画人才优劣势。人才集中度表示某城市不同行业人才占比与粤港澳大湾区对应行业人才占比的比值。① 以深圳为例，某行业人才集中度等于1表示深圳在该行业的人才占比与粤港澳大湾区整体水平相当，大于1表示与粤港澳大湾区整体水平相比深圳在该行业存在人才优势，小于1表示与粤港澳大湾区整体水平相比深圳在该行业存在人才劣势。

如图13.8所示，从高水平人才集中度来看，八个城市具有非常鲜明的特色。广州高水平人才的数量虽不是最多，但在各行业的

---

① 深圳市某行业高水平人才集中度＝深圳市该行业高水平人才占比/粤港澳大湾区该行业高水平人才占比，深圳市某行业数字人才集中度＝深圳市该行业数字人才占比/粤港澳大湾区该行业数字人才占比。

## 第十三章 人才视角下的粤港澳大湾区数字化转型

分布最为均衡。其中，与粤港澳大湾区整体水平相比，广州在软件与IT服务行业、消费品行业、旅游度假行业、零售行业、交通行业、教育行业中均存在微弱的优势。深圳在ICT（软件与IT服务、计算机网络与硬件）行业的高水平人才集中度非常高，具有领先的人才优势，同时在制造行业、交通行业中具有一定的人才优势。珠海在制造行业和旅游度假行业中人才优势明显，这与其独特的地理位置紧密相关。东莞、佛山、惠州均在制造行业和消费品行业具有

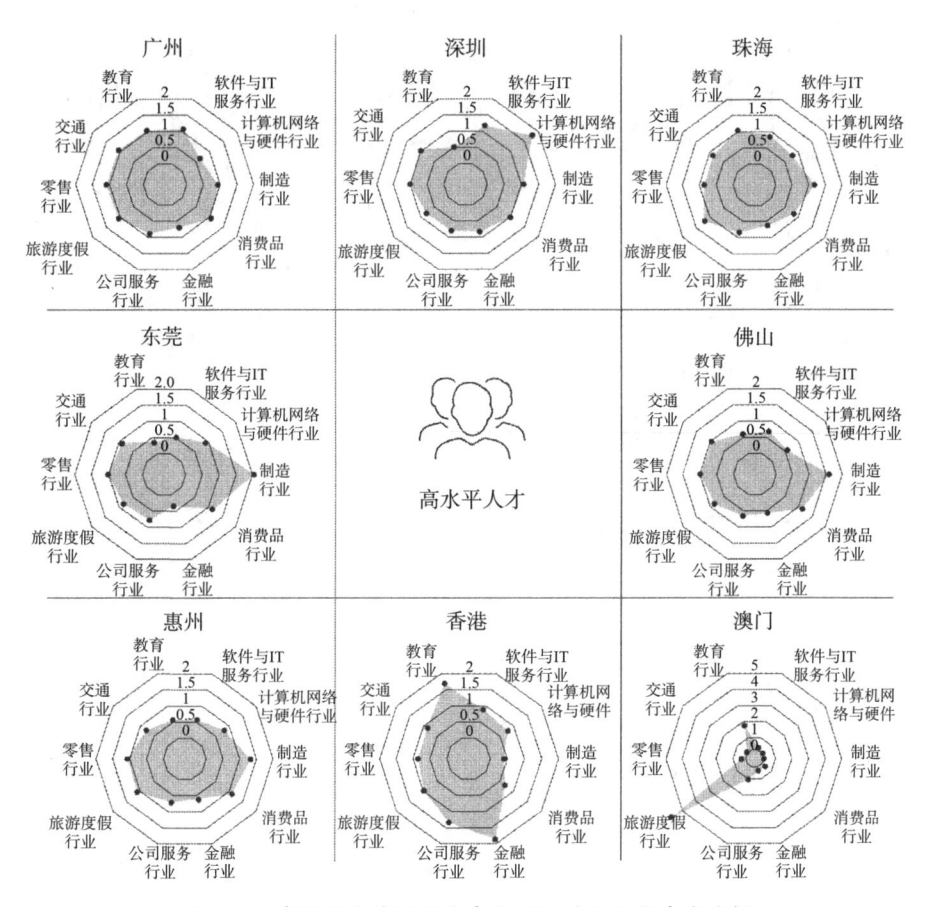

**图 13.8　粤港澳大湾区城市高水平人才行业集中度分析**

资料来源：笔者根据领英人才数据库粤港澳大湾区高水平人才数据计算绘制。

**数字化转型：数字人才与中国数字经济发展**

人才优势。整体来说，广东的城市在金融行业和教育行业存在较为明显的人才劣势。相比于粤港澳大湾区整体水平，香港在金融行业、教育行业、公司服务行业中具有非常高的人才集中度，澳门则在教育行业、旅游度假行业中优势明显，其中旅游度假行业是澳门最具特色的行业。因此，香港和澳门能够与广东各城市在高水平人才上形成良好的优势互补。

如图13.9所示，从数字人才集中度来看，与粤港澳大湾区整

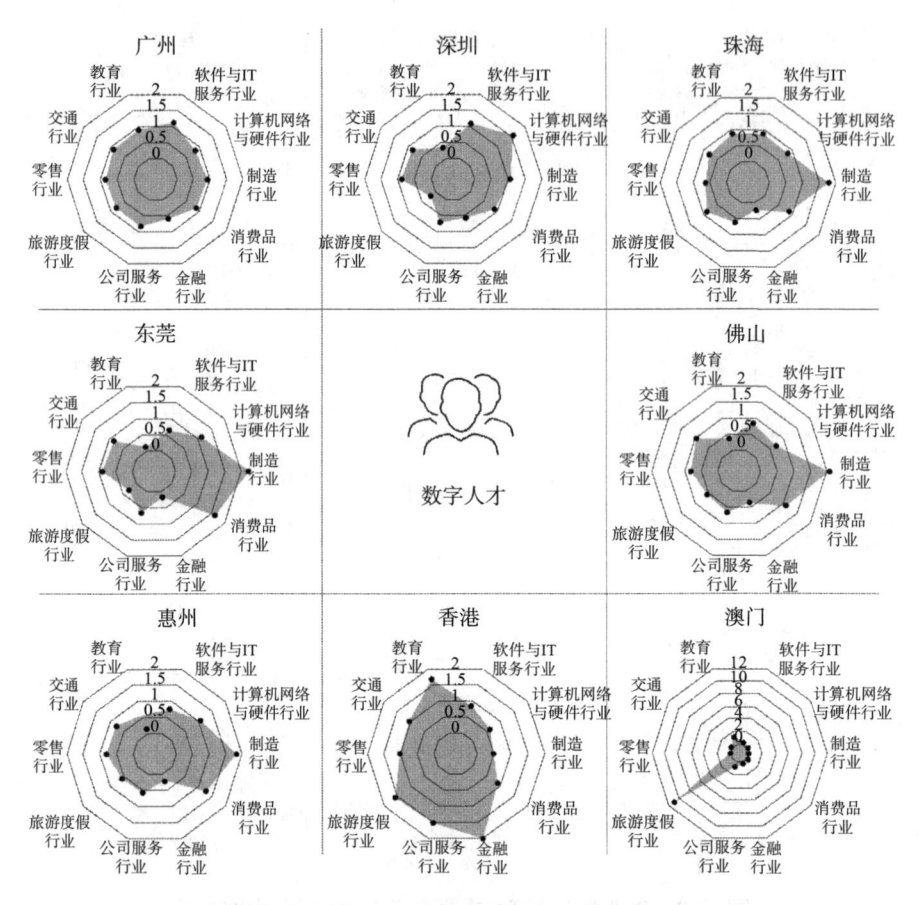

**图13.9 粤港澳大湾区数字人才行业集中度分析**

资料来源：笔者根据领英人才数据库粤港澳大湾区数字人才数据计算绘制。

## 第十三章 人才视角下的粤港澳大湾区数字化转型

体水平相比，广州的数字人才优势明显降低，仅在软件与IT服务行业保持较高的数字人才集中度。深圳依然在ICT行业最具人才优势，珠海的数字人才就业更加偏向于制造行业。同时，东莞、佛山、惠州在制造行业和消费品行业的数字人才优势明显。香港的数字人才优势非常明显，在金融行业、教育行业、旅游度假行业、公司服务行业、交通行业、零售行业中数字人才集中度均比较高，其中金融行业的数字人才集中度高达2.02。澳门在旅游度假行业的数字人才集中度非常高，达到11.04，同时在教育行业也具有较大的优势。

第十四章

# 粤港澳大湾区的人才流动情况

## 第一节 人才流动的整体情况

如图 14.1 和图 14.2 所示,通过分析各城市的人才流入流出情况,我们发现香港和澳门皆以国际人才流动为主;广州和深圳均以

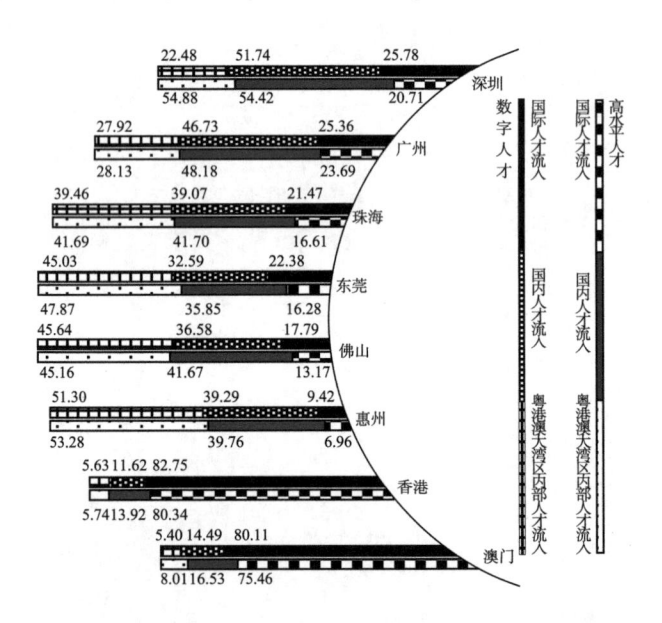

**图14.1 粤港澳大湾区城市高水平人才和数字人才流入分类占比(%)**

资料来源:笔者根据领英人才数据库粤港澳大湾区高水平人才、数字人才数据计算绘制。

第十四章 粤港澳大湾区的人才流动情况

```
          高水平人才        数字人才
深圳   30.01  47.14  22.85
       24.55  48.33  27.12
广州   23.74  36.78  39.48
       19.35  41.55  39.10
珠海   19.90  33.33  46.77
       17.08  36.48  46.44
东莞   15.92  30.90  53.18
       10.56  35.09  54.35
佛山   13.47  35.29  51.24
       10.04  38.66  51.30
惠州   8.11   28.83  63.06
       7.27   33.53  59.21
香港   82.33  11.48  6.19
       80.03  13.48  6.49
澳门   83.76  9.49   6.75
       74.96  15.24  9.79
```

国际人才流出 / 国内人才流出 / 粤港澳大湾区内部人才流出

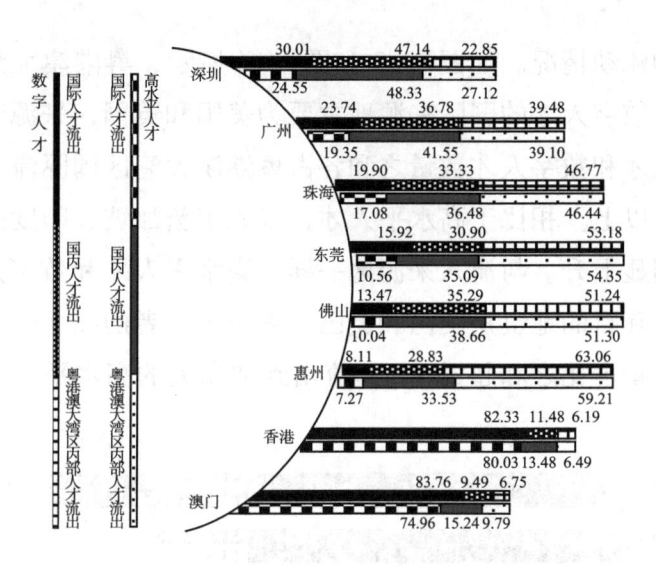

**图14.2　粤港澳大湾区城市高水平人才和数字人才流出分类占比（%）**

资料来源：笔者根据领英人才数据库粤港澳大湾区高水平人才、数字人才数据计算绘制。

国内①人才流动为主；东莞、佛山和惠州均以粤港澳大湾区内部人才流动为主；珠海则有所不同，在高水平人才方面以国内流动为主，而在数字人才方面以粤港澳大湾区内部流动为主。这暗示着珠海在人才流动方面可能处于一个转型阶段，对国际和国内的数字人才的吸引力还有待提高。此外，与高水平人才相比，数字人才从国际流入的占比更高，表明粤港澳大湾区对海外数字人才具有较强的吸引力。

## 第二节　国际人才流动情况分析

整体而言，粤港澳大湾区在高水平人才与数字人才上均处于净流入状态。我们进一步从国际、国内、湾区内三个层次更细致地分

---

① 本章所指的国内，不包含粤港澳大湾区。

**数字化转型：数字人才与中国数字经济发展**

析人才的流动情况。如图14.3和图14.4所示，粤港澳大湾区高水平人才和数字人才的国际来源地主要为美国和英国，来源于二者的高水平人才和数字人才数量之和各占粤港澳大湾区国际流入人才总数的1/3以上。相比于高水平人才，来源于新加坡、印度的数字人才占比明显上升。与流入来源地一样，高水平人才和数字人才流出的主要国际目的地也是美国和英国，来源于二者的高水平人才和数字人才数量占比之和超过1/3；流出到加拿大的高水平人才和数字

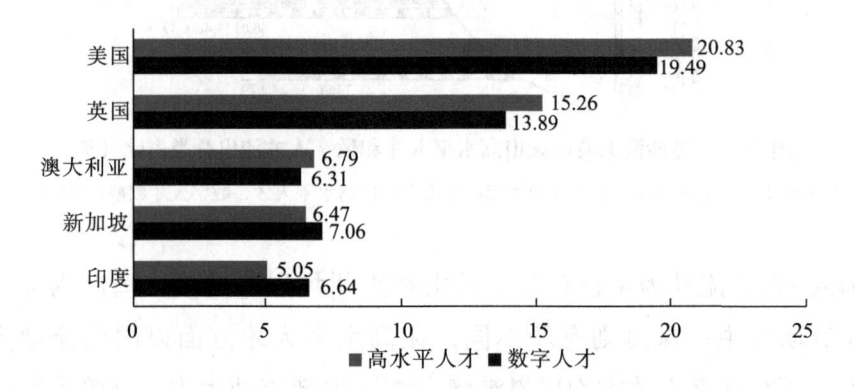

| 国家 | 高水平人才 | 数字人才 |
| --- | --- | --- |
| 美国 | 20.83 | 19.49 |
| 英国 | 15.26 | 13.89 |
| 澳大利亚 | 6.79 | 6.31 |
| 新加坡 | 6.47 | 7.06 |
| 印度 | 5.05 | 6.64 |

**图14.3　排名前五的国际流入来源地（%）**

资料来源：笔者根据领英人才数据库粤港澳大湾区高水平人才数据计算绘制。

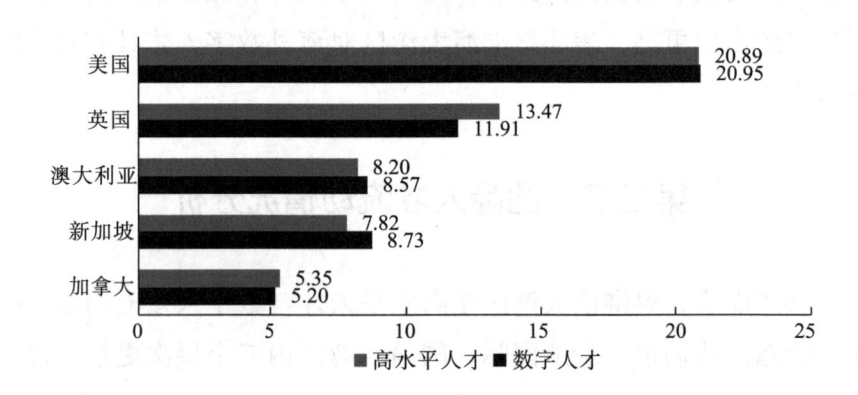

| 国家 | 高水平人才 | 数字人才 |
| --- | --- | --- |
| 美国 | 20.89 | 20.95 |
| 英国 | 13.47 | 11.91 |
| 澳大利亚 | 8.20 | 8.57 |
| 新加坡 | 7.82 | 8.73 |
| 加拿大 | 5.35 | 5.20 |

**图14.4　排名前五的国际流出目的地（%）**

资料来源：笔者根据领英人才数据库粤港澳大湾区数字人才数据计算绘制。

## 第十四章 粤港澳大湾区的人才流动情况

人才均进入了前五名。此外，从各个国家与粤港澳大湾区的高水平人才和数字人才流动数量来看，从美国、英国流入到粤港澳大湾区的人才数量高于从粤港澳大湾区流出到美国、英国的人才数量，而从澳大利亚、新加坡流入到粤港澳大湾区的人才数量则低于从粤港澳大湾区流出到澳大利亚、新加坡的人才数量，表明粤港澳大湾区对国际人才具有一定吸引力，但还有需要进一步加强。

为分析各城市人才流动情况，我们计算了人才流入人数与人才流出人数之比（简称为"人才流入流出比"），人才流入流出比大于1表示某城市在监测时间范围内处于人才净流入状态，人才流入流出比小于1表示处于人才净流出状态。

如图14.5所示，深圳是粤港澳大湾区国际人才流入流出比最高的城市，高水平人才和数字人才流入流出比分别达到1.65和1.68，对国际（含台湾地区）人才的吸引力和保留率都居于前列。此外，对国际高水平人才和数字人才都具有较强吸引力的城市还包括东莞、佛山和香港。广州对国际高水平人才存在吸引力，但在数

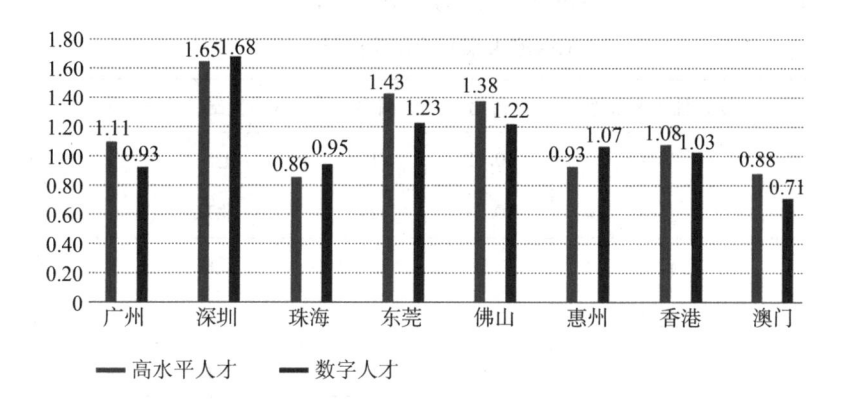

**图14.5　粤港澳大湾区高水平人才和数字人才的国际流入流出比**

资料来源：笔者根据领英人才数据库粤港澳大湾区高水平人才、数字人才数据计算绘制。

字人才方面处于人才流失状态，惠州则在高水平人才方面处于人才流失状态，但在数字人才方面处于人才净流入状态。珠海和澳门在高水平人才和数字人才两方面都处于人才流失状态，人才保留率较低。

## 第三节 国内人才流动情况分析

在国内人才流动方面，粤港澳大湾区高水平人才的主要流入来源地以北京和上海为主，占比均超过10%（见表14.1和表14.2）；来源排名前五的城市流入人才占所有流入人才数量的比重为30.18%，表明国内高水平人才流入来源城市呈现多元分布状态。与高水平人才相比，数字人才来源更加集中，来源排名前五的城市流入人才数量占比均高于高水平人才，尤其以北京和上海最为明显，其中杭州进入数字人才来源地前五名。

表14.1 排名前五的粤港澳大湾区高水平人才国内流入来源地和流出目的地

单位：%

| 排名 | 国内流入来源地 | 占比 | 排名 | 国内流出目的地 | 占比 |
| --- | --- | --- | --- | --- | --- |
| 1 | 北京 | 10.93 | 1 | 上海 | 19.30 |
| 2 | 上海 | 10.21 | 2 | 北京 | 12.02 |
| 3 | 武汉 | 4.10 | 3 | 武汉 | 3.82 |
| 4 | 成都 | 2.60 | 4 | 杭州 | 3.28 |
| 5 | 长沙 | 2.34 | 5 | 成都 | 3.20 |

资料来源：笔者根据领英人才数据库粤港澳大湾区高水平人才数据计算绘制。

## 第十四章 粤港澳大湾区的人才流动情况

**表14.2 排名前五的粤港澳大湾区数字人才国内流入来源地和流出目的地**

单位：%

| 排名 | 国内流入来源地 | 占比 | 排名 | 国内流出目的地 | 占比 |
| --- | --- | --- | --- | --- | --- |
| 1 | 上海 | 17.05 | 1 | 上海 | 24.34 |
| 2 | 北京 | 14.52 | 2 | 北京 | 15.25 |
| 3 | 武汉 | 4.51 | 3 | 武汉 | 5.50 |
| 4 | 杭州 | 2.86 | 4 | 成都 | 4.30 |
| 5 | 成都 | 2.76 | 5 | 杭州 | 4.25 |

资料来源：笔者根据领英人才数据库粤港澳大湾区数字人才数据计算绘制。

在人才流出方面，高水平人才主要流出到上海和北京，二者占比均超过12%。与人才流入相比，流出目的地排名前五的城市占比之和更高，人才流出相对集中。与高水平人才相比，数字人才的流出目的地更加集中。流出目的地排名前五的城市中数字人才流出占比均更高，其中流出到上海和北京的数字人才占比均超过15%，上海更是接近25%。

为更清晰地理解粤港澳大湾区数字人才的国内来源和去向，我们采用城市数字人才吸引力指数[①]来测度，以北京、上海、杭州、成都、武汉五大数字经济核心城市与粤港澳大湾区的数字人才流动情况进行详细分析。如图14.6所示，北京和武汉向粤港澳大湾区的人才净流入为正，其数字人才流入粤港澳大湾区数量与粤港澳大湾区数字人才流向该城市数量之比分别达到1.41和1.58，表明北京和武汉是粤港澳大湾区数字人才的主要来源；杭州向粤港澳大湾区的人才净流入为负，数字人才流入粤港澳大湾区数量与粤港澳大

---

[①] 城市数字人才吸引力指数，例如，对北京而言，粤港澳大湾区的数字人才吸引力指数＝北京流入粤港澳大湾区数字人才数/粤港澳大湾区流入北京数字人才数。

**数字化转型：数字人才与中国数字经济发展**

湾区数字人才流入杭州数量之比仅为0.77，意味着粤港澳大湾区的数字人才很多都流向了杭州，而且在粤港澳大湾区流出到杭州的高水平人才中，超过60%的是数字人才。上海则是另一种情况，上海对于粤港澳大湾区的高水平人才具有较强的吸引力；但在数字人才方面，从上海流入粤港澳大湾区的数字人才数量与粤港澳大湾区流出到上海的数字人才数量近乎相等，意味着上海与粤港澳大湾区对数字人才的吸引力比较接近，成都与上海的情况类似。

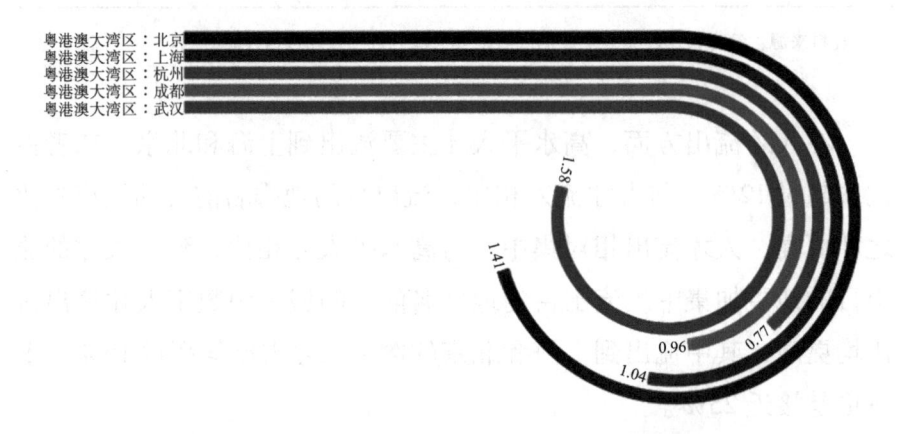

**图14.6 粤港澳大湾区数字人才吸引力指数分析**

资料来源：笔者根据领英人才数据库粤港澳大湾区数字人才数据计算绘制。

如图14.7所示，通过计算粤港澳大湾区各城市在国内人才流动方面的流入流出比，我们发现吸引力最强的城市依然是深圳，高水平人才和数字人才流入流出比均超过2。此外，广州、珠海、惠州、香港在国内高水平人才和数字人才方面都处于净流入状态。佛山在高水平人才方面处于净流入状态，但在数字人才方面在向国内流失人才。澳门则恰恰相反，高水平人才在向国内流失，而数字人才则处于净流入状态。另外，东莞在高水平人才和数字人才两方面都在向国内流失人才。但整体来说，除深圳以外，其他城市的高水

# 第十四章 粤港澳大湾区的人才流动情况

平人才和数字人才流入流出比都约为1，人才的吸收和流失情况都不太明显。

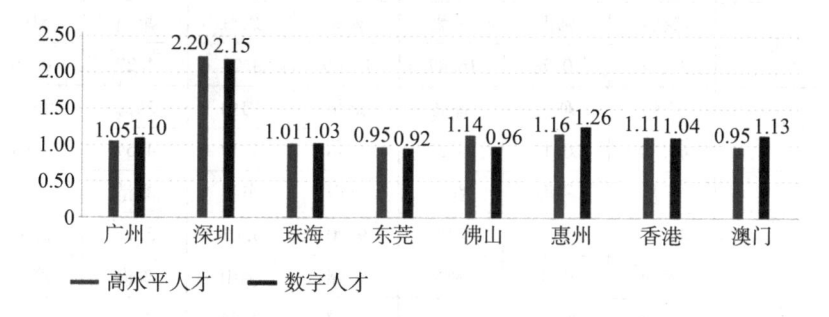

**图14.7 粤港澳大湾区高水平人才和数字人才的国内流入流出比**

| 城市 | 高水平人才 | 数字人才 |
|---|---|---|
| 广州 | 1.05 | 1.10 |
| 深圳 | 2.20 | 2.15 |
| 珠海 | 1.01 | 1.03 |
| 东莞 | 0.95 | 0.92 |
| 佛山 | 1.14 | 0.96 |
| 惠州 | 1.16 | 1.26 |
| 香港 | 1.11 | 1.04 |
| 澳门 | 0.95 | 1.13 |

资料来源：笔者根据领英人才数据库粤港澳大湾区高水平人才、数字人才数据计算绘制。

## 第四节　粤港澳大湾区内人才流动情况分析

为了解粤港澳大湾区内主要城市的人才吸引力，我们分析了各主要城市之间的高水平人才流动情况，见表14.3和表14.4。从人才流动数量来看，广州、深圳与其他城市的高水平人才往来最为密切，二者占其他城市的高水平人才流动之和高于50%，甚至在部分城市超过80%。与广州相比，深圳在其他城市的高水平人才流入来源方面占比较低，但在人才流出目的地方面占比更高，体现出深圳和广州在粤港澳大湾区内高水平人才流动方面的不同地位。惠州和澳门与其他城市的高水平人才往来最少，高水平人才吸引力也不够高。珠海是与澳门联系最紧密的城市，既是澳门最主要的高水平人才来源地，也是澳门最主要的高水平人才流出地。香港与深圳的联系最为紧密，来源于深圳的高水平人才占比和去往深圳的高水平人才占比均超过50%，深圳是香港融入内地的核心接口。

## 数字化转型:数字人才与中国数字经济发展

表14.3　　粤港澳大湾区主要城市之间的高水平人才流入情况　　单位:%

| 排名<br>人才流入地 | 1 | 2 | 3 | 4 | 5 | 6 | 7 |
|---|---|---|---|---|---|---|---|
| 广州 | 深圳<br>37.68 | 佛山<br>20.78 | 东莞<br>16.47 | 香港<br>11.69 | 珠海<br>8.23 | 惠州<br>4.29 | 澳门<br>0.86 |
| 深圳 | 广州<br>48.94 | 东莞<br>20.11 | 香港<br>15.37 | 惠州<br>5.56 | 佛山<br>4.79 | 珠海<br>4.59 | 澳门<br>0.64 |
| 珠海 | 广州<br>41.67 | 深圳<br>21.88 | 澳门<br>9.90 | 佛山<br>9.20 | 东莞<br>9.03 | 香港<br>5.73 | 惠州<br>2.60 |
| 东莞 | 深圳<br>41.55 | 广州<br>39.33 | 香港<br>6.49 | 惠州<br>5.77 | 佛山<br>3.85 | 珠海<br>2.71 | 澳门<br>0.30 |
| 佛山 | 广州<br>62.69 | 深圳<br>15.51 | 东莞<br>9.96 | 珠海<br>4.89 | 香港<br>4.14 | 惠州<br>2.26 | 澳门<br>0.56 |
| 惠州 | 广州<br>36.19 | 深圳<br>35.07 | 东莞<br>19.40 | 佛山<br>5.60 | 香港<br>2.43 | 珠海<br>1.31 | 澳门<br>— |
| 香港 | 深圳<br>57.61 | 广州<br>29.53 | 东莞<br>5.39 | 珠海<br>3.45 | 佛山<br>2.95 | 惠州<br>1.08 | 澳门<br>— |
| 澳门 | 珠海<br>38.95 | 广州<br>30.53 | 深圳<br>27.37 | 佛山<br>2.11 | 东莞<br>1.05 | 香港<br>— | 惠州<br>— |

注:"—"表示无数据观测值。

资料来源:笔者根据领英人才数据库粤港澳大湾区高水平人才数据计算绘制。

表14.4　　粤港澳大湾区主要城市之间的高水平人才流出情况　　单位:%

| 排名<br>人才流出地 | 1 | 2 | 3 | 4 | 5 | 6 | 7 |
|---|---|---|---|---|---|---|---|
| 广州 | 深圳<br>56.29 | 佛山<br>13.28 | 东莞<br>13.02 | 香港<br>8.18 | 珠海<br>4.78 | 惠州<br>3.86 | 澳门<br>0.58 |
| 深圳 | 广州<br>38.12 | 香港<br>24.84 | 东莞<br>21.40 | 惠州<br>5.82 | 佛山<br>5.11 | 珠海<br>3.90 | 澳门<br>0.81 |

## 第十四章 粤港澳大湾区的人才流动情况

续表

| 排名<br>人才流出地 | 1 | 2 | 3 | 4 | 5 | 6 | 7 |
|---|---|---|---|---|---|---|---|
| 珠海 | 广州<br>37.21 | 深圳<br>36.65 | 佛山<br>7.19 | 香港<br>6.64 | 东莞<br>6.22 | 澳门<br>5.12 | 惠州<br>0.97 |
| 东莞 | 深圳<br>57.02 | 广州<br>26.40 | 佛山<br>5.20 | 惠州<br>5.10 | 香港<br>3.68 | 珠海<br>2.55 | 澳门<br>0.05 |
| 佛山 | 广州<br>59.25 | 深圳<br>24.17 | 东莞<br>5.58 | 珠海<br>4.62 | 香港<br>3.58 | 惠州<br>2.62 | 澳门<br>0.17 |
| 惠州 | 深圳<br>52.54 | 广州<br>22.91 | 东莞<br>15.71 | 佛山<br>3.93 | 香港<br>2.46 | 珠海<br>2.46 | 澳门<br>— |
| 香港 | 深圳<br>60.49 | 广州<br>26.02 | 东莞<br>7.36 | 佛山<br>3.00 | 珠海<br>2.25 | 惠州<br>0.89 | 澳门<br>— |
| 澳门 | 珠海<br>42.86 | 深圳<br>27.82 | 广州<br>21.05 | 佛山<br>4.51 | 东莞<br>3.76 | 香港<br>— | 惠州<br>— |

注："—"表示无数据观测值。

资料来源：笔者根据领英人才数据库粤港澳大湾区高水平人才数据计算绘制。

从数字人才视角来看（见表14.5和表14.6），深圳和广州是粤港澳大湾区各城市数字人才的主要来源，东莞在各城市的数字人才来源排名中稳居第三位，体现出东莞对数字经济发展的重视，但对数字人才的保留率有待提高。与广州相比，深圳在各城市的数字人才流出方面处于比较稳定的领先状态，突出了深圳在粤港澳大湾区的数字经济核心地位。此外，在各城市的数字人才流入来源和数字人才流出目的地中，珠海的名次明显上升，体现出珠海数字经济的活力和对数字人才的吸引力。

# 数字化转型:数字人才与中国数字经济发展

**表14.5　　粤港澳大湾区主要城市之间的数字人才流入情况**　　单位:%

| 排名<br>人才流入地 | 1 | 2 | 3 | 4 | 5 | 6 | 7 |
|---|---|---|---|---|---|---|---|
| 广州 | 深圳<br>43.94 | 佛山<br>16.44 | 东莞<br>13.84 | 香港<br>12.49 | 珠海<br>8.45 | 惠州<br>4.04 | 澳门<br>0.81 |
| 深圳 | 广州<br>49.12 | 香港<br>18.30 | 东莞<br>18.00 | 珠海<br>5.32 | 惠州<br>4.80 | 佛山<br>3.99 | 澳门<br>0.47 |
| 珠海 | 广州<br>40.98 | 深圳<br>24.39 | 东莞<br>12.20 | 佛山<br>7.32 | 香港<br>5.85 | 澳门<br>5.85 | 惠州<br>3.41 |
| 东莞 | 深圳<br>43.39 | 广州<br>33.93 | 香港<br>7.69 | 惠州<br>6.71 | 佛山<br>4.34 | 珠海<br>3.94 | 澳门<br>— |
| 佛山 | 广州<br>65.20 | 深圳<br>14.65 | 东莞<br>7.69 | 珠海<br>5.13 | 香港<br>4.40 | 惠州<br>2.93 | 澳门<br>— |
| 惠州 | 广州<br>36.71 | 深圳<br>31.01 | 东莞<br>24.05 | 佛山<br>3.80 | 香港<br>3.80 | 珠海<br>0.63 | 澳门<br>— |
| 香港 | 深圳<br>58.98 | 广州<br>30.85 | 东莞<br>4.58 | 珠海<br>2.88 | 佛山<br>2.03 | 惠州<br>0.68 | 澳门<br>— |
| 澳门 | 广州<br>47.37 | 深圳<br>26.32 | 东莞<br>26.32 | 佛山<br>— | 香港<br>— | 珠海<br>— | 澳门<br>— |

注:注:"—"表示无数据观测值。
资料来源:笔者根据领英人才数据库粤港澳大湾区数字人才数据计算绘制。

**表14.6　　粤港澳大湾区主要城市之间的数字人才流出情况**　　单位:%

| 排名<br>人才流出地 | 1 | 2 | 3 | 4 | 5 | 6 | 7 |
|---|---|---|---|---|---|---|---|
| 广州 | 深圳<br>63.11 | 香港<br>10.02 | 佛山<br>9.80 | 东莞<br>9.47 | 珠海<br>4.63 | 惠州<br>2.70 | 澳门<br>0.28 |
| 深圳 | 广州<br>40.28 | 香港<br>28.67 | 东莞<br>18.12 | 惠州<br>4.78 | 珠海<br>4.12 | 佛山<br>3.29 | 澳门<br>0.74 |

## 第十四章 粤港澳大湾区的人才流动情况

续表

| 排名<br>人才流出地 | 1 | 2 | 3 | 4 | 5 | 6 | 7 |
|---|---|---|---|---|---|---|---|
| 珠海 | 深圳<br>45.09 | 广州<br>34.18 | 东莞<br>7.27 | 香港<br>6.18 | 佛山<br>5.09 | 澳门<br>1.82 | 惠州<br>0.36 |
| 东莞 | 深圳<br>61.31 | 广州<br>22.48 | 惠州<br>5.55 | 香港<br>3.94 | 珠海<br>3.65 | 佛山<br>3.07 | 澳门<br>— |
| 佛山 | 广州<br>55.29 | 深圳<br>28.10 | 东莞<br>6.65 | 珠海<br>4.53 | 香港<br>3.63 | 惠州<br>1.81 | 澳门<br>— |
| 惠州 | 深圳<br>53.33 | 广州<br>21.43 | 东莞<br>16.19 | 佛山<br>3.81 | 香港<br>3.33 | 珠海<br>1.90 | 澳门<br>— |
| 香港 | 深圳<br>67.24 | 广州<br>21.89 | 东莞<br>6.14 | 珠海<br>1.89 | 佛山<br>1.89 | 惠州<br>0.94 | 澳门<br>— |
| 澳门 | 深圳<br>37.50 | 广州<br>34.38 | 东莞<br>28.13 | 佛山<br>— | 香港<br>— | 珠海<br>— | 澳门<br>— |

注："—"表示无数据观测值。
资料来源：笔者根据领英人才数据库粤港澳大湾区数字人才数据计算绘制。

为进一步明晰粤港澳大湾区内主要城市在人才流动所处的位置，我们分析了各主要城市高水平人才和数字人才流动数量在整个湾区人才流动总量中所占比重。如图14.8所示，在高水平人才和数字人才流入方面，流入人才最多的城市依次为：深圳、广州、东莞、香港、佛山、珠海、惠州和澳门。其中，深圳的高水平人才流入数量是广州的近两倍，数字人才流入比重更高。香港的数字人才流入比重超过高水平人才流入比重，同时超过东莞的数字人才流入比重，数字化转型趋势明显。然而，除深圳、香港以外，其他六个城市的数字人才流入比重均低于高水平人才流入比重，也表明这些城市需要进一步强化数字化建设。

如图14.9所示，在粤港澳大湾区内高水平人才和数字人才流

**数字化转型：数字人才与中国数字经济发展**

出方面，流出人才最多的城市依次为：广州、深圳、东莞、香港、佛山、珠海、惠州、澳门，与流入人才的城市排名非常接近，仅前两名有所区别。广州成为粤港澳大湾区内高水平人才流出最多的城市，深圳排名第二。数字人才流出的分布与高水平人才流出的分布非常类似。深圳、香港和珠海的数字人才流出数量占比超过高水平人才流出数量占比，表明三者能够为粤港澳大湾区的数字化建设做出贡献。

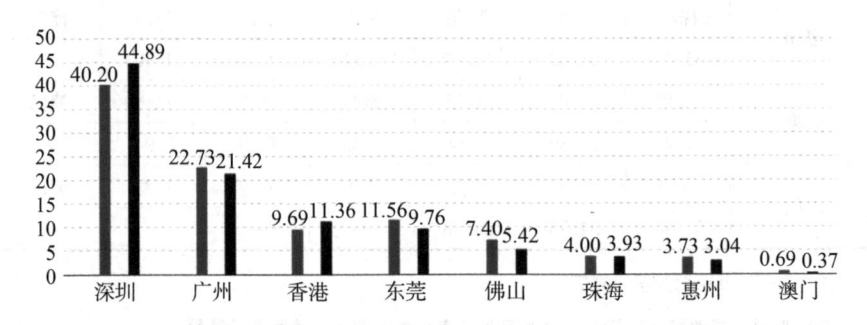

**图14.8　粤港澳大湾区内各主要城市高水平人才与数字人才流入数量占比（%）**

资料来源：笔者根据领英粤港澳大湾区高水平人才、数字人才数据计算绘制。

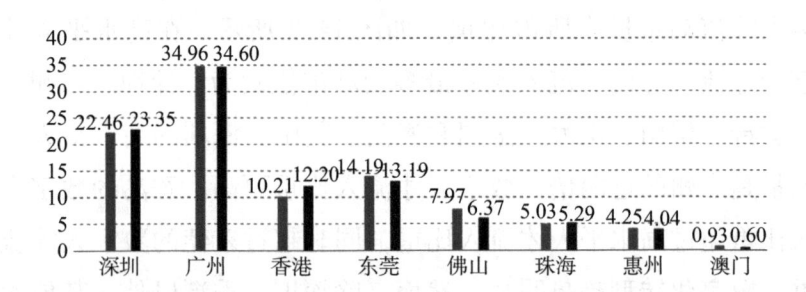

**图14.9　粤港澳大湾区内各主要城市高水平人才与数字人才流出数量占比（%）**

资料来源：笔者根据领英人才数据库粤港澳大湾区高水平人才、数字人才数据计算绘制。

## 第十四章　粤港澳大湾区的人才流动情况

与人才流入相比，除深圳外，其他城市的人才流出数量占比均更高，凸显出深圳在粤港澳大湾区人才领域的吸引力和核心地位。澳门与其他城市的人才往来非常少，而香港尽管人才体量位列粤港澳大湾区前三，但与粤港澳大湾区其他城市的人才往来大大低于深圳和广州，这两大特别行政区与广东省的人才连通性需要进一步加强。

如图14.10所示，我们计算了各主要城市在粤港澳大湾区内部的高水平人才人数字人才流入流出比。在粤港澳大湾区的主要城市中，对高水平人才和数字人才吸引力最强的城市均为深圳，高水平人才和数字人才流入流出比分别达到1.79、1.92，而其他城市均处于人才净流出状态，意味着这些城市的人才都在向深圳集中。其中，广州的高水平人才和数字人才流入流出比最低，人才流失比最高。相比之下，香港人才流失得少一些，高水平人才和数字人才流入流出比均接近1，表明香港与内地城市的联系需要进一步加强。与高水平人才相比，各主要城市数字人才的流失比重更高，更加突显出深圳在粤港澳大湾区数字经济中心的地位。

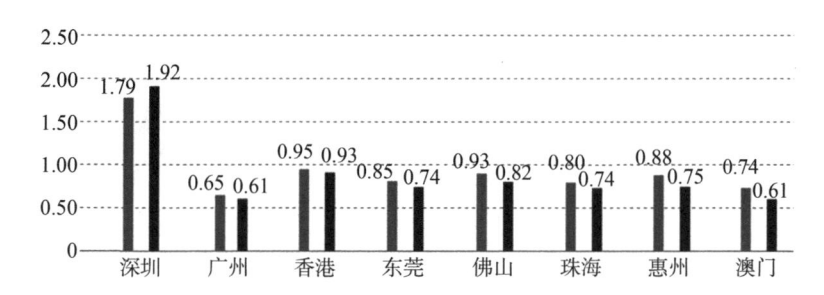

图14.10　粤港澳大湾区内各主要城市高水平
人才与数字人才流入流出比（%）

资料来源：笔者根据领英人才数据库粤港澳大湾区高水平人才、数字人才数据计算绘制。

# 第四部分

## 数字化转型：从数字产业化到产业数字化

# 第十五章

# 数字人才驱动下的行业数字化转型

## 第一节 研究背景与数据基础

2008—2017年是中国数字经济高速增长的十年,根据中国信息化百人会的测算,数字经济占GDP的比重从2008年的15%上升到2017年的33%。虽然信息通信(ICT)行业不断涌现出新技术、新业态,但是ICT行业占GDP的比重稳定在7%左右,数字经济规模的增长主要来自传统行业的数字化转型,这部分融合型的数字经济已经成为中国经济增长的主要驱动力。与此同时,大数据、人工智能等前沿数字技术的创新和突破,进一步加速了传统行业数字化转型的速度,特别是在数字技术渗透较早的制造、金融、零售、医疗等行业,已经进入由大数据、人工智能驱动的数字化转型新阶段。

作为传统行业的制造行业和医疗行业由于长期沿用体系化和流程化的工作模式,拥有很好的数据积累和模式化经验,存在许多可通过人工智能技术优化的应用场景。例如,医疗领域的病案管理和分析、医疗影像识别以及制造行业领域的3D打印、智能制造等场景。金融、零售行业目前同样已具备较为成熟的行业应用场景,也

**数字化转型：数字人才与中国数字经济发展**

是未来大数据、人工智能应用的优势行业。这些领域对硬件依赖程度较小，最直接的应用就是为企业提供智能化解决方案和数据分析服务。金融领域的量化交易、智能投顾，以及商务零售领域的用户画像、精准营销、智能办公等场景，都是目前人工智能应用的热点。

从整体来看，传统行业的数字化转型在区域和行业层面表现出很大差异，且数字化转型的不平衡性与传统行业发展的不平衡性并不完全一致，一些传统行业发达的城市数字化转型反而慢，一些传统行业优势不突出的城市反而成为数字化转型的引领性城市。这些现象促使我们去思考传统行业数字化转型的能力和潜力，数字人才为我们提供了一个很好的视角。本章研究延续了前文关于数字人才研究的思路和方法，通过分析数字人才的行业分布、城市分布和城市流动，来研究不同行业的数字化程度和区域特征。在此基础上我们还分析了数字人才在不同行业之间的流动，特别是数字人才在ICT行业和传统行业之间的流动，从而对不同行业的数字化转型潜力进行洞察。

本研究从领英人才数据库中提取了2016—2018年满足数字人才定义的用户作为研究样本。其中，2016年满足数字人才定义的用户数量约为78万[①]人，2017年约为85万人，2018年约为91万人。在数字人才群体中，既包括掌握大众数字技能的普通数字人才，也包括掌握高精尖数字技能的引领型数字人才。本研究从数字人才样本中进一步提取具有人工智能（Artificial Intelligence）、区块链（Block Chain）、云计算（Cloud Computing）和大数据分析（Data Science）四类顶尖数字技能的人才（以下简称ABCD人才），展开

---

① 2019年的研究中，我们进一步拓宽了数字人才定义中ICT补充技能的范畴，依据新的技能范畴重新计算2016年领英数据库的数字人才样本量为78万人，多于第四章的72万人。

## 第十五章 数字人才驱动下的行业数字化转型

更深入的分析。同时，这四种前沿技能不仅在业界受到非常大的关注，也受到政府的重点支持。

为阐明 ABCD 人才的发展趋势，本研究深入分析每类人才随时间推移而变化的情况。如图 15.1 所示，通过计算 ABCD 人才在数字人才中的占比，本研究发现 ABCD 人才可以依照其占比变化趋势分为两组：第一组为人工智能人才和区块链人才，即 AB 人才；第二组为云计算人才和大数据分析人才，即 CD 人才。

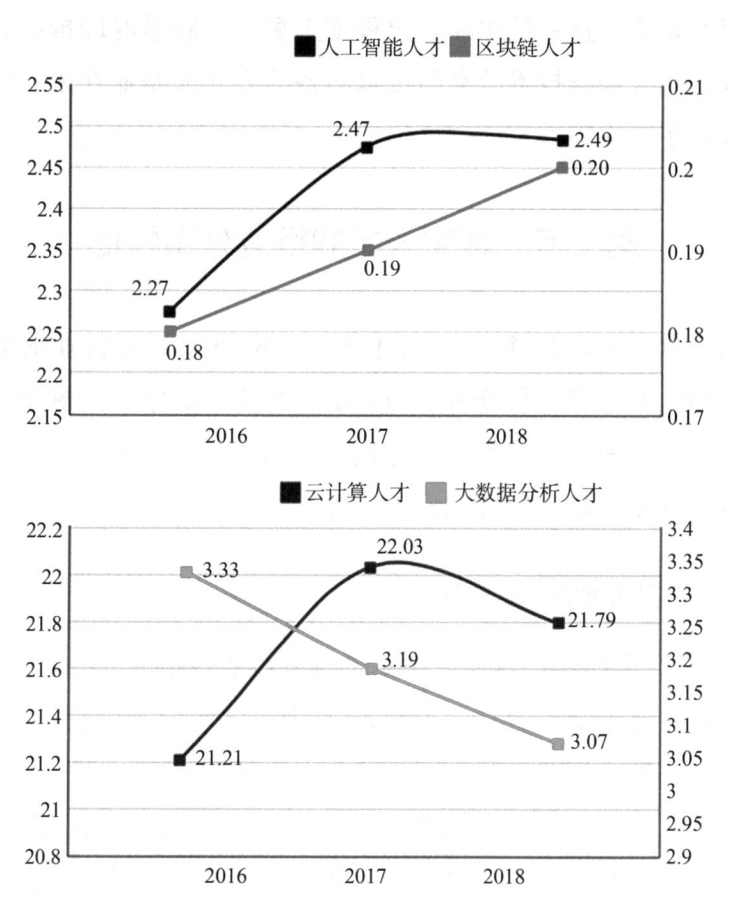

**图 15.1　2016—2018 年全国 ABCD 人才在数字人才中所占比重（%）**

资料来源：笔者根据领英人才数据库数字人才数据计算绘制。

233

AB人才在数字人才中的占比随时间推移呈不断上升趋势，而C人才所占比重呈先上升再下降的趋势，D人才所占比重呈不断下降趋势，且2018年下降趋势更加明显。这两类不同趋势在一定程度上表明：（1）当前全国在数字化转型的技术方向正在发生升级，人工智能和区块链等高新技术的重要性越来越大，人才增长速度越来越快；（2）在数据资源管理方面已逐步趋于稳定，云计算和大数据分析人才体量较大，一定程度上能够满足产业数字化需求，从而增长速度减缓。这一结果在一定程度上显示，随着时间推移，拥有人工智能和区块链技术等高新技术储备的人才或企业在未来发展中将拥有更多的优势。

## 第二节 数字人才的行业分布特征

基于2016—2018年数字人才样本，本研究对各行业的数字人才现状和发展趋势进行分析。为突出各行业的数字化发展水平，本研究从三个方面展开：数字人才的行业分布、ABCD人才的行业分布、传统行业的数字化转型深度分析。

### 一 数字人才的行业分布

如图15.2所示，本研究展示了具有代表性的15个行业的数字人才分布占比情况。其中，软件与IT服务行业和制造行业是两大数字人才引领型行业，数字人才分布占比超过19%，但与劳动力数据不同的是，在数字人才规模上软件与IT服务行业超过制造行业。计算机网络与硬件行业、消费品行业、金融行业、教育行业、公司服务行业、医疗行业、零售行业位列第二梯队，数字人才分布占比为2%-10%，明显领先于第三梯队行业（媒体行业、交通行业、

## 第十五章 数字人才驱动下的行业数字化转型

旅游度假行业、建筑行业、娱乐行业、房地产行业)。由此可见，除软件与IT服务行业和计算机网络与硬件行业这两大ICT基础产业之外，数字人才主要集中在制造行业、消费品行业、金融行业、教育行业、公司服务行业医疗行业、零售行业中，为这些传统行业的数字化转型奠定了坚实的人才基础。

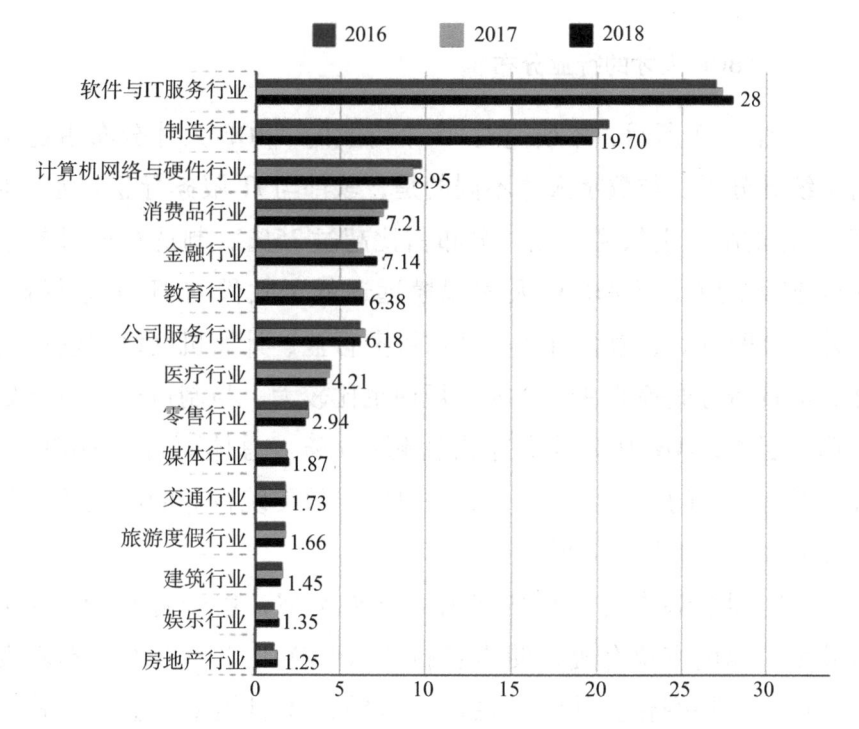

| 行业 | 占比 |
|---|---|
| 软件与IT服务行业 | 28 |
| 制造行业 | 19.70 |
| 计算机网络与硬件行业 | 8.95 |
| 消费品行业 | 7.21 |
| 金融行业 | 7.14 |
| 教育行业 | 6.38 |
| 公司服务行业 | 6.18 |
| 医疗行业 | 4.21 |
| 零售行业 | 2.94 |
| 媒体行业 | 1.87 |
| 交通行业 | 1.73 |
| 旅游度假行业 | 1.66 |
| 建筑行业 | 1.45 |
| 娱乐行业 | 1.35 |
| 房地产行业 | 1.25 |

**图15.2　2016—2018年数字人才在代表性行业分布占比情况（%）**

资料来源：笔者根据领英数字人才数据计算绘制。

从时间趋势来看，数字人才在软件与IT服务行业和制造行业两大引领型行业分布占比的变化趋势存在明显区别。其中，数字人才在软件与IT服务行业的分布占比逐年上升，而在制造行业的分布占比则逐年降低。这一结果表明，软件与IT服务行业的数字人

**数字化转型：数字人才与中国数字经济发展**

才增速高于平均水平，而制造行业数字人才的增速则低于平均水平。类似地，金融行业、教育行业等的数字人才占比不断上升，而计算机网络与硬件行业、消费品行业等的数字人才占比逐年降低。这些结果显示，相对软件与 IT 服务行业、金融行业、教育行业等而言，制造行业、计算机网络与硬件行业等与实体产业关联度更高的行业对数字人才应用还存在一定的壁垒。

## 二 ABCD 人才的行业分布

如图 15.3 所示，本研究对 15 个行业的 ABCD 人才分布占比进行了统计分析。与数字人才不同的是，软件与 IT 服务行业成为 ABCD 人才的唯一引领型行业，分布占比超过 35%，制造行业虽然依然居于第二位，但 ABCD 人才规模远远低于软件与 IT 服务行业。此外，金融行业、教育行业、公司服务行业、计算机网络与硬件行业、消费品行业等的 ABCD 人才规模也比较大，与制造行业一起处于第二层次，ABCD 人才分布占比超过 6%。总体而言，ABCD 人才在各行业中的分布更加集中，这可能导致传统行业的深度数字化转型存在人才不足的问题。

从时间趋势来看，与数字人才结果类似，由于各行业 ABCD 人才增长速度有快有慢，使得各行业 ABCD 人才分布占比不断发生不同的趋势变化。其中，在两大数字人才引领型行业——软件与 IT 服务行业和制造行业的 ABCD 人才分布占比均逐年降低；而在金融行业、教育行业、公司服务行业等的分布比重则逐年上升。这一结果表明，前沿数字技能（ABCD 技能）逐渐向多行业多层次蔓延；在两大数字人才引领型行业（尤其是制造行业）中，虽然数字人才基数较大，但在前沿数字技能的应用和前沿数字人才的吸引等方面还需加强。

## 第十五章 数字人才驱动下的行业数字化转型

■ 2016 ■ 2017 ■ 2018

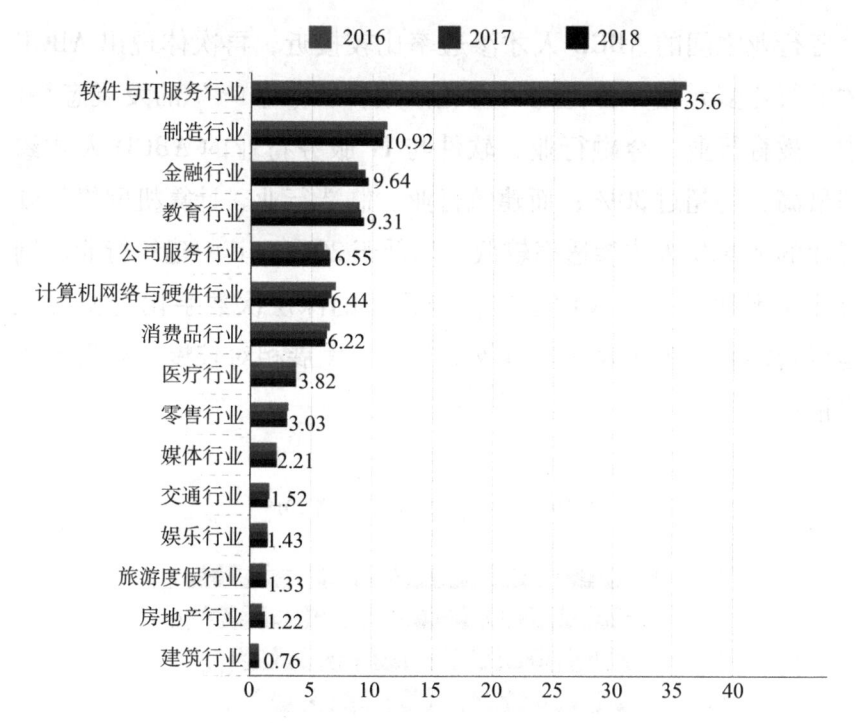

| 行业 | 占比 |
|---|---|
| 软件与IT服务行业 | 35.6 |
| 制造行业 | 10.92 |
| 金融行业 | 9.64 |
| 教育行业 | 9.31 |
| 公司服务行业 | 6.55 |
| 计算机网络与硬件行业 | 6.44 |
| 消费品行业 | 6.22 |
| 医疗行业 | 3.82 |
| 零售行业 | 3.03 |
| 媒体行业 | 2.21 |
| 交通行业 | 1.52 |
| 娱乐行业 | 1.43 |
| 旅游度假行业 | 1.33 |
| 房地产行业 | 1.22 |
| 建筑行业 | 0.76 |

**图 15.3 2016—2018 年代表性行业 ABCD 人才分布占比情况（%）**

资料来源：笔者根据领英人才数据库数字人才数据计算绘制。

### 三 传统行业的数字化转型深度分析

为进一步分析各行业的数字人才发展水平，本研究计算了各行业的 ABCD 人才渗透率，即 ABCD 人才在数字人才中的占比。通过这一指标，我们能够进一步分析各行业人才的数字化转型深度。比如，软件与 IT 服务行业中数字人才规模大，体现出较明显的数字人才广度，然而其 ABCD 人才分布占比呈现出下降趋势，它是否在数字化转型深度上有所滞后呢？通过分析 ABCD 人才渗透率，本研究能进一步对以上结果进行验证。

如图 15.4 所示，相对数字人才分布占比和 ABCD 人才占比而

### 数字化转型：数字人才与中国数字经济发展

言，各行业之间的 ABCD 人才渗透率比较接近，再次体现出 ABCD 人才的行业多元化和各行业"百花齐放，百家争鸣"的发展态势。其中，教育行业、金融行业、软件与 IT 服务行业的 ABCD 人才渗透率最高，均超过 30%；而建筑行业、制造行业、计算机网络与硬件行业的 ABCD 人才渗透率较低，均低于 20%，其中建筑行业、制造行业还不到 14%，表明这些传统行业的深层次数字化转型（尤其是以智能制造为代表的实体数字产业）发展相对较慢，还需要进一步推进。

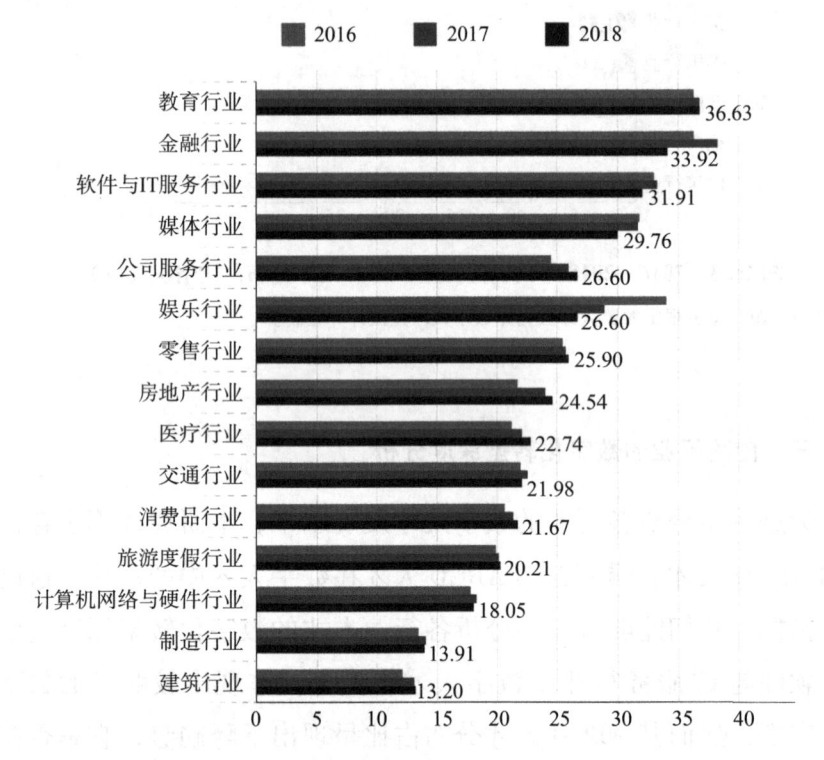

| 行业 | 2018 渗透率 (%) |
| --- | --- |
| 教育行业 | 36.63 |
| 金融行业 | 33.92 |
| 软件与IT服务行业 | 31.91 |
| 媒体行业 | 29.76 |
| 公司服务行业 | 26.60 |
| 娱乐行业 | 26.60 |
| 零售行业 | 25.90 |
| 房地产行业 | 24.54 |
| 医疗行业 | 22.74 |
| 交通行业 | 21.98 |
| 消费品行业 | 21.67 |
| 旅游度假行业 | 20.21 |
| 计算机网络与硬件行业 | 18.05 |
| 制造行业 | 13.91 |
| 建筑行业 | 13.20 |

**图 15.4　2016—2018 年代表性行业 ABCD 人才渗透率（%）**

资料来源：笔者根据领英人才数据库数字人才数据计算绘制。

第十五章 数字人才驱动下的行业数字化转型

从 ABCD 人才渗透率的时间趋势来看，我们发现 ABCD 人才渗透率较高的行业（尤其是金融行业、软件与 IT 服务行业等服务性行业）2017 年后大多呈现出下降趋势，而 ABCD 人才渗透率较低的行业（尤其是制造行业、建筑行业等传统实体类行业）2017 年后则大多呈现出上升趋势。这表明相比于偏向于软实力的服务行业，ABCD 人才对传统行业的重要性随时间推移越来越高，随着新应用场景的不断涌现将越来越成为传统行业数字化转型的重要驱动力量。

## 第三节　数字人才的行业吸引力

在分析各行业数字人才现状和数字化转型现状后，本研究进一步分析各行业对数字人才的吸引力，以探索各行业未来的数字化发展趋势。为此，本研究选择了两个指标——数字人才行业保留率和数字人才行业流入流出比，分别分析各行业对本行业数字人才和其他行业数字人才的吸引力。

### 一　数字人才行业保留率

人才保留率是衡量地区发展的重要指标，对行业来说也是非常重要的。人才保留率较高的行业中，人才能够更加安于本行业工作，且人才经验能进一步积累，进而推动行业发展。基于此，本研究根据领英人才数据库 2016—2018 年的跳槽数据，分析四大代表性行业中数字人才的主要流出去向，并将流向分为本行业和其他行业。如果行业中的数字人才跳槽到本行业的比例更高，表明该行业对人才的保留率越高。

如图 15.5 所示，软件与 IT 服务业行业和制造行业的数字人才

**数字化转型：数字人才与中国数字经济发展**

更加偏向于本行业就业，其跳槽的数字人才中超过70%都会选择继续留在本行业中，具有更高的人才保留率。而计算机网络与硬件行业和金融行业中数字人才对本行业的偏向程度相对较低。从时间趋势来看，软件与IT服务行业和制造行业的数字人才跳槽去向也相对稳定，而计算机网络与硬件行业和金融行业的数字人才跳槽到本行业的比例逐年降低，即人才保留率逐年降低。这也再次突出了软件与IT服务行业和制造行业在数字人才上的引领地位。同时，从计算机网络与硬件行业和金融行业的数字人才保留率及时间趋势，可以推断数字人才在行业之间的流动可能处于不断增强趋势。

■2016 ■2017 ■2018

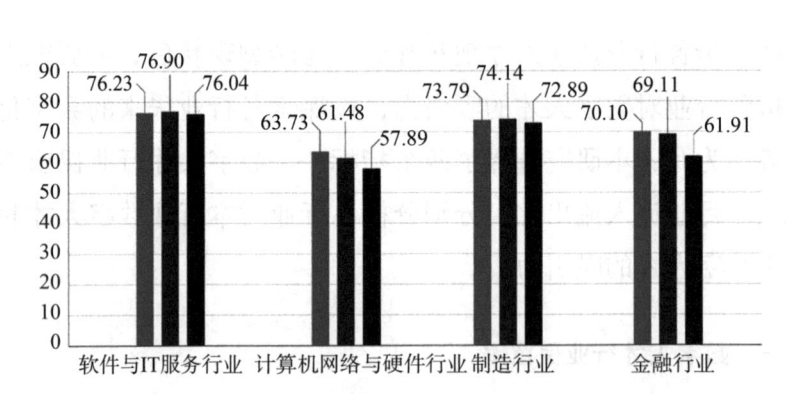

| 行业 | 2016 | 2017 | 2018 |
|---|---|---|---|
| 软件与IT服务行业 | 76.23 | 76.90 | 76.04 |
| 计算机网络与硬件行业 | 63.73 | 61.48 | 57.89 |
| 制造行业 | 73.79 | 74.14 | 72.89 |
| 金融行业 | 70.10 | 69.11 | 61.91 |

**图15.5　2016—2018年代表性行业数字人才保留率（%）**

资料来源：笔者根据领英人才数据库数字人才数据计算绘制。

**二　数字人才行业流入流出比**

数字人才在行业之间的流动愈加频繁，在这种动态情况下，本研究通过分析行业数字人才吸引力来体现各行业在数字人才流动中所处的地位。行业人才流入流出比（其他行业流入该行业的人才数

## 第十五章　数字人才驱动下的行业数字化转型

量/该行业流出到其他行业的人才数量）是衡量行业人才吸引力的重要指标。如果行业人才流入流出比大于1，表明该行业处于人才净流入状态；如果行业人才流入流出比小于1，表明该行业处于人才净流出状态。根据数据筛查结果显示，在所有行业中，软件与IT服务行业与其他行业的人才往来最为频繁，因此本研究以软件与IT服务行业作为对标行业，通过其他行业与软件与IT服务行业的流入流出情况，计算其他各个行业相对于软件与IT服务行业的流入流出比，简称为相对流入流出比，从而分析其他行业相对于软件与IT服务行业的数字人才吸引力。比如，制造行业的相对流入流出比等于从软件与IT服务行业流入制造行业的人才数量除以从制造行业流入软件与IT服务行业的人才数量。从而，这一指标能反映出数字人才从软件与IT服务行业向其他行业的渗透情况。比如，如果制造行业的相对流入流出比大于1，则表明数字人才从软件与IT服务业对制造行业进行正向人才渗透。

如图15.6所示，本研究计算了各行业2016—2018年的相对流入流出比。除此之外，本研究还计算了软件与IT服务行业自身的流入流出比（即其他行业流入软件与IT服务行业的数字人才数量/软件与IT服务行业流出到其他行业的数字人才数量）。结果表明，软件与IT服务行业对数字人才的吸引力逐年上升，意味软件与IT服务行业对其他行业总体上处于人才净流入状态。换句话说，相对于软件与IT服务行业，其他行业对数字人才的吸引力还相对较低。这也揭示了当前ICT技术对传统行业的主要渗透方式，即数字人才从传统行业通过进入ICT行业，从而实现传统行业技能与ICT技能的融合。在软件与IT服务行业对数字人才吸引力不断提高的背景下，其他行业也不乏亮点。其中，房地产行业在2017年和2018年处于净流入状态，金融行业在2016年和2017年处于净流入状态，

**数字化转型：数字人才与中国数字经济发展**

公司服务行业2016年处于净流入状态。

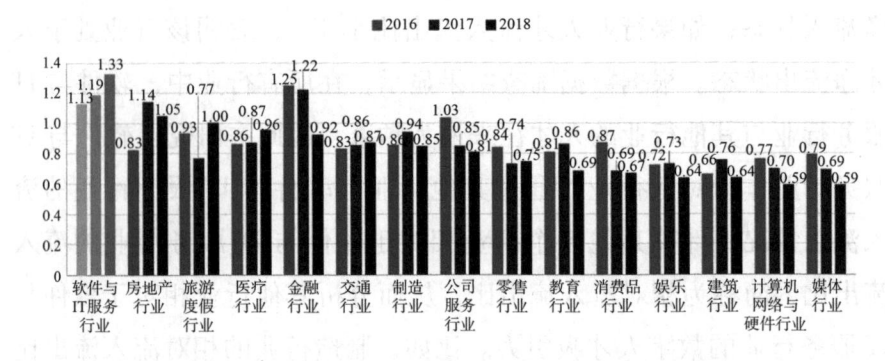

**图15.6 2016—2018年代表性行业数字人才流入流出比**

资料来源：笔者根据领英人才数据库数字人才数据计算绘制。

从时间维度来看，整体来说，与软件与IT服务行业相比，大部分行业对于数字人才的相对吸引力呈现下降趋势（尤其2018年），其中金融行业、媒体行业、计算机网络与硬件行业等下降趋势明显。但医疗行业和交通行业的相对流入流出比均呈现出明显的逐年递增趋势，表明这两大行业对软件与IT服务行业的数字人才吸引力处于上升趋势，即软件与IT服务行业的数字人才将越来越多地渗透到医疗行业和交通行业。值得注意的是，医疗行业和交通行业在数字人才规模上均处于中下游，从而这一结果暗示着这两大行业可能将成为数字人才聚集的新高地。

# 第十六章

# 数字人才的行业流动研究

## 第一节 重点行业数字人才的行业流动情况

为分析数字人才在行业之间的流动情况,本研究从 ICT 基础产业和传统行业两个角度分别进行分析。其中,本研究重点关注 ICT 基础产业对其他行业的数字人才渗透和传统行业的数字人才来源,主要分析 ICT 基础产业数字人才流出到其他行业的情况,以及传统行业数字人才从其他行业流入的情况。

### 一 ICT 行业数字人才的行业流动

作为两大 ICT 基础产业,软件与 IT 服务行业和计算机网络与硬件行业被认为是其他行业数字人才的重要来源。因此,本研究对两大 ICT 基础产业的数字人才去向进行更加深入的分析,以进一步了解各行业的数字人才渗透情况。

#### (一)软件与 IT 服务行业

本研究分析了 2016—2018 年软件与 IT 服务行业的数字人才去向,如图 16.1 所示。结果表明,软件与 IT 服务行业与计算机网络与硬件行业、公司服务行业、制造行业和金融行业联系最为紧密,流出的数字人才中接近60%流向了这四大行业,远超其他行业。而

**数字化转型：数字人才与中国数字经济发展**

且从软件与 IT 服务行业流出到这四大行业的数字人才数量相差不大，表明软件与 IT 服务行业对传统行业的数字化渗透以这四大行业为主且比较均匀，同时也表明这四大行业也是受软件与 IT 服务行业影响最深的行业。

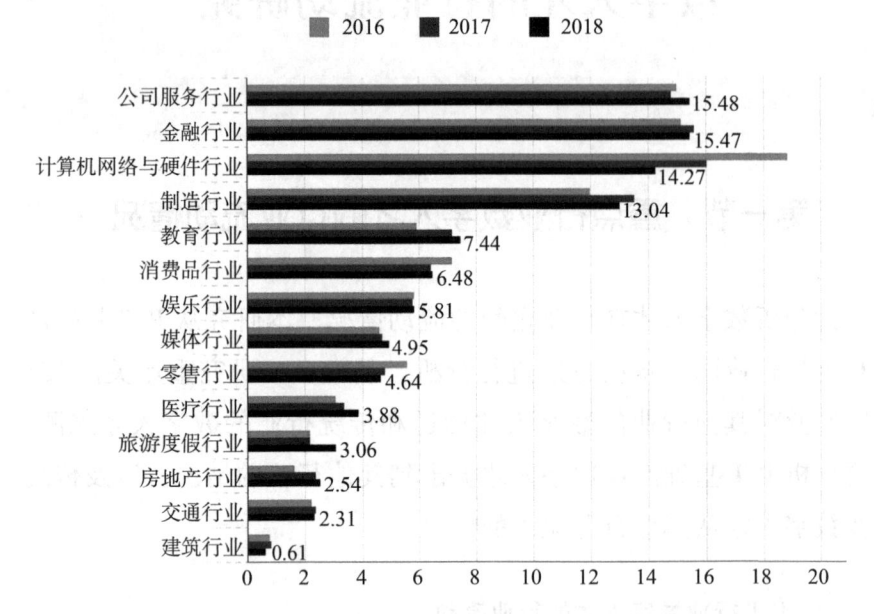

| 行业 | 比例(%) |
|---|---|
| 公司服务行业 | 15.48 |
| 金融行业 | 15.47 |
| 计算机网络与硬件行业 | 14.27 |
| 制造行业 | 13.04 |
| 教育行业 | 7.44 |
| 消费品行业 | 6.48 |
| 娱乐行业 | 5.81 |
| 媒体行业 | 4.95 |
| 零售行业 | 4.64 |
| 医疗行业 | 3.88 |
| 旅游度假行业 | 3.06 |
| 房地产行业 | 2.54 |
| 交通行业 | 2.31 |
| 建筑行业 | 0.61 |

**图 16.1　2016—2018 年软件与 IT 服务行业数字人才流向分布（%）**

资料来源：笔者根据领英人才数据库数字人才数据计算绘制。

从时间维度来看，软件与 IT 服务行业对这四大行业的数字人才输出呈现出三大趋势。第一，对计算机网络与硬件行业的输出比例逐年降低，且降幅非常明显。第二，对公司服务行业的输出比例稍有变动，2017 年略微降低，但在 2018 年明显增加。第三，对金融行业和制造行业的输出比例在 2017 年呈现出非常明显的增长态势，但在 2018 年增速放缓甚至略有下降。此外，对于其他行业，软件与 IT 服务行业数字人才流出到零售行业等的比例也在不断降

## 第十六章 数字人才的行业流动研究

低,而流出到教育行业、媒体行业、医疗行业等的比例不断增加。

(二)计算机网络与硬件行业

本研究同时分析了 2016—2018 年计算机网络与硬件行业的数字人才去向(如图 16.2 所示),结果呈现出明显的集聚特性。计算机网络与硬件行业流出的数字人才中有接近 60% 去往软件与 IT 服务行业,约 15% 去往制造行业。然而,随时间推移,这两大目标行业所占比例的变化趋势存在较大差别:计算机网络与硬件行业流出到软件与 IT 服务行业的比例明显增加,而流出到制造行业的比例则明显降低,说明计算机网络与硬件行业数字人才对于制造行业的偏好可能在减弱,而对于软件与 IT 服务行业的偏好不断增强。

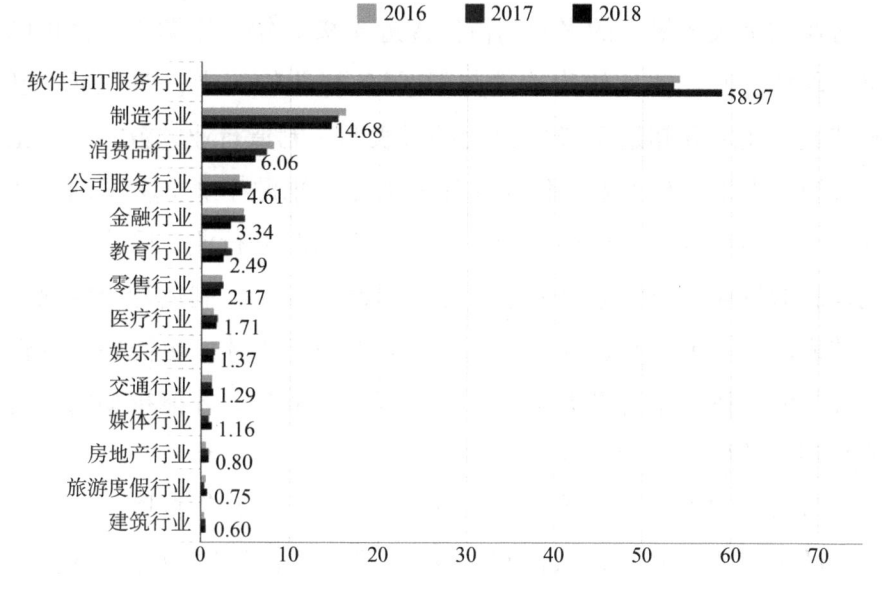

| 行业 | 比例 (%) |
| --- | --- |
| 软件与IT服务行业 | 58.97 |
| 制造行业 | 14.68 |
| 消费品行业 | 6.06 |
| 公司服务行业 | 4.61 |
| 金融行业 | 3.34 |
| 教育行业 | 2.49 |
| 零售行业 | 2.17 |
| 医疗行业 | 1.71 |
| 娱乐行业 | 1.37 |
| 交通行业 | 1.29 |
| 媒体行业 | 1.16 |
| 房地产行业 | 0.80 |
| 旅游度假行业 | 0.75 |
| 建筑行业 | 0.60 |

**图 16.2  2016—2018 年计算机网络与硬件行业数字人才流向分布(%)**

资料来源:笔者根据领英人才数据库数字人才数据计算绘制。

## 二 传统行业数字人才的行业流动

对于传统行业，本研究进一步分析推动其数字化转型的数字人才主要来源于哪些行业。根据上述研究结果，本研究选择了两大代表性传统行业——制造行业和金融行业，分别代表第二产业和第三产业，展开对传统行业数字人才流入来源的分析。

### （一）制造行业

本研究分析了制造行业2016—2018年数字人才来源行业及分布占比，如图16.3所示。可以发现，制造行业的数字人才来源主要分布在软件与IT服务行业、计算机网络与硬件行业、消费品行业、公司服务行业、医疗行业等。其中，软件与IT服务行业是制造行业数字人才最大的来源，占比接近35%，第二来源为计算机网络与硬件行业，占比约为软件与IT服务行业的一半，两大ICT基础产业占比之和超过50%。这个结果表明，制造行业的数字人才主要来源于ICT基础产业。但需要注意的是，来源于非ICT基础产业的占比也不容忽视，比如消费品行业、公司服务行业、医疗行业等也是制造行业的重要数字人才来源。因此可以说，制造行业的数字化转型需要多方参与，既需要ICT基础型数字人才，也需要在其他传统行业深耕的融合型数字人才，只有二者兼备，才能推动制造行业数字化转型向更深层次发展。

从时间维度来看，排名前二的两大来源中，计算机网络与硬件行业的占比明显降低，软件与IT服务行业的占比则明显上升但上升趋势减缓。这一结果与本节第一部分的结论形成良好的呼应，表明制造行业对ICT基础产业的数字人才需求趋势可能逐步放缓。反而，制造行业的数字人才来源中，公司服务行业、教育行业、金融行业等的比重逐年上升，再次表明制造行业的数字人才来源将逐步

## 第十六章 数字人才的行业流动研究

呈现出多元化趋势。这可能体现出制造行业数字化转型的独特人才需求，也要求企业在培训综合性数字人才上多下功夫。

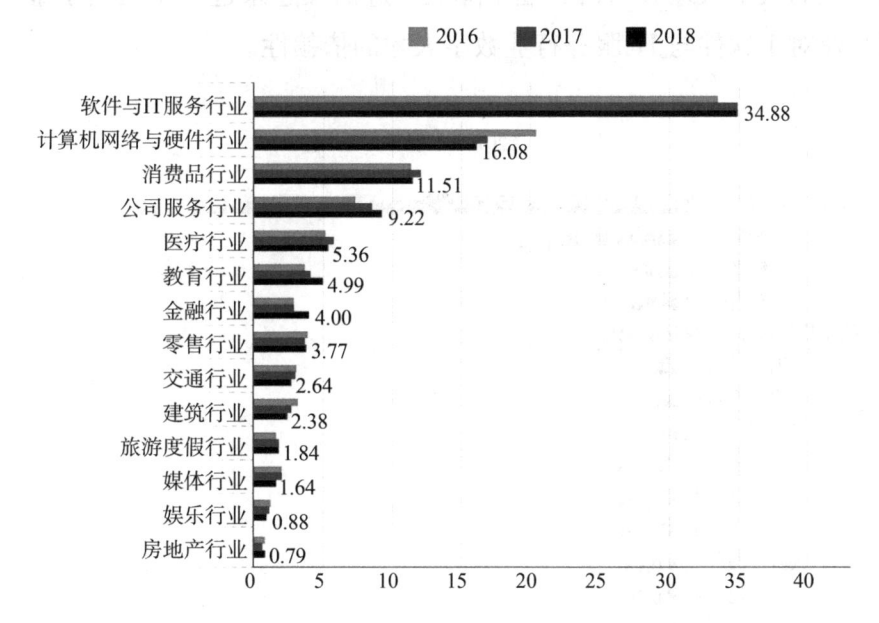

图 16.3　2016—2018 年制造行业数字人才流入来源分布（%）

资料来源：笔者根据领英人才数据库数字人才数据计算绘制。

### （二）金融行业

本研究对金融行业 2016—2018 年的数字人才来源行业及分布占比进行分析，如图 16.4 所示。结果表明，金融行业的数字人才来源主要分布在软件与 IT 服务行业和公司服务行业。其中，软件与 IT 服务行业是金融行业数字人才最主要的来源，占比超过 55%，遥遥领先于其他行业。与制造行业相比，金融行业的数字人才来源单极化态势更强。同时，从时间维度来看，在两大主要数字人才来源行业中，来源于软件与 IT 服务行业的比重比较稳定，而来源于公司服务行业的比重则呈现出逐年上升趋势，也暗示着金融行业对

### 数字化转型：数字人才与中国数字经济发展

数字人才的多元化需求正逐步表现出来。此外，另一ICT基础产业计算机网络与硬件行业与软件与IT服务行业有所不同，其流入金融行业的数字人才分布占比逐年降低，进而反过来进一步突出了金融行业对于软件与IT服务行业数字人才的依赖性。

■2016 ■2017 ■2018

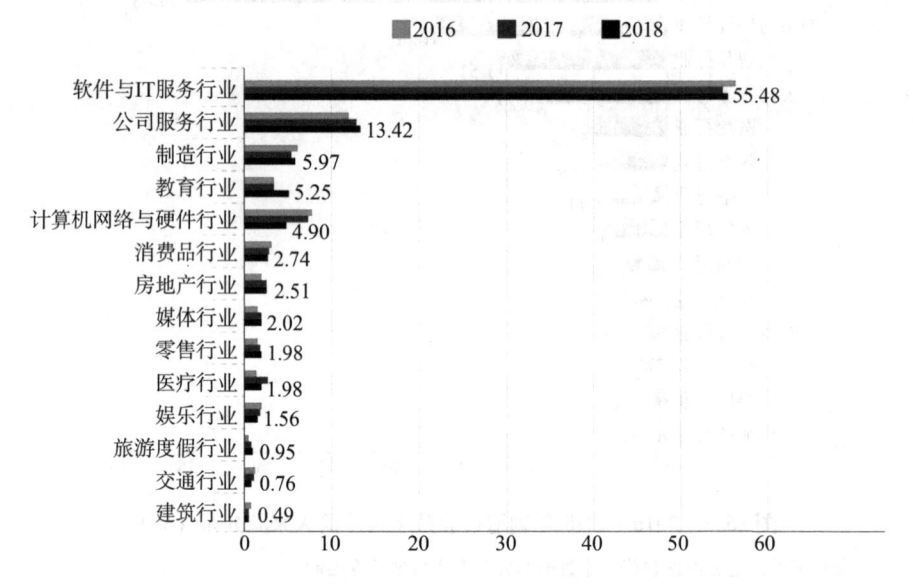

| 行业 | 占比 |
|---|---|
| 软件与IT服务行业 | 55.48 |
| 公司服务行业 | 13.42 |
| 制造行业 | 5.97 |
| 教育行业 | 5.25 |
| 计算机网络与硬件行业 | 4.90 |
| 消费品行业 | 2.74 |
| 房地产行业 | 2.51 |
| 媒体行业 | 2.02 |
| 零售行业 | 1.98 |
| 医疗行业 | 1.98 |
| 娱乐行业 | 1.56 |
| 旅游度假行业 | 0.95 |
| 交通行业 | 0.76 |
| 建筑行业 | 0.49 |

**图16.4 2016—2018年金融业数字人才流入来源分布（%）**

资料来源：笔者根据领英数字人才数据计算绘制。

可以发现，制造行业和金融行业两大传统行业的数字人才来源均以软件与IT服务行业为主，但二者存在明显区别，制造行业需求呈现多元化趋势，除了软件与IT服务行业，对其他行业依然存在非常广泛的数字人才需求，而金融行业呈现以软件与IT服务行业为主的单极化态势。此外，制造行业和金融行业存在一个共同点，即公司服务行业正逐渐成为其越来越重要的数字人才来源。这在一定程度上说明，传统行业中企业的数字化转型可能正越来越多地开始寻求外界的合作平台，而不单单依托于自身的力量。

第十六章　数字人才的行业流动研究

## 第二节　重点行业数字人才的区域流动情况

在分析各行业数字人才（包括 ABCD 人才）现状和行业间数字人才流动的基础上，我们对于国家重点行业的数字化转型情况有了一定的了解。但仍然存在一个疑问，这些重点行业的数字化转型是否存在较大的区域差异性？因此，本节主要对重点行业数字人才的区域分布和流动情况展开分析。

### 一　重点行业数字人才的区域分布

（一）软件与 IT 服务行业

如图 16.5 所示，在软件与 IT 服务行业，2018 年北京一枝独秀，其数字人才数量占全国总量的比重接近 25%，上海、深圳、杭州、广州的数字人才规模位列前五，成都、南京、香港、武汉、西

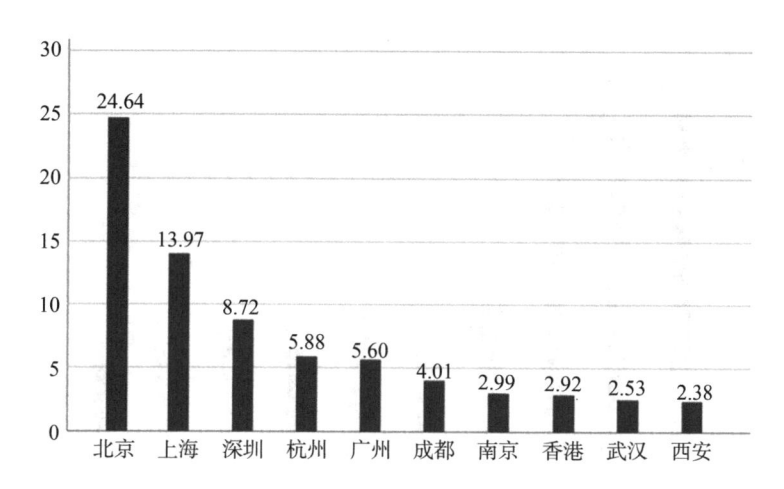

**图 16.5　2018 年软件与 IT 服务业数字人才占比排名前十的城市（%）**

资料来源：笔者根据领英人才数据库数字人才数据计算绘制。

**数字化转型：数字人才与中国数字经济发展**

安位列前十位。不难发现，软件与 IT 服务行业的数字人才主要分布在东部和南部等经济发展水平较高的区域，但依然有很大一部分数字人才分布在中西部等经济发展水平较低的区域，表明 GDP 不是数字经济发展的决定性因素。此外，排名前十的城市在软件与 IT 服务业的数字人才总占比超过 70%，体现出软件与 IT 服务行业数字人才的明显集聚特征。

（二）计算机网络与硬件行业

如图 16.6 所示，在计算机网络与硬件行业，深圳的数字人才数量最多，北京和上海分别居于第二位和第三位。这三大城市的数字人才数量占全国数字人才总量的比重均超过 10%，相较软件与 IT 服务行业有所降低。排名前十的城市计算机网络与硬件行业数字人才合计占比接近 60%。这一结果表明，计算机网络与硬件行业的数字人才分布虽然依然呈现出集聚特性，但与软件与 IT 服务行业相比更加分散。需要注意的是，除了排名前三的城市遥遥领先以外，

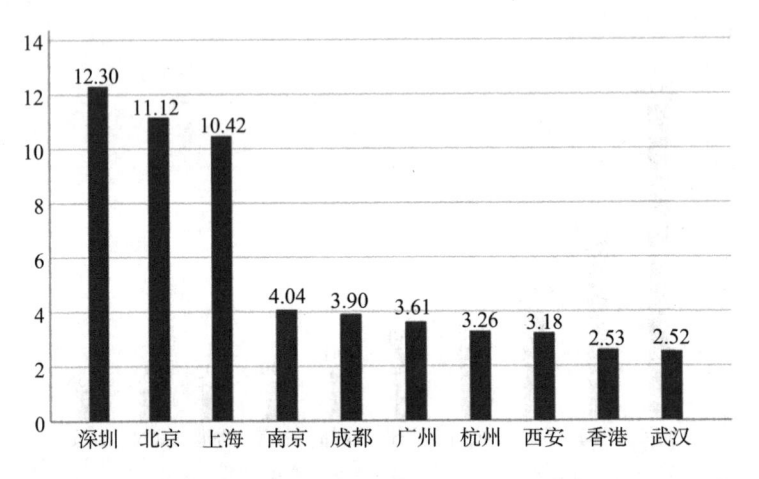

|  |  |
|---|---|
| 深圳 | 12.30 |
| 北京 | 11.12 |
| 上海 | 10.42 |
| 南京 | 4.04 |
| 成都 | 3.90 |
| 广州 | 3.61 |
| 杭州 | 3.26 |
| 西安 | 3.18 |
| 香港 | 2.53 |
| 武汉 | 2.52 |

**图 16.6　2018 年计算机网络与硬件行业数字人才占比排名前十的城市（%）**

资料来源：笔者根据领英人才数据库数字人才数据计算绘制。

# 第十六章 数字人才的行业流动研究

其余七个城市的计算机网络与硬件行业数字人才规模差别较小，突出了计算机网络与硬件行业数字人才在区域发展上的"中心聚集，遍地开花"特征。

（三）制造行业

如图16.7所示，在制造行业，上海和深圳的数字人才数量最多，占全国数字人才总量的比重分别接近9%和6.5%，位列第一梯队；北京、苏州、广州、东莞则2%—5%，位列第二梯队。排名前十的城市数字人才总占比仅为34.62%。与两大ICT基础产业相比，制造行业数字人才的分布非常分散。但在分散之中也体现出集聚性，制造行业数字人才明显集中在长三角地区和粤港澳大湾区，且相比之下在长三角地区更加集中。

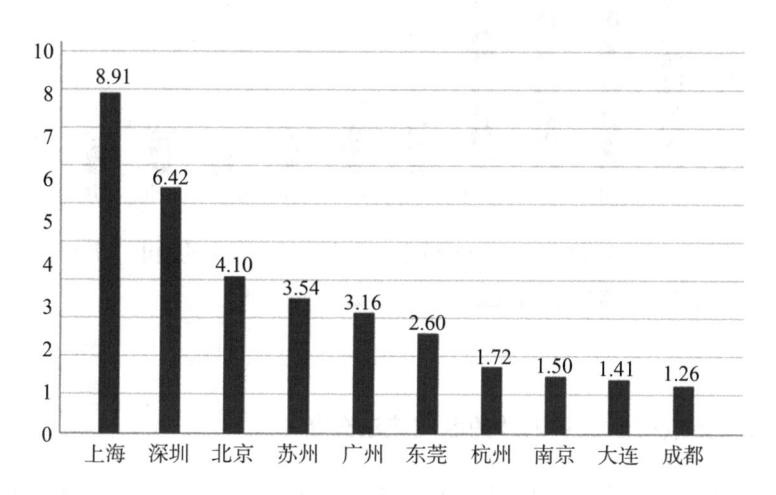

| 城市 | 占比(%) |
|---|---|
| 上海 | 8.91 |
| 深圳 | 6.42 |
| 北京 | 4.10 |
| 苏州 | 3.54 |
| 广州 | 3.16 |
| 东莞 | 2.60 |
| 杭州 | 1.72 |
| 南京 | 1.50 |
| 大连 | 1.41 |
| 成都 | 1.26 |

图16.7 2018年制造行业数字人才占比排名前十的城市（%）

资料来源：笔者根据领英人才数据库数字人才数据计算绘制。

（四）金融行业

如图16.8所示，在金融行业，上海、香港、北京成为数字人才的三大集中地，占全国金融行业数字人才总数的比重均超过

**数字化转型：数字人才与中国数字经济发展**

13%。深圳和广州分别居于第四位、第五位，但与前三大城市相比，差距还比较明显。总体而言，金融业数字人才主要分布在粤港澳、长三角、京津冀三大代表性地区，中部地区相对较少但存在亮点（如成都、武汉）。排名前十的城市金融行业数字人才之和超过全国金融行业数字人才总数的60%，呈现出接近于软件与IT服务行业的明显集聚特性。

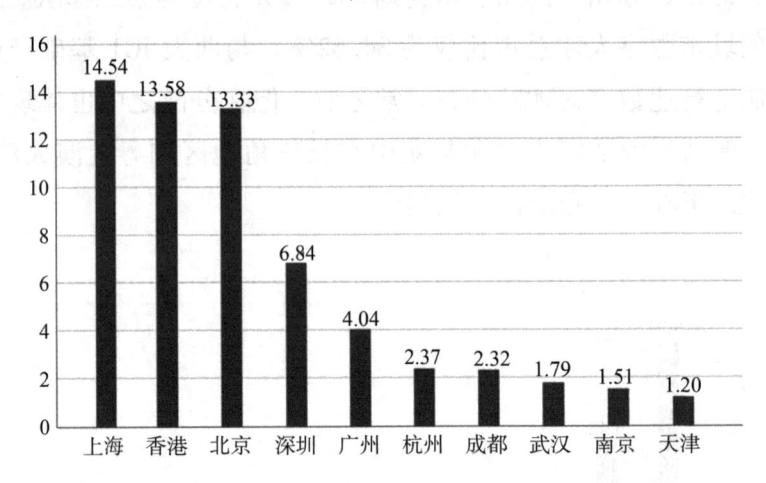

**图16.8　2018年金融行业数字人才占比排名前十的城市（%）**

资料来源：笔者根据领英人才数据库数字人才数据计算绘制。

## 二　重点行业数字人才的区域流动分析

根据上述结果，我们发现北京、上海、广州、深圳、杭州五大城市在四大重点行业的数字人才综合实力最强，因此本节主要对这五大城市展开分析。

本节基于2016—2018年数字人才的流动数据，分析了五大城市在四大重点行业的数字人才流入流出比，如图16.9所示。主要有以下五点发现。第一，北京仅在软件与IT服务行业中数字人才

## 第十六章 数字人才的行业流动研究

流入流出比大于1，且在五大城市中仅高于广州，体现出北京对数字人才的吸引力处于相对弱势的地位。第二，上海在四大重点行业中数字人才流入流出均比大于1，且四大重点行业流入流出比均非常接近，表明上海发展比较全面均衡，对数字人才具有较强的整体吸引力。第三，广州仅在制造行业的数字人才流入流出比大于1，而在其他行业均处于数字人才流失状态。第四，深圳四大重点行业的数字人才流入流出比均比较高，尤其在计算机网络与硬件行业、制造行业、金融行业中对数字人才的吸引力均处于五大城市的首位，在软件与IT服务行业也仅次于杭州。第五，杭州四大重点行业的数字人才流入流出比均超过1，尤其软件与IT服务行业超过2.5，突出表现了杭州的数字经济实力，也暗示杭州的数字经济发展模式是以软件与IT服务行业为驱动力，进而辐射其他行业。综合来看，深圳对四大重点行业数字人才的吸引力最强，杭州在软件与IT服务行业最为突出，上海最为均衡，北京和广州以各自优势行业为主。

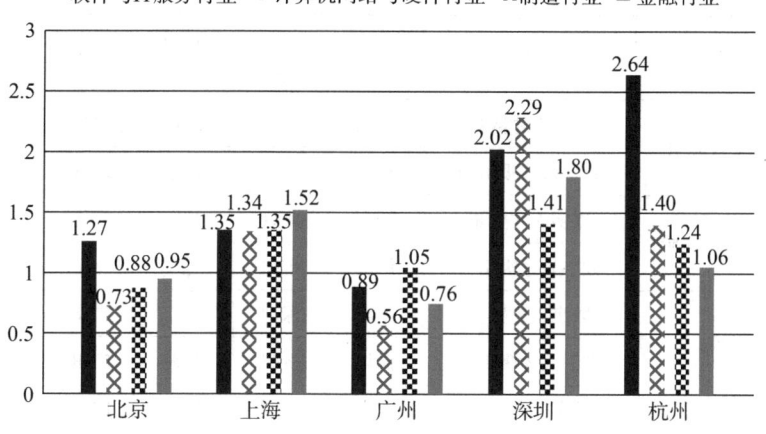

**图16.9 五大城市重点行业数字人才流入流出比**

资料来源：笔者根据领英人才数据库数字人才数据计算绘制。

**数字化转型:数字人才与中国数字经济发展**

结合数字人才数量和数字人才吸引力,本研究从行业排名角度展开分析,见表16.1。对于软件与IT服务行业,数字人才数量的排名依次是北京、上海、深圳、杭州、广州,从数字人才吸引力的角度则是杭州、深圳、上海、北京、广州,北京和杭州、上海和深圳的排名分别发生对调,突出杭州和深圳的新兴趋势。对于计算机网络与硬件行业,数字人才数量的排名依次是深圳、北京、上海、广州、杭州,数字人才吸引力的排名则依次是深圳、杭州、上海、北京、广州,深圳的优势在不断扩大。对于制造行业,数字人才数量的排名依次是上海、深圳、北京、广州、杭州,数字人才吸引力的排名则依次是深圳、杭州、上海、广州、北京,深圳具有一定的规模优势且后劲十足,杭州新兴趋势明显。对于金融行业,数字人才数量的排名依次是上海、北京、深圳、广州、杭州,数字人才吸引力的排名则依次是深圳、上海、杭州、北京、广州,上海存在优势,深圳和杭州增长趋势明显。

表16.1　　　　五大城市重点行业数字人才数量和吸引力排名

| 行业 | 指标 | 排名 1 | 2 | 3 | 4 | 5 |
|---|---|---|---|---|---|---|
| 软件与IT服务 | 数字人才数量 | 北京 | 上海 | 深圳 | 杭州 | 广州 |
| | 数字人才吸引力 | 杭州 | 深圳 | 上海 | 北京 | 广州 |
| 计算机网络与硬件 | 数字人才数量 | 深圳 | 北京 | 上海 | 广州 | 杭州 |
| | 数字人才吸引力 | 深圳 | 杭州 | 上海 | 北京 | 广州 |
| 制造 | 数字人才数量 | 上海 | 深圳 | 北京 | 广州 | 杭州 |
| | 数字人才吸引力 | 深圳 | 杭州 | 上海 | 广州 | 北京 |
| 金融 | 数字人才数量 | 上海 | 北京 | 深圳 | 广州 | 杭州 |
| | 数字人才吸引力 | 深圳 | 上海 | 杭州 | 北京 | 广州 |

资料来源:笔者根据领英人才数据库数字人才数据计算绘制。

# 第十六章 数字人才的行业流动研究

为进一步了解重点行业的区域流动趋势，本研究对北京、上海、广州、深圳和杭州五大城市重点行业的数字人才流入流出的具体情况展开分析。

（一）软件与IT服务行业

本研究分析了五大城市软件与IT服务行业数字人才排名前五的流入来源城市和排名前五的流出去向城市，并统计了各流入来源城市流入五大城市的软件与IT服务行业数字人才数量占五大城市引进软件与IT服务行业数字人才总量的比重，以及五大城市流出到各流出去向城市的软件与IT服务行业数字人才数量占五大城市软件与IT服务行业数字人才流出总量的比重（见表16.2）。

表16.2　软件与IT服务行业数字人才流向及占比　　单位：%

|  |  | 排名 1 | 排名 2 | 排名 3 | 排名 4 | 排名 5 | 合计 |
|---|---|---|---|---|---|---|---|
| 北京 | 流入来源 | 上海 | 深圳 | 天津 | 杭州 | 香港 |  |
|  | 占比 | 19.95 | 6.86 | 6.00 | 4.75 | 4.60 | 42.16 |
|  | 流出去向 | 上海 | 深圳 | 杭州 | 广州 | 香港 |  |
|  | 占比 | 28.02 | 17.46 | 16.12 | 5.37 | 5.07 | 72.04 |
| 上海 | 流入来源 | 北京 | 杭州 | 南京 | 深圳 | 苏州 |  |
|  | 占比 | 25.29 | 9.46 | 7.86 | 6.22 | 5.83 | 54.66 |
|  | 流出去向 | 北京 | 杭州 | 深圳 | 香港 | 苏州 |  |
|  | 占比 | 26.08 | 24.20 | 11.54 | 6.86 | 4.39 | 73.07 |
| 广州 | 流入来源 | 北京 | 深圳 | 上海 | 杭州 | 香港 |  |
|  | 占比 | 18.97 | 17.95 | 12.51 | 5.54 | 5.44 | 60.41 |
|  | 流出去向 | 深圳 | 北京 | 上海 | 杭州 | 香港 |  |
|  | 占比 | 40.73 | 16.18 | 13.55 | 8.36 | 5.64 | 84.46 |
| 深圳 | 流入来源 | 北京 | 广州 | 上海 | 香港 | 杭州 |  |
|  | 占比 | 21.33 | 17.02 | 13.01 | 7.08 | 4.50 | 62.94 |
|  | 流出去向 | 北京 | 上海 | 杭州 | 广州 | 香港 |  |
|  | 占比 | 19.91 | 17.26 | 13.55 | 13.25 | 10.37 | 74.34 |

**数字化转型：数字人才与中国数字经济发展**

续表

| | | 排名 | | | | | 合计 |
|---|---|---|---|---|---|---|---|
| | | 1 | 2 | 3 | 4 | 5 | |
| 杭州 | 流入来源 | 上海 | 北京 | 深圳 | 南京 | 广州 | |
| | 占比 | 28.99 | 21.60 | 7.27 | 5.76 | 3.73 | 67.35 |
| | 流出去向 | 上海 | 北京 | 深圳 | 广州 | 成都 | |
| | 占比 | 36.94 | 20.99 | 12.38 | 5.46 | 4.09 | 79.86 |

资料来源：笔者根据领英人才数据库数字人才数据计算绘制。

可以发现，五大城市在软件与IT服务行业排名前五的流入流出城市均具备两个特征：一是这些城市的数字人才规模较大；二是这些城市的地理位置与目标城市相对较近。比如，在北京软件与IT服务行业的数字人才来源城市中，上海、深圳、杭州、香港等数字人才规模较大的城市居于前列；而天津尽管数字人才规模相比于其他城市较低，但由于地理位置较近，居于北京数字人才来源的第三位。

另外，本研究比较了五大城市软件与IT服务行业数字人才流入来源城市和流出去向城市的人才数量集中情况。发现相比于流入，五大城市的数字人才流出更加集中，排名前五的流出去向城市占比之和大大超过排名前五的流入来源城市占比之和。换句话说，五大城市的数字人才流入来源比较分散，而流出去向比较集中。这在一定程度上体现出数字人才的流动特征，即数字人才偏向于流向一线城市。

同时，在软件与IT服务行业，北京、上海与其他城市的人才流动最为频繁，既是其他城市的主要数字人才来源城市，也是其他城市的主要数字人才流出去向城市（广州除外，广州数字人才流出去向城市排名第一的是深圳）。这个结果表明，在软件与IT服务行业，北京和上海作为先行者，对其他城市具有非常明显的辐射作用。另外，从数字人才流入来源城市和流出去向城市的集中情况来

## 第十六章 数字人才的行业流动研究

看,北京的数字人才来源最为分散,杭州则最为集中,且以上海和北京作为最主要的两个来源;北京的数字人才去向最为分散,广州的数字人才去向最为集中,且以深圳为最主要的去向。这一结果再次体现出北京在软件与 IT 服务行业的重要地位,数字人才的吸收范围和辐射范围均比较广泛。

### (二)计算机网络与硬件行业

本研究分析了五大城市计算机网络与硬件行业数字人才排名前五的流入来源城市和排名前五的流出去向城市,并统计了各流入来源城市流入五大城市的计算机网络与硬件行业数字人才数量占五大城市计算机网络与硬件行业数字人才流入总量的比重,以及五大城市流出到各流出去向城市的计算机网络与硬件行业数字人才数量占五大城市计算机网络与硬件行业数字人才流出总量的比重(见表16.3)。

表16.3 计算机网络与硬件行业数字人才流向及占比  单位:%

| | | 排名 | | | | | 合计 |
|---|---|---|---|---|---|---|---|
| | | 1 | 2 | 3 | 4 | 5 | |
| 北京 | 流入来源 | 上海 | 深圳 | 天津 | 大连 | 成都 | |
| | 占比 | 19.14 | 14.62 | 6.88 | 6.02 | 3.87 | 50.53 |
| | 流出去向 | 深圳 | 上海 | 香港 | 杭州 | 成都 | |
| | 占比 | 28.35 | 24.72 | 7.24 | 4.88 | 4.57 | 69.76 |
| 上海 | 流入来源 | 北京 | 南京 | 深圳 | 苏州 | 杭州 | |
| | 占比 | 18.67 | 11.87 | 10.01 | 9.77 | 8.03 | 58.35 |
| | 流出去向 | 深圳 | 北京 | 杭州 | 苏州 | 南京 | |
| | 占比 | 24.92 | 15.78 | 10.96 | 6.64 | 5.48 | 63.78 |
| 广州 | 流入来源 | 深圳 | 上海 | 北京 | 香港 | 东莞 | |
| | 占比 | 30.43 | 11.59 | 9.42 | 6.52 | 2.90 | 60.86 |
| | 流出去向 | 深圳 | 香港 | 北京 | 上海 | 东莞 | |
| | 占比 | 54.69 | 7.76 | 7.35 | 4.90 | 4.90 | 79.60 |

续表

|  |  | 排名 |  |  |  |  | 合计 |
|---|---|---|---|---|---|---|---|
|  |  | 1 | 2 | 3 | 4 | 5 |  |
| 深圳 | 流入来源 | 北京 | 上海 | 广州 | 武汉 | 香港 |  |
|  | 占比 | 15.42 | 12.51 | 10.46 | 6.37 | 5.90 | 50.66 |
|  | 流出去向 | 上海 | 北京 | 香港 | 广州 | 武汉 |  |
|  | 占比 | 14.93 | 12.77 | 10.79 | 8.63 | 7.37 | 54.49 |
| 杭州 | 流入来源 | 上海 | 北京 | 深圳 | 南京 | 苏州 |  |
|  | 占比 | 26.92 | 11.54 | 10.26 | 8.55 | 3.85 | 61.12 |
|  | 流出去向 | 上海 | 深圳 | 北京 | 南京 | 合肥 |  |
|  | 占比 | 40.72 | 18.56 | 5.39 | 4.19 | 2.99 | 71.85 |

资料来源：笔者根据领英人才数据库数字人才数据计算绘制。

与软件与IT服务行业类似，在计算机网络与硬件行业，五大城市主要与数字人才规模较大的城市和地理距离相对较近的城市进行人才往来。同时，五大城市的数字人才流入来源比较分散，而流出去向比较集中。

在计算机网络与硬件行业，北京、上海和深圳与其他城市的人才流动最为频繁。比较北京和深圳，我们可以发现深圳是其他城市的主要人才流出去向城市，而北京则是其他城市的主要人才来源城市。这个结果表明，在计算机网络与硬件行业，北京和上海作为先行者都发展得很快，但深圳表现出后发先至的趋势。此外，杭州和广州分别以上海和深圳为主要流入流出目标，表明上海和深圳的地缘优势也非常明显。

（三）制造行业

本研究分析了五大城市制造行业数字人才流动中排名前五的流入来源城市和排名前五的流出去向城市，并统计了各流入来源城市流入五大城市的制造行业数字人才数量占五大城市制造行业数字人

## 第十六章　数字人才的行业流动研究

才流入总量的比重，以及五大城市流出到各流出去向城市的制造行业数字人才数量占五大城市制造行业数字人才流出总量的比重（见表16.4）。

表16.4　　　　　制造行业数字人才流向及占比　　　　　单位：%

|  |  | 排名 |  |  |  |  | 合计 |
|---|---|---|---|---|---|---|---|
|  |  | 1 | 2 | 3 | 4 | 5 |  |
| 北京 | 流入来源 | 上海 | 天津 | 深圳 | 沈阳 | 香港 |  |
|  | 占比 | 27.75 | 9.33 | 5.39 | 4.49 | 4.38 | 51.34 |
|  | 流出去向 | 上海 | 深圳 | 香港 | 天津 | 广州 |  |
|  | 占比 | 40.52 | 7.55 | 4.67 | 4.47 | 3.38 | 60.59 |
| 上海 | 流入来源 | 北京 | 苏州 | 南京 | 香港 | 杭州 |  |
|  | 占比 | 17.17 | 13.10 | 5.97 | 4.98 | 4.49 | 45.71 |
|  | 流出去向 | 苏州 | 北京 | 深圳 | 香港 | 杭州 |  |
|  | 占比 | 14.54 | 14.26 | 6.91 | 6.85 | 5.79 | 48.35 |
| 广州 | 流入来源 | 深圳 | 上海 | 佛山 | 北京 | 东莞 |  |
|  | 占比 | 18.21 | 12.42 | 7.95 | 5.46 | 4.97 | 49.01 |
|  | 流出去向 | 深圳 | 上海 | 佛山 | 东莞 | 北京 |  |
|  | 占比 | 28.82 | 13.02 | 10.42 | 7.64 | 4.86 | 64.76 |
| 深圳 | 流入来源 | 广州 | 东莞 | 上海 | 香港 | 北京 |  |
|  | 占比 | 12.37 | 12.13 | 9.26 | 7.58 | 5.99 | 47.33 |
|  | 流出去向 | 东莞 | 广州 | 上海 | 香港 | 北京 |  |
|  | 占比 | 15.26 | 12.35 | 11.90 | 9.09 | 5.27 | 53.87 |
| 杭州 | 流入来源 | 上海 | 宁波 | 深圳 | 北京 | 苏州 |  |
|  | 占比 | 24.94 | 7.19 | 5.52 | 5.52 | 3.36 | 46.53 |
|  | 流出去向 | 上海 | 宁波 | 苏州 | 深圳 | 北京 |  |
|  | 占比 | 35.12 | 10.42 | 5.95 | 4.76 | 3.87 | 60.12 |

资料来源：笔者根据领英人才数据库数字人才数据计算绘制。

与两大ICT基础产业类似，在制造行业，五大城市主要与数字人才规模较大的城市和地理距离相对较近的城市进行人才往来。同时,五大城市的数字人才流入来源比较分散,而流出去向比较集中。但与两大ICT基础产业相比,制造行业的数字人才来源和去向的分散程度均更大,这是因为制造行业的数字人才分布比较分散。

从五大城市来看,在制造行业,上海和深圳与其他城市的人才流动最为频繁。比较上海和深圳,上海在其他四个城市的流入流出占比更高一些(广州除外),从这个角度来看可能上海在制造行业数字人才方面的辐射作用更强。这个结果表明,上海和深圳是制造行业数字人才发展最快的两大城市,且目前上海的发展水平可能更高。

(四)金融行业

本研究分析了五大城市金融行业数字人才流动中排名前五的流入来源城市和排名前五的流出去向城市,并统计了各流入来源城市流入五大城市的金融行业数字人才数量占五大城市金融行业数字人才流入总量的比重,以及五大城市流出到各流出去向城市的金融行业数字人才数量占五大城市金融行业数字人才流出总量的比重。

表16.5　　　　金融行业数字人才流向及占比　　　　单位:%

| | | 排名 | | | | | 合计 |
|---|---|---|---|---|---|---|---|
| | | 1 | 2 | 3 | 4 | 5 | |
| 北京 | 流入来源 | 上海 | 香港 | 深圳 | 天津 | 广州 | |
| | 占比 | 30.88 | 15.62 | 7.99 | 6.92 | 3.28 | 64.69 |
| | 流出去向 | 上海 | 香港 | 深圳 | 天津 | 杭州 | |
| | 占比 | 38.89 | 24.58 | 12.79 | 3.45 | 2.61 | 82.32 |
| 上海 | 流入来源 | 北京 | 香港 | 杭州 | 深圳 | 南京 | |
| | 占比 | 29.03 | 14.96 | 6.69 | 6.10 | 5.81 | 62.59 |
| | 流出去向 | 香港 | 北京 | 深圳 | 杭州 | 广州 | |
| | 占比 | 29.74 | 29.74 | 10.86 | 6.14 | 3.47 | 79.95 |

## 第十六章 数字人才的行业流动研究

续表

| | | 排名 1 | 排名 2 | 排名 3 | 排名 4 | 排名 5 | 合计 |
|---|---|---|---|---|---|---|---|
| 广州 | 流入来源 | 深圳 | 上海 | 香港 | 北京 | 佛山 | |
| | 占比 | 18.04 | 11.93 | 11.01 | 10.09 | 6.12 | 57.19 |
| | 流出去向 | 深圳 | 香港 | 上海 | 北京 | 佛山 | |
| | 占比 | 34.72 | 24.77 | 15.28 | 6.48 | 3.01 | 84.26 |
| 深圳 | 流入来源 | 北京 | 广州 | 上海 | 香港 | 武汉 | |
| | 占比 | 19.32 | 18.27 | 15.11 | 13.35 | 3.86 | 69.91 |
| | 流出去向 | 香港 | 上海 | 北京 | 广州 | 杭州 | |
| | 占比 | 27.16 | 20.63 | 20.00 | 12.00 | 2.32 | 82.11 |
| 杭州 | 流入来源 | 上海 | 北京 | 深圳 | 南京 | 香港 | |
| | 占比 | 34.21 | 14.91 | 5.70 | 3.95 | 3.95 | 62.72 |
| | 流出去向 | 上海 | 北京 | 香港 | 深圳 | 广州 | |
| | 占比 | 49.54 | 13.89 | 11.11 | 5.09 | 2.78 | 82.41 |

资料来源：笔者根据领英人才数据库数字人才数据计算绘制。

与其他行业不同的是，在金融行业，地理距离不再是影响人才流动的主要因素。比如，上海与北京、香港、深圳等长三角地区之外城市的人才往来非常频繁，而与长三角地区内城市的人才往来相对较少。此外，与其他行业一样，五大城市的金融数字人才流入来源比较分散，而流出去向比较集中，且集中程度超过制造行业。

从五大城市来看，在金融行业，北京、上海和深圳与其他城市的人才流动最为频繁。此外，香港与五大城市的金融数字人才流动也非常频繁，这与香港国际金融中心的地位相呼应。比较北京与上海，北京是其他城市主要的金融数字人才来源城市，而上海不仅是其他城市主要的金融数字人才来源，也是其他城市最主要的金融数字人才去向，这也体现出上海数字金融中心的地位。

## 第三节 数字人才行业流动的特征与政策启示

中国在各行业、各城市的数字人才均处于不断发展和转型之中，但在转型程度上存在一定差别。

第一，数字人才在行业分布上存在较大的不均匀性，ABCD人才不均匀性更大。从人才流动上看，数字人才在行业间的不均匀性（尤其是数字人才在软件与IT服务行业上的集聚）还在不断扩大。这一趋势与当前的行业发展水平相一致，优势行业的数字人才规模更大。而行业之间的发展往往是相辅相成的，如何加强对非优势行业中数字技术和数字人才的资源和资金投入，是未来政策制定需要考虑的问题。同时，这一趋势体现出当前ICT行业对传统行业的渗透方式，即数字人才从传统行业通过进入ICT行业，从而实现传统行业技能与ICT技能的融合。当前，ICT行业对传统行业的渗透还不够，尽管存在一部分ICT行业数字人才流向了传统行业，但规模相对较小，数字经济的发展还不够全面。因此，如何加强ICT行业与传统行业的联系、并推动ICT行业数字人才向传统行业渗透，也是未来产业政策和人才政策需要考虑的问题。此外，数字人才在ICT行业与传统行业之间的流动趋势一定程度上也反映了当前数字人才的转型提升路径。软件与IT服务业是数字技能最聚集的行业，也是人才学习高端数字技能的最佳场所，从而传统行业中数字人才为转型升级往往流向了ICT行业。因此，如何对传统行业中的数字人才进行数字技能教育和培训也是一个需要关注的问题。

第二，数字人才在地理分布上呈现出明显的集聚特征，且集聚趋势在不断扩大。从人才流动上看，这一趋势也非常明显：数字人才的来源比较分散，而去向都集中在核心城市。这种趋势对于数字

## 第十六章 数字人才的行业流动研究

经济的发展非常有利,更多的人才意味着更多的企业和更多的投资,从而更有利于高新技术的突破和应用,但是这种趋势同时也带来了一些问题。一方面,人才向中心城市集中必然削弱了其他城市的人才规模和人才水平。因此,在数字经济发展上中心城市如何帮助其他城市(如通过远程办公等技术)是未来需要关注的问题。另一方面,这种趋势对于人才聚集城市的人口压力和生活成本都带来了不小的挑战,而且挑战会随着时间越来越大。如何缓解和解决因人才聚集带来的人口压力和生活问题(如户籍、住房、交通等)也是政府需要关注的方面,而且在政策制定上需要有前瞻性。

第三,人才分布的行业不均匀性与区域不均匀性存在一定的共通之处:数字人才比较集中的行业往往主要分布在数字人才比较集中的区域,同样这一行业-区域共通性随时间在不断增大。同时,对于某一行业(如制造行业),它的数字人才与主要分布区域之间的联系也非常紧密。因此,如何更好地发挥产业集聚优势、集中力量突破优势产业的前沿科技和颠覆性技术,并加强与其他产业类型区域的联系,是未来政策制定需要努力的方向。

# 参考文献

国家统计局：《中国统计年鉴》，中国统计出版社 2016 年版。

李彦宏：《智能革命》，中信出版集团 2017 年版。

刘鹤：《坚持和完善社会主义基本经济制度》，《人民日报》2019 年 11 月 22 日第 6 版。

国家工业信息安全发展研究中心：《2016 全球人工智能发展报告》，http：//www. cics‑cert. org. cn/webpage/articlecontent_001011002_2246. html。

IT 桔子：《2016 年中国互联网创业格局概述》，http：//www. 199it. com/archives/560101. html。

领英中国智库：《全球 AI 领域人才报告》，https：//www. sohu. com/a/155294799_483389。

清华经管互联网发展与治理研究中心：《中国经济的数字化转型：人才与就业》，http：//cidg. sem. tsinghua. edu. cn/details/achdetails. html？id = 130。

腾讯研究院：《中国"互联网 +"数字经济指数（2017）》，https：//www. sohu. com/a/135268676_470089。

网络安全和信息化委员会办公室：《二十国集团数字经济发展与合作倡议》，http：//www. cac. gov. cn/2016 ‑ 09/29/c_1119648520. htm。

# 参考文献

中国互联网络信息中心（CNNIC）：《第43次中国互联网络发展状况统计报告》，http：//www. cac. gov. cn/2019 – 02/28/c_1124175677. htm。

中国信息化百人会：《2017中国数字经济发展报告》，https：//www. sohu. com/a/240901100_99934049。

中国信息化百人会课题组：《信息经济："物联网+"时代产业转型路径、模式与趋势》，电子工业出版社2017年版。

中国信息通信研究院：《中国数字经济发展白皮书（2017）》，http：//www. cac. gov. cn/2017 – 07/13/c_1121534346. htm。

中国信息通信研究院：《中国信息经济发展白皮书（2016年）》，http：//www. caict. ac. cn/kxyj/qwfb/bps/201804/t20180426_158344. htm。

Daniel Castro, Michael McLaughlin and Eline Chivot, *Who is winning the AI race：China, the EU or the United States*, Washington, DC：Center for Data Innovation, 2019.

Edward J. Malecki and Bruno Moriset, *The Digital Economy：Business Organization, Production Processes and Regional Developments*, New York, NJ：Routledge, 2007.

Eric Cambria, and Bebo White, "Jumping NLP Curves：A Review of Natural Language Processing Research", *IEEE Computational Intelligence Magazine*, Vol. 9, No. 2, 2014.

Erik Brynjolfsson and Brian Kahin, eds., *Understanding the Digital Economy：Data, Tools, and Research*, Cambridge, MA：MIT press, 2002.

European Commission, *International Digital Economy and Society Index 2018*, European Commission, November, 2018.

Garcia Herrero, Alicia and Jianwei Xu, *How Big is China's Digital Econ-*

omy?, Bruegel Working Paper, No. 2018/04, 2018.

Geoffrey E. Hinton, Simon Osindero and Yee - Whye Teh, "A Fast Learning Algorithm for Deep Belief Nets", *Neural Computation*, Vol. 18, No. 7, 2006.

International Telecommunication Union (ITU), *Measuring the Information Society Report* 2018, ITU, 2018.

International Telecommunication Union, *Measuring the Information Society Report*, International Telecommunication Union, December, 2018.

Jürgen Schmidhuber, "Deep Learning in Neural Networks: An Overview", *Neural networks*, Vol. 61, 2015.

Kevin Barefoot, Dave Curtis, William Jolliff, Jessica R. Nicholson and Robert Omohundro, *Defining and Measuring the Digital Economy*, US Department of Commerce Bureau of Economic Analysis, March, 2018.

Mark Knickrehm, Bruno Berthon and Paul Daugherty, *Digital disruption: The growth multiplier*, Accenture, 2016.

Marshall Reinsdorf and Gabriel Quirós, *Measuring the Digital Economy*, IMF Staff Report, February, 2018.

National Telecommunications and Information Administration, *Falling Through the Net: Defining the Digital Divide*, Washington, DC: National Telecommunications and Information Administration, 1999.

OECD, *OECD Digital Economy Outlook* 2015, OECD Publishing, 2015.

OECD, *Skills For A Digital World*, 2016 Ministerial Meeting on the Digital Economy, June, 2016.

Organisation for Economic Co - operation and Development, *OECD Guide to Measuring the Information Society* 2011, OECD Publishing, 2011.

# 参考文献

Rumana Bukht and Richard Heeks, Defining, *Conceptualising and Measuring the Digital Economy*, Development Informatics working paper, August 3, 2017.

Silja Baller, Soumitra Dutta and Bruno Lanvin, eds., *The Global Information Technology Report* 2016, World Economic Forum, 2016.

Soumitra Dutta, Thierry Geiger and Bruno Lanvin, *The Global Information Technology Report* 2015, World Economic Forum, April, 2015.

Tai-Yoo Kim and Almas Heshmati, *Economic Growth: The New Perspectives for Theory and Policy*, Berlin: Springer, 2014.

Thomas L. Mesenbourg, *Measuring the Digital Economy*, US Bureau of the Census, 2001.

Yoav Shoham, Raymond Perrault, Erik Brynjolfsson, J. Clark and C. LeGassick, *Artificial Intelligence Index* 2017 *Annual Report*, Technical Report, November, 2017.

# 后　记

　　数字经济在全球经济增长中扮演着越来越重要的角色,以互联网、云计算、大数据、物联网、人工智能为代表的数字技术正在引发经济社会各领域的深刻变革,成为推动世界科技创新和经济发展的重要驱动力。得益于海量用户红利和丰富的应用场景,中国数字经济在过去二十年取得了飞速发展,数字行业本身以及传统行业的数字化转型都取得了长足的发展,在电子商务、金融科技、5G 通信等领域已经走在世界前列,数字经济的国际影响力日益显著。

　　为响应国家网络强国和数字经济发展战略,2016 年 4 月清华大学经济管理学院基于学院在互联网经济与管理领域的研究、人才培养优势和国际影响力成立了清华大学经济管理学院互联网发展与治理研究中心(CIDG)。CIDG 从成立伊始就将思想引领中国经济数字化转型作为使命,积极开展一系列关于数字经济与中国经济数字化转型的研究。

　　2016 年杭州 G20 峰会后,全球数字经济进入加速创新和深度融合阶段,中国数字经济的发展重心从消费领域向生产领域转移,数字化转型也逐渐从消费端向供给端扩展,这一转变正好与中国经济发展方式的转变相契合。2017 年,党的十九大提出"我国经济由高速增长阶段转向高质量发展阶段,正处在转变发展方式、优化

# 后　　记

经济结构、转换增长动力的攻关期",明确创新是引领发展的第一动力。人力资本是实现创新的关键,与消费领域数字化转型主要依靠海量互联网用户的"人口红利"相比,生产领域的数字化转型更加依赖"人才红利"。当前,各行各业在数字化转型中面临的挑战之一,就是如何找到具备技术变革所需专业技能的人才来推动创新。在这样的背景下,拥有数字化技能的人才受到越来越多的关注,针对人才的竞争也日趋激烈,国家之间、城市之间,以及行业、企业之间都在进行着激烈的人才争夺。因此本书选择从人才角度入手,对中国经济的数字化转型现状与趋势进行研究和解读。

从2017年开始,我们与领英(LinkedIn)经济图谱团队开启关于数字人才的系列研究合作,在2017年11月发布了第一份研究报告《中国经济的数字化转型:人才与就业》,在这份报告中首次提出了"数字人才"的概念,将数字人才定义为"拥有ICT专业技能的人以及与ICT专业技能互补协同的跨界人才"。这个概念打破了传统认知上数字人才就是技术人才的印象,让更多的人开始关注数字技能在职业发展中的重要性,也让企业、政府认识到数字人才对企业数字化转型以及数字经济发展的重要作用。2018年,我们进一步聚焦于数字经济发展最快的长三角地区和粤港澳大湾区,探究区域数字经济的协调发展。通过对比核心城市的数字人才优劣势、数字人才吸引力,分析区域数字化转型的发展现状和趋势,先后于2018年10月和2019年2月发布了《人才驱动下的区域一体化与数字化转型——长三角地区数字经济与人才发展研究报告》和《粤港澳大湾区数字经济与人才发展研究报告》两份研究报告。2019年,在经济数字化转型全面深化的大背景下,我们开始着眼于行业层面的数字化转型,通过分析数字人才的行业分布和行业流动,特别是数字人才在ICT行业和传统行业之间的流动,对不同行业的数字化

**数字化转型：数字人才与中国数字经济发展**

转型程度与潜力进行分析，在 2019 年 10 月乌镇世界互联网大会上发布了《数字人才驱动下的行业数字化转型》研究报告。为帮助各级政府、业界以及个人更好地了解中国经济数字化转型过程中人工智能的影响力和驱动力，对中国总体和各地的人工智能发展及社会需求有更清晰的了解和定位，从 2017 开始，我们与百度开展研究合作，于 2018 年 1 月发布了《人工智能驱动的中国经济数字化转型——中国人工智能社会认知与应用需求研究报告》。这一系列报告累计被新华社、人民网、光明网、《经济日报》、《中国日报》、《大公报》、《文汇报》等主流媒体报道 3000 多次，在国内外产生了一定的影响。

数字人才为我们研究中国经济的数字化转型提供了一个独特的视角，自第一份研究报告发布以来，我们收到来自政府部门、学术界和业界的许多宝贵意见，也在一些场合激发了关于数字经济和数字化转型的交流和讨论。为了对长期关注和支持这项研究的人表达谢意，我们决定将相关研究整理成书，期望本书能够推动更广范围的交流和讨论，并对关注数字经济发展和数字化转型的读者有所启发。

在本书付梓之际，我们对为本书做出过贡献的所有组织和个人表达由衷地感谢。感谢清华大学文科资深教授、经济管理学院第四任院长钱颖一，百度董事长兼首席执行官李彦宏、资深副总裁梁志祥、总裁办主任周达给予我们研究中心的大力支持。感谢清华大学经济管理学院互联网发展与治理研究中心的博士后研究人员黄鹤博士、邢景丽博士、李晓飞博士，以及中心主任助理刘涛瑞老师、研究助理赵逸书、博士生吴邦刚，他们为本书的研究做了大量的研究工作，并组织参与了每份研究报告的发布。特别感谢领英（LinkedIn）经济图谱团队 Sue Duke、王延平、孙菁泽、任玥、魏岩、

# 后　记

Peiying Chua、Deepti Rai、Mar Carpanelli、Di Mo、Jenny Ying 和 Akash Kaura，他们不仅为本书提供了宝贵的数据资源，也在数据分析和课题研究中做出了巨大贡献，许多有价值的发现都是在与他们一次次的交流讨论中获得。感谢上海科学技术政策研究所杨耀武所长、郝莹莹博士、顾承卫博士、高显扬博士、王敬英博士、李宁博士，他们在《人才驱动下的区域一体化与数字化转型》研究报告中承担了数字经济发展战略和相关政策的研究，并在研究报告的发布过程中做了大量支撑工作。感谢曾经参与课题的三位实习生许珈铭、王苏和祝家阳，他们为本书的研究提供了许多新思路，在研究的道路上有幸与你们共同成长。感谢中国社会科学出版社的黄晗老师，本书能够出版离不开她的辛劳。

2020年，在本书出版前夕，清华经管学院互联网发展与治理研究中心与领英经济图谱团队合作发布了第六份关于数字人才的研究报告《全球数字人才发展年度报告（2020）》，有幸再次获得社会各界的关注与支持，未来我们将在中国经济的数字化转型领域不断深入，与读者分享更多、更有价值的研究成果。

陈煜波　马晔风
2020 年 10 月 19 日于北京